U0926792

高职教育创新系列教材

商品学概论

主　编　苏艳芳
副主编　杨　洁　刘　军

中国财富出版社

图书在版编目（CIP）数据

商品学概论 / 苏艳芳主编．—北京：中国财富出版社，2014.6
（高职教育创新系列教材）
ISBN 978-7-5047-5157-7

Ⅰ.①商… Ⅱ.①苏… Ⅲ.①商品学—高等职业教育—教材 Ⅳ.①F76

中国版本图书馆 CIP 数据核字（2014）第 057210 号

策划编辑 寇俊玲　　责任印制 何崇杭
责任编辑 杨银旗 张 娟　　责任校对 梁 凡

出版发行 中国财富出版社
社　　址 北京市丰台区南四环西路 188 号 5 区 20 楼　　邮政编码 100070
电　　话 010-52227568（发行部）　　010-52227588 转 307（总编室）
　　　　 010-68589540（读者服务部）　　010-52227588 转 305（质检部）
网　　址 http：//www.cfpress.com.cn
经　　销 新华书店
印　　刷 北京京都六环印刷厂
书　　号 ISBN 978-7-5047-5157-7/F·2127
开　　本 787mm×1092mm 1/16　　版　　次 2014 年 6 月第 1 版
印　　张 14.75　　印　　次 2014 年 6 月第 1 次印刷
字　　数 265 千字　　定　　价 34.00 元

前　　言

随着世界经济的迅速发展和人民生活水平的提高，商品学知识在现代营销、物流运作及国际贸易等领域中的作用日趋重要。在经济全球化的环境下，企业必须掌握商品的属性和特征以及消费者对商品的真正需要，方能有效增强企业竞争力。

编者依照教育部有关高职高专教育的定位以及人才培养方案的要求，结合商品学研究领域的最新进展，在充分考虑学生实际需求的基础上编写了本教材。本教材力求以职业能力标准为依据，以工作过程为导向来创新编写模式。将职业标准与基于商品相关的工作过程相结合来进行工作任务的划分，通过任务驱动，让学生了解工作流程、工作方法和技能，掌握相应的知识目标和技能目标。

希望通过本书的学习，学生可以初步掌握商品学的基础理论和基本技能，为学好各门专业课以及从事经营管理工作奠定基础。

本教材具有以下特点：

内容精选。在教材内容的组织上，遵循“实用为主，够用为度，以应用为目的”的原则，结合教学要求对内容进行了精选。扩充“实务”与“练习”，增加了医药商品学的相关内容，尤其适合医药营销方向的人士选用。

案例丰富。本教材在每个模块中均配有与内容相关的案例，通过这些案例的学习，学生可以更好的掌握每章的知识点。

理论与实践的结合。本书的编者是来自于职业教育一线的具有丰富教学经验的教师，因此本书能在紧扣商品学理论知识的同时，注重实践技能的传授和演练，让读者边学边练，学以致用。

本教材由苏艳芳担任主编，制定了编写大纲，负责全书的总体设计。杨洁编写了模块一、模块二、模块四，刘军编写了模块三、模块六、模块七，张宣编写模块五。

本教材在编写过程中，博采众家之长，参阅了相关专家、学者的论著，引用了不少精辟的观点和见解，并得到了中国财富出版社的大力支持，在此一并表示衷心的感谢！

商品学是一门涉及面广、实践性强的综合性课程，由于编者水平有限，书中疏漏与不妥之处在所难免，敬请有关专家和读者批评指正。

编　者

2014年5月

目　录

上篇　商品基础知识

下篇 商品质量

上 篇

商品基础知识

模块一 走进商品

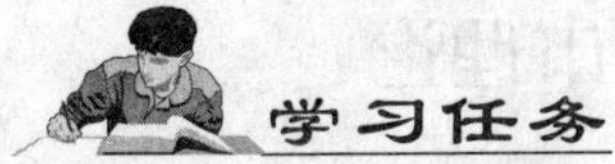

学习任务

1. 掌握商品的概念
2. 理解商品的基本属性
3. 了解商品学的产生与发展
4. 树立商品生产经营的绿色理念

情景案例

去寺庙推销梳子

有四个营销员接受任务，到庙里推销梳子，第一个营销员空手而回，说到了庙里，和尚说没头发不需要梳子，所以一把都没有卖掉。第二个营销员回来了，卖了十多把，他介绍经验说，我告诉和尚，头要经常梳梳，不仅止痒，还可活络血脉，有益健康。念经念累了，梳梳头，头脑清醒。这样就卖掉了十多把。第三个营销员卖了百十把。他说，我到庙里去，跟老和尚说，您看这些香客多虔诚呀，在那里烧香磕头，磕了几个头起来头发就乱了，香灰也落在他们头上。您在庙的前堂放一些梳子，他们磕完头可以梳梳头，会感到这个庙关心香客，下次还会再来。这样一来就卖掉百十把。第四个营销员说卖掉好几千把，而且还有订货。他说我到庙里跟老和尚说，庙里经常接受人家的捐赠，得有回报给人家，买梳子送给他们是最便宜的礼品。您在梳子上写上庙的名字，再写上三个字“积善梳”，说可以保佑对方，这样可以作为礼品储备在那里，谁来了就送，保证庙里香火更旺。这一下就卖掉好几千把。

思考题：

1. 人们对商品的需求包括哪些方面？

2. 商品由哪几部分构成？

案例点评：

人们对商品的需求是多方面的，推销产品要在商品的使用价值上做文章。

任务一　了解商品与商品学的基本理论

一、商品的概念和构成

1. 商品的概念

商品是指用来交换、能满足人们某种需求的劳动产品，具有使用价值和价值两个基本属性。商品有广义和狭义之分：

广义的商品是指通过市场交换，能够满足人们某种需求（物质或精神需求）的所有形态（包括知识、劳务、资金、实务等形态）的劳动产品，如金融商品、服务商品等。

狭义的商品是指通过市场交换能够满足人们某种需求的物质形态的劳动产品，如文具、家具、服装等。如无特殊说明，本书所讲的商品均指狭义的商品。

2. 商品的构成

随着人们消费需求的不断发展，商品的概念也在不断变换着内涵。具体来讲，现代商品整体概念包含核心商品、形式商品和延伸商品。

（1）核心商品。即商品所具有的满足某种用途的功能，是消费者真正要购买的服务和利益。例如，消费者购买面包，是因为它能满足胃口，能给人提供营养，核心部分表达的是商品的实质，是商品构成中最基本、最主要的内容。

（2）形式商品。即商品的具体形态，主要包括商品的成分、结构、外观、质量、商标、品牌、标识、包装等。它是商品的外在形式，也是商品使用价值形成的客观物质基础。

（3）延伸商品。是人们在购买商品时所获得的附加利益的服务，如商品信息咨询、送货上门、免费安装调试、免费保养、提供信贷、售后保证与维修服务等。善于开发和利用商品的延伸部分，不仅有利于满足消费者的综合需要，

使消费者称心如意地购买商品，而且有利于企业在同类商品生产经营激烈的市场竞争中立于不败之地。

二、商品学研究对象和内容

1. 商品学研究对象

商品学是一门以自然科学为主，将社会科学、经济学融合起来的一门应用性学科，是研究商品使用价值及变化规律的科学。

商品的使用价值是指商品对其消费（使用）者的有用性或效用，是商品本身能满足人们的某种需要的属性所形成的（如粮食可充饥，衣服可御寒，钢铁可制造器械等）。它取决于商品本身的外形、结构、成分、性质、包装等。它构成了使用价值的物质基础，同时又是交换价值的物质承担者。丧失使用价值的商品，其交换价值亦必随之消失，商品亦失去进入流通领域的资格。

商品价值是指凝结在商品中的一般人类劳动。一切商品都是劳动产品，都包含一定的人类劳动。如果把劳动的具体形态撇开，一切商品都包含一般的无差别的人类劳动，即抽象劳动。价值是商品的内在因素，是交换价值的基础，交换价值是价值的表现形式。人们互相交换商品体现着互相交换劳动的经济关系。价值体现着商品生产者之间相互交换劳动的关系，因此价值是商品社会属性的体现。

商品体有多少种自然属性，就可能有多少种使用价值。例如，煤既可做燃料，又是极具价值的化工原料。商品的自然属性不同，它们的使用价值也不同。例如，羽绒服可以御寒，食品可以充饥。在不同的社会经济条件下，同一种商品也会出现不同的使用价值。例如，绿色在中国象征着生命，而在西欧葬礼时用绿色树叶铺地，所以忌用绿色地毯。再如，高档服装既可用于一般的遮体御寒，又可以用于美化人体、弥补自身的某些体形缺陷，还可以用来显示穿用者的身份和地位。

2. 商品学的研究内容

商品学研究商品的使用价值，不仅仅是研究商品是否具有使用价值，而重要的是研究商品使用价值的高低。商品质量是衡量商品使用价值高低的尺度，因此，商品质量就成为商品学研究的中心内容。主要包括以下内容：

（1）商品属性。商品属性包括商品的自然属性和社会属性。商品的自然属性是指商品的成分、结构和性质。商品的社会属性主要有商品装潢、商品广告、消费心理、市场等。它们是构成商品使用价值高低的主要因素，因此，商品属性构成了商品质量。

（2）商品的原材料和生产工艺。商品的原材料是构成商品的物质基础，在其他条件相同的情况下，原材料的质量直接决定着商品的质量，商品的各种有用性是在生产过程中形成和固定下来的，生产工艺在一定条件下对商品质量起着决定作用。因此，商品的原材料和生产工艺决定和影响了商品质量。

（3）商品分类。商品的种类繁多、特征多样、价值不等、用途各异，它们对包装、运输、储存的要求也各不相同，只有将商品进行科学的分类，从生产到流通领域的计划、统计、核算、税收、物价、采购、运输、养护、销售等各项管理工作才能顺利进行，统计数据才具有实用价值，使商品的名称、类别统一化、标准化。

（4）商品代码。商品代码是商品分类体系和商品目录的一个重要组成部分，是进行商品科学分类的一种手段，而商品科学分类又是合理编码的前提。因此，商品分类与信息编码是正确区分和管理不同类别的商品质量的前提。

（5）商品标准。商品标准是对商品的质量以及与质量相关的各个方面所做的统一规定，它是从事工农业生产的一种共同技术依据，也是部门之间交接验收商品的共同准则，是衡量商品质量优劣等级的依据。

（6）商品检验。商品检验是根据商品标准规定的各项质量指标对商品进行的检验工作，这是评价与保证商品质量的依据。

（7）商品包装。商品包装是商品与商品生产的一个重要组成部分，商品包装本身具有价值和使用价值。

（8）商品养护。商品主要是指在储运过程中对商品进行的保养和维护。由于商品只能在一定的时间内和一定的条件下，保持其质量的稳定性，在运输和储存过程中商品会发生这样或那样的变化，因此，商品包装与商品养护保护与实现了商品质量。

三、商品学的产生与发展

1. 商品学的产生

商品学最早产生于德国。18世纪德国人约翰·贝克曼教授于1780年在德国格廷根大学首先开设了商品学课程，并于1793—1800年出版了《商品学导论》。因此约翰·贝克曼教授被称为商品学的创始人，他所创立的商品学被誉为

“贝克曼商品学”。

19 世纪中叶，由于自然科学和技术的飞速发展，不少学者运用物理、化学等方面的研究成果，开展了对商品学的研究，把研究商品的内在质量、确定质量标准、拟定检验和鉴定方法等作为商品学研究的主要内容，在建立商品学的自然科学体系方面取得了显著成果。

2. 商品学发展阶段

19 世纪以来德国古典商品学相继传入意大利、俄国、日本、中国及西欧和东欧的一些国家，使商品学得到迅速发展，商品学教育和研究也不断深入广泛。第二次世界大战以后，商品学的研究又有了新的发展，在西欧形成了“经济学体系”的商品学；在苏联及东欧各国则形成了自然科学和技术科学的学派。此后，以美国、日本、意大利为代表，又形成了“经营商品学”这个新的理论体系。

随着现代科技和经济的高速发展，商品的“商”和“品”的两重性日益受到人们的重视。人们感到，真正的商品学应该由以研究“商”为主的经济型商品学与以研究“品”为主的技术型商品学融合而成。于是从 20 世纪 80 年代起，世界商品学开始步入技术型与经济型相互交融的现代商品学时代。

现代商品学围绕“商品—人—环境”系统，从技术、经济、社会、环境等多方面，运用自然科学、技术科学与社会科学相关的原理和方法，综合研究商品与市场需求，商品与资源合理利用，商品与环境保护，商品开发与高新技术，商品质量控制、质量保证、质量评价及质量监督，商品分类与品种，商品标准与法规，商品包装与商标、标志，商品形象与广告，商品文化与美学，商品消费与消费者保护等技术与经济问题。

任务二 了解商品、资源和环境的关系

商品的废弃物对环境的影响

塑料袋、塑料包装、快餐饭盒、塑料杯瓶以及电器内包装等难以分解，填

埋后可能污染地下水、破坏水质，焚烧会产生有害气体。

纽扣电池、充电电池和干电池等含有汞、镉、铅等有毒重金属，以及酸、碱等对环境有害的物质。

剩饭与垃圾或快餐盒放在一起会导致细菌大量滋生，产生有毒气体和沼气，可能引起垃圾爆炸。

建筑、家庭装修后废弃的油漆和颜料是易燃品，含有污染环境的有机溶剂。

去油、除垢、光洁地面、清洗地毯、通管道等用的化学药剂含有大量有机溶剂或大自然难降解的石油化工产品，具有腐蚀性；含氯元素（如漂白剂、地板洗剂等），对人体有毒。

杀虫剂中约有50%含致癌物质，有些会损害动物肝脏。

综上所述，废弃商品如果不进行合理地回收利用，不但会造成资源的浪费，还会对环境造成严重的污染。这是目前全世界人民正在关注的重要问题。

思考题：

商品与资源、环境有着密切的关系，那么，如何减少资源的浪费以及商品对环境的影响呢？

一、商品、资源与环境

随着商品生产和消费规模的不断扩大，自然资源危机和环境污染问题越来越严重。合理地利用资源，降低原材料消耗，减少商品生产和消费对环境的污染，已成为评价商品质量和发展商品品种要考虑的重要因素。

（一）资源与环境

资源通常人们所说的资源与环境是指自然资源与自然环境。两者相比较，后者的范围要更广一些，凡是非人类创造的全部外部世界称为自然环境或自然界。

1. 自然资源

自然资源是一个非常广泛的概念，是指人类能够以任何方式利用的、自然存在的物质与能量，如气候、生物、水、土地和矿产等，可分为可再生与不可再生资源。

（1）可再生资源。这类资源可以反复利用，如水资源、太阳能、风能、地热资源等。

（2）不可再生资源。这类资源是在地球演化过程中的不同时期形成的，数

量有限。这类资源形成周期漫长，视为不可再生资源，如矿藏、核燃料、化石燃料及土壤等。对这类自然资源，应尽可能综合利用，注意节约，禁止滥用和滥采等。

2. 自然环境

自然环境是指地球的表层，由空气、水和岩石（包括土壤）构成的大气圈、水圈和山石圈，以及在这三个圈的交汇处的生物圈。这四个圈在太阳能的作用下，进行着物质循环和能量流动，使人类得以生存和发展。

人类的生存环境是一个各类环境要素相互作用的庞大的系统，是多种环境成分的统一体。

（二）商品与环境污染

商品的设计、制造、销售、消费等过程与资源、环境关系密切。商品的使用提高了人们的生活品质，丰富了生活的色彩，给我们带来许多方便。但同时在商品生产时耗用资源，又向自然环境中排放一些“废物”，对人类的生存造成了一定的影响。

为了满足人们不断增长的物质和精神方面的需求，需要不断地生产商品。在商品的生产、交换、消费的过程中，大规模的工业生产形成的废气、废水和固体废弃物排入环境，对环境造成了污染。主要有以下几方面：

1. 商品生产性环境污染

商品的生产需要开发资源，取得原料和能源，然后通过生产过程将其转化为产品。从环境中获取资源的时候，也会造成噪声污染、水资源污染、植被被破坏等。生产过程中，又会产生许多废气，如 CO_2、NO、NO_2、SO_2、废水等。这些如处理不当就会对环境造成不可估计的污染。

2. 商品流通中的环境污染

商品生产出来了，为社会提供了使用价值，接下来就是如何将商品送到顾客手中去，实现商品价值。例如商品在运输过程中产生的汽车尾气会污染环境。

3. 商品消费性环境污染

商品消费过程中所产生的垃圾和废旧物资等对空气质量、水资源、土地等造成了污染。我国生活垃圾产生量增长快，尤其是城市生活垃圾。例如大连每年产生的垃圾废物回收率并不高，很多可再生资源尚未得到回收利用，流失严重。

4. 商品对生态环境的污染

在商品的生产流通过程中，由于要利用生态环境中资源，向生态环境中排放污染物质，而对生态环境直接或间接地构成了一定程度的污染。盲目伐林、长期超载放牧、施肥不当等，使得森林面积缩小、土壤污染、水和空气污染及全球气候变暖，生物物种大量减少，导致自然生态系统无法适应等。

（三）可持续发展战略

可持续发展是指满足当前需要而又不削弱子孙后代满足其需要之能力的发展。可持续发展还意味着维护、合理使用并且提高自然资源基础，这种基础支撑着生态抗压力及经济的增长。

可持续发展包含满足“需要”和对需要的“限制”两层含义。其中，满足“需要”是指首先要满足人的基本需要；对需要的“限制”主要是指对未来环境需要的能力构成危害的限制，这种能力一旦被突破，必将危及支持地球生命的自然系统，如大气、水体、土壤和生物。

二、绿色产品的设计、生产与包装

绿色产品的定义，就狭义而言指不包括任何化学添加剂的纯天然食品或天然植物制成的产品；就广义而言，指生产、使用及处理过程符合环境要求，对环境无害或危害极小，有利于资源再生和回收利用的产品。例如，由自然纤维、棉、麻和丝绸等天然作物制作而成的“自然生态服装”、绿色汽车、绿色冰箱、绿色电脑、绿色食品、绿色建筑，等等。

（一）绿色产品的设计

1. 绿色产品的设计的概念

绿色产品设计也称生态设计、环境设计、环境意识设计。是指在产品及其寿命周期全过程的设计中，要充分考虑对资源和环境的影响，在充分考虑产品的功能、质量、开发周期和成本的同时，更要优化各种相关因素，使产品及其制造过程中对环境的总体负影响减到最小，使产品的各项指标符合绿色环保的要求。其基本思想是：在设计阶段就将环境因素和预防污染的措施纳入产品设计之中，将环境性能作为产品的设计目标和出发点，力求使产品对环境的影响为最小。

2. 绿色产品设计的主要内容

绿色产品设计的主要内容包括：绿色产品设计的材料选择与管理；产品的可拆卸性设计；产品的可回收性设计。

（1）绿色产品设计的材料选择与管理。一方面，不能把含有有害成分与无害成分的材料混放在一起；另一方面，对于达到寿命周期的产品，有用部分要充分回收利用，不可用部分要用一定的工艺方法进行处理，使其对环境的影响降到最低。

（2）产品的可回收性设计。综合考虑材料的回收可能性，回收价值的大小，回收的处理方法等。

（3）产品的可拆卸性设计。设计师要使所设计的结构易于拆卸，维护方便，并在产品报废后能够重新回收利用。

除此之外，还有绿色产品的成本分析，绿色产品设计数据库等。

形形色色的生态产品

绿色食品。绿色食品在中国是对具有无污染的安全、优质、营养类食品的总称。是指按特定生产方式生产，并经国家有关的专门机构认定，准许使用绿色食品标志的无污染、无公害、安全、优质、营养型的食品。类似的食品在其他国家被称为有机食品、生态食品或自然食品。

生态服装。是指经过生态纺织品检测具有相应标志的服装。又称为绿色服装、环保服装，它是以保护人类身体健康、使其免受伤害为目的，并有无毒、安全的优点，在使用和穿着时，给人以舒适、松弛、回归自然、消除疲劳、心情舒畅感觉的纺织品。

绿色家电。绿色家电指在质量合格的前提下，高效节能且在使用过程中不对人体和周围环境造成伤害，在报废后还可以回收利用的家电产品。

绿色环保电池。绿色环保电池是指已投入使用或正在研制、开发的一类高性能、无污染电池。已经大量使用的金属氢化物镍蓄电池、锂离子蓄电池和正在推广使用的无汞碱性锌锰原电池和可充电电池以及正在研制、开发的锂或锂离子塑料蓄电池和燃料电池等都属于这一范畴。此外，已广泛应用并利用太阳能进行光电转换的太阳能电池（又称光伏发电），也可列入这一范畴。

绿色家具。目前我国还没有对“绿色家具”作出明确的概念界定和衡量标准，但基本上，绿色家具产品是指以环境和环境资源保护为核心概念而设计的产品、可以拆卸并分解的产品，其零部件通过翻新处理，可以重新使用。

绿色涂料。是指节能、低污染的水性涂料、粉末涂料、高固体含量涂料（或称无溶剂涂料）和辐射固化涂料等。

（二）产品清洁生产

1. 清洁生产的概念

清洁生产是指将综合预防的环境保护策略持续应用于生产过程和产品中，以期减少对人类和环境的风险。清洁生产从本质上来说，就是对生产过程与产品采取整体预防的环境策略，减少或者消除它们对人类及环境的可能危害，同时充分满足人类需要，使社会经济效益最大化的一种生产模式。

2. 清洁生产的内容

（1）清洁的原料与能源。清洁的原料与能源是指在产品生产中能被充分利用而极少产生废物和污染的原材料和能源。为此：A. 少用或不用有毒、有害及稀缺原料，选用品位高的较纯洁的原材料；B. 常规能源的清洁利用，如何用清洁煤技术，逐步提高液体燃料、天然气的使用比例；C. 新能源的开发，如太阳能、生物能、风能、潮汐能、地热能的开发利用；D. 各种节能技术和措施等，如在能耗大的化工行业采用热电联产技术，提高能源利用率。

（2）清洁的生产过程。生产过程就是物料加工和转换的过程。清洁的生产过程，要求选用一定的技术工艺，将废物减量化、资源化、无害化，直至将废物消灭在生产过程之中。

废物减量化，就是要改善生产技术、工艺和设备，以提高原料利用率，使原材料尽可能转化为产品，从而使废物达到最小量；废物资源化，就是将生产环节中的废物综合利用，转化为进一步生产的资源，变废为宝；废物无害化，就是减少或消除将要离开生产过程的废物的毒性，使之不危害环境和人类。实现清洁生产过程的措施为：

第一，尽量少用或不用有毒、有害的原料（在工艺设计中就应充分考虑）；

第二，消除有毒、有害的中间产品；

第三，减少或消除生产过程中的各种危险性因素，如高温、高压、低温、低压、易燃、易爆、强噪声、强震动；

第四，采用少废、无废的工艺；

第五，选用高效的设备和装置；

第六，做到物料的再循环（厂内、厂外）；

第七，简便、可靠的操作和控制；

第八，完善的管理等。

（3）清洁的产品。是指有利于资源的有效利用，在生产、使用和处置的全过程中不产生有害影响的产品。清洁产品又叫绿色产品、可持续产品等。

为使产品有利于资源的有效利用，产品的设计工艺应使产品功能性强，既满足人们需要又省料耐用。为此应遵循三个原则：精简零件、容易拆卸；稍经整修即可重复使用；经过改进能够实现创新。

为使产品避免危害人和环境，在设计产品时应遵循下列三原则：产品生产周期的环境影响最小，争取实现零排放；产品对生产人员和消费者无害；最终废弃物易于分解成无害物。

清洁产品具体应具备以下几方面的条件：

第一，节约原料和能源，少用昂贵和稀缺原料，尽可能“废物”利用；

第二，产品在使用过程中，以及使用后不含有危害人体健康和污染生态环境的因素；

第三，易于回收、复用和再生；

第四，合理包装；

第五，合理的使用功能，节能、节水、降低噪声的功能，及合理的使用寿命；

第六，产品报废后易处理、易降解等。

（4）全过程控制。贯穿于清洁生产中的全过程控制，包括两方面的内容，即生产原料或物料转化的全过程控制和生产组织的全过程控制。

一是生产原料或物料转化的全过程控制——也称为产品的生命周期的全过程控制。它是指从原料的加工、提炼到生产出产品、产品的使用直到报废处置的各个环节所采取的必要的污染预防控制措施。

二是生产组织的全过程控制——也就是工业生产的全过程控制。它是指从产品的开发、规划、设计、建设到运营管理，所采取的防止污染发生的必要措施。

（三）产品生态包装

1. 生态包装的概念

生态包装，又称绿色包装，或环境友好包装，至今尚无统一、权威的定义。我们认为，生态包装是指能够满足用户使用要求，同时不危及人体健康和生态环境，使用后能循环复用、再生利用或容易处置的包装。

2. 生态包装的内容

常规的包装主要考虑包装对于商品的保护功能、有关信息的传达以及商品竞争力的提升，而生态包装除了考虑包装功能外，其内涵扩展到包装整个生命周期，强调包装在每个生命周期阶段都能符合环境和生态学的要求，实现生态和经济双重效益，即生态包装实质上包括了包装功能、人类健康、环境保护和资源循环再生利用 4 个方面含义，它是对绿色包装的延伸和拓展。主要包括以下内容：

第一，有效保护内装商品，防止其发生质量变化；

第二，安全的包装器材、容器；

第三，内容量适当，便于零售；

第四，适当的内容物的表示或说明；

第五，商品以外的空间容积控制在 20%以下，且尽可能减低；

第六，与内容物相应的包装费用控制在商品售价的 15%以下；

第七，轻量化，易回收复用、再生利用、易降解、可焚烧。

3. 发展生态包装的基本原则——3R1D

3R1D 原则是目前世界公认的发展生态包装的原则。

（1）Reduce 原则。要求包装物质减量化，即包装在满足容纳、保护、方便、传达等功能的条件下，尽可能减少材料使用的总量，反对过分包装。

（2）Reuse 原则。要求包装可重复使用，这样既节约材料资源、能源，又避免了包装废弃物给环境造成污染或处理带来麻烦。

（3）Recycle 原则。要求包装可回收再生，即废弃的包装物质或能量容易通过生产再生制品或焚烧回收热量或堆肥改善土壤等方式，达到再利用的目的。

（4）Degradable 原则。要求包装可降解腐化，由此可避免形成永久垃圾，污染环境，而且符合“取之于自然，回归于自然”的生态自然循环规律。

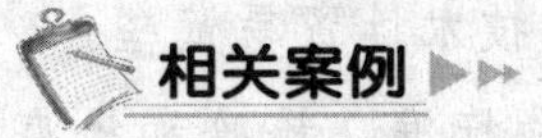

生态包装实例

可降解塑料。目前国际上流行的“可降解新型塑料”具有废弃后自行分解消失、不污染环境的优点。例如，德国发明一种由淀粉做的、遇到液体不被溶化的包装杯，可以盛装奶制品，其废弃后也容易分解掉；美国研究出一种以淀粉和合成纤维为原料的塑料袋，它可在大自然中分解成水和二氧化碳等。

纸包装。由于纸制品包装使用后可再次回收利用，少量废弃物在大自然环境中可以自然分解，对自然环境没有不利影响。因此，世界公认纸、纸板及纸制品是绿色包装，具有符合环境保护的要求，可替代塑料，避免白色污染的优点。如纸包装薄膜、一次性纸制品容器、利用自然资源开发的纸包装材料等。

玻璃包装。玻璃包装如果不含有金属等其他物质，几乎可以全部回收利用。玻璃包装具有可视性强、易于回收再利用等优点，因此，已成为饮料等产品的主要包装容器，如啤酒和罐头等大多都采用玻璃瓶包装。

竹包装。竹包装具有无毒、无污染和易回收等特点，应用前景十分广阔。中国的竹林总面积和竹资源蓄积量分别居世界首位和第二位。我国具有浓郁传统文化气息的竹包装已受到欧美及日本等国的青睐。

可食用包装。几十年来，大家熟知的糖果包装上使用的糯米纸，以及包装冰淇淋的玉米烘烤包装杯等都是典型的可食性包装。

目前，人工合成可食性包装膜中比较成熟的是普鲁兰树脂。这种树脂是无味、无臭、非结晶、无定形的白色粉末，是一种非离子性、非还原性的稳定多糖。该包装膜具有透明、无毒、韧性好、抗油性高、能食用等特征，常用作食品包装。

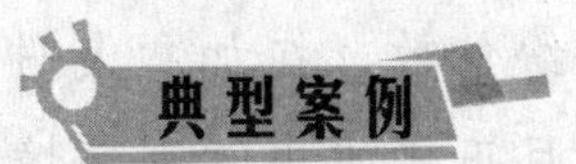

绿色壁垒对我国农产品出口的影响

一、绿色壁垒的概念

绿色壁垒（Green Trade Barrier），通常亦称“环境壁垒”或“生态壁垒”，指那些以维护人类健康和生态环境安全而直接或间接采取的限制甚至禁止贸易的措施，是世界各国为保护本国生态环境和公众健康而制定的各种环境保护措施、法规标准等，是对进出口贸易产生影响的一种非关税的技术性贸易壁垒。

其主要包括国际和区域性的环保公约、国别环保法规和标准、检验和检疫要求、包装和标签要求、ISO 14000环境管理体系和环境认证等自愿性措施、生产和加工方法（PPM）和环境成本内在化要求等类型；但目前是指环境标志、绿色、生态包装、环境技术标准和绿色卫生检验检疫制度等，业已成为技术性贸易壁垒的重要组成部分。

二、绿色壁垒的种类

1. 绿色技术标准

绿色技术标准是指进口国制定的严格的强制性环保技术标准，限制国外不符合标准的产品进口。这些标准都是根据发达国家较高的技术水平制定的，而发展中国家难以达到这样的标准，因而实质上构成了一道技术屏障。这些环保技术标准的设置，势必导致发展中国家产品被排斥在发达国家市场之外。目前，美国、德国、日本、加拿大、挪威、瑞典、瑞士、法国、澳大利亚等西方发达国家纷纷制定环保技术标准，并趋向协调一致，相互承认。例如，美国为保护本国汽车工业出台《防污染法》，要求所有进口汽车必须装有防污染装置，并制定了苛刻的技术标准。

2. 绿色环境标志

绿色环境标志是一种粘贴或印刷在产品或其他包装上的图形，以表明产品在生产、加工、处理、消费、使用过程中的各个环节均符合环境保护要求，不危害人体健康，不污染生态环境。发展中国家产品为了进入发达国家市场，必须提出申请，经批准才能得到“绿色通行证”，即“绿色环境标志”。这便于发达国家对发展中国家产品进行严格控制。据统计，目前世界上有50多个国家实行环境标志制度。如德国的“蓝色天使”计划，以一种画着蓝色天使的标签作为产品达到一定生态环境标准的标志。此后，发达国家纷纷仿效，在加拿大叫“环境选择”，在日本叫“生态标志”。欧盟也于1993年7月正式推出欧洲环境标志，凡有此标志者，可在欧共体成员国自由通行，各成员国可自由申请。绿色环境标志制度有利于加强环境保护，但是由于各国环境与技术标准的依据和指标水平、检测和评价方法的不同，很容易对外国产品构成贸易壁垒。

3. 绿色卫生检疫制度

目前发达国家所实施的各种检验检疫措施极为严格，项目烦琐复杂。他们对食品的安全卫生指标十分敏感，尤其对农药残留、放射性残留、重金属含量

的要求日趋严格。WTO通过的《卫生和动植物卫生措施协议》规定各成员国政府有权采取措施，保护人类和动植物的健康，使人畜食物免遭污染物、霉素、添加剂的影响，确保人类健康免遭进口动植物携带疾病而遭受伤害。但发达国家却借口保护本国人民和动植物生命健康，往往采用高于国际标准的本国标准。如我国出口到日本的大米，日方规定的检验项目多达56个，其中有90%以上是卫生和检疫措施项目，而通常情况下其对本国大米仅检验9个项目。

4. 绿色包装制度

绿色包装指商品的包装能节约能源，减少废弃物，用后易于回收再用或再生，易于自然分解，不污染环境。发达国家建立的一系列严格苛刻的“绿色包装”法令法规，虽然有利于环境保护，但却为发达国家制造“绿色壁垒”提供了可能。它们借口其他国家，尤其是发展中国家产品包装不符合其要求而限制进口，由此引起的贸易摩擦不断。例如，1998年9月中旬美国农业部提出，我国出口商品的包装使用了未经处理的木料，将亚洲地区的长刺蜂带进美国。该部向中国发出了90天的最后通牒，要求我国产品在此期限内改换包装，否则同年12月17日以后将禁止使用上述包装材料的商品出口到美国。此举产生了连锁反应，加拿大政府也于1998年11月定对我国输出商品的木质包装提出新的检疫要求。1999年6月1日起，对所有来自我国的货物木质包装规定不得带有树皮，不能有直径大于3毫米的虫蛀洞，必须对木质包装进行烘干处理，使木材含水量低于20%。可想而知，这些苛刻的规定对我国商品出口提出了颇为严峻的挑战。

5. 绿色补贴制度

为了保护环境和资源，发达国家要求将环境成本内在化，即污染制造者应将治理环境和资源费用计算在生产成本内。理论上，环境成本费用内在化是纠正因工业生产活动而产生的环保负面效应的最有效方法，但在客观上却提高了发展中国家的生产成本，由于发展中国家的国际竞争力主要体现在低成本、低价格上，因此降低了其产品的国际竞争力。更为严重的是，由于发展中国家大多数企业无力承担制污费用，政府有时给予一定的环境补贴，而发达国家却以这种补贴违反WTO反补贴协议为由，征收反补贴税，从而限制其产品进口。

三、绿色壁垒对我国农产品出口的影响的案例

2005年10月31日，英国贸易与工业部消费者保护局向欧盟通报，原产于中国的牙刷质量不过关，不符合有关安全标准。检测结果表明，透明塑料制成的牙刷头接触到牙膏中通常含有的薄荷油就会出现张力裂纹。如果牙刷头断裂，牙刷毛就会脱落，误吞牙刷毛有窒息的危险。在英国曾发生几起牙刷头断裂的事故。为保护消费者的安全，英国和爱尔兰已从10月24日起禁止销售该产品，并要求贸易商采取召回行动。欧委会据此在欧盟范围内对该产品发出消费者警告。

2006年4月20日，英国贸工部向欧盟通报，原产于中国的玩具——多色发婴儿奶嘴不符合有关安全标准。检测结果表明，玩具奶瓶的部件可能脱落，婴儿有被窒息的危险。为保护消费者的安全，英国已在全国范围禁止销售该产品，并要求销售商采取召回行动。欧委会据此在欧盟范围内对该产品发出消费者警告。

案例分析：检验检疫壁垒即对进口产品设置苛刻且不合理的检验、检疫标准和检验、检疫程序。

一是通过检验检疫标准。有些国家利用技术先进、装备精良的优势对商品的农药指标给予严格的限定；有些国家会很随意地对进口产品设置不合理的检验标准。

日本规定菠菜中毒死蜱最高残留量为百万分之0.01，世界上只有少数几个国家制定了类似的严格标准。国际食品法典和美国未制定该标准，欧盟规定的限量为百万分之0.05。

二是通过检验程序和检验手续。有些国家为了推行贸易保护主义，当借用技术标准等措施达不到保护目的时，则在产品的试验、检验程序和检验手续上设置重重障碍。

埃及规定进口的棉花在原产地和埃及都必须经过熏蒸处理。这种做法增加了进口商品的成本，对贸易有着明显的阻碍作用。韩国法律规定，新鲜水果须经韩检验检疫部门进行病害虫风险评估后才能进口，而这一评估过程往往耗时数年。

思考与练习

第一部分　案例讨论

[案例一]

一杯橙汁的代价

德国是世界上人均橙汁消费量最高的国家，每人年消费21升橙汁。德国消费的橙汁中80%以上来自世界上最主要的橙汁生产国巴西。橙汁从巴西到德国要经过12000千米的长途运输。为了运输的经济性，橙汁要浓缩成原来体积的8%，然后在−18℃的条件下冷藏。这就消耗了大量的能源和水，但更为重要的

消耗发生在橙汁的生产过程中。

橙汁生产需要投入两大原料：水和石油。石油主要用于生产蒸汽，用于橙汁浓缩加工。就巴西而言，一半的能源来自蔗渣，另一半来自矿物燃料。生产1吨橙汁，相当于需要8.1千克石油。包括运输与冷藏在内，每吨橙汁约需要100千克石油。

水的消耗同样不可忽视。在德国，每饮用一杯橙汁，需要不少于22杯水，这些水主要用于浓缩过程中产生蒸汽和运到德国后稀释浓缩的橙汁。

这其中还不包括为了取得生产橙汁所需的石油和水而要消耗的其他能源与原料。不过，即使这样，在德国生产1升橙汁仍需要至少25千克的其他物质消耗。如果要做全面的分析，就应把这些也包括进去，同时，也应该把生产杀虫剂所耗用的原料与能源也包括进去，同样也应该包括橙汁运输分销过程中用于适应航空与铁路运输需要的大量的小规格的包装物料以及最终由此产生的大量废料。关于这方面的代谢分析还处在不断地发展和完善过程中。

不过，能量流和物质流也并不是生态效益的唯一尺度，所用的农耕地面积同样是一个十分重要的因素。就德国而言，每人每年喝掉21升橙汁，生产这21升橙汁相当于需要24平方米的土地。换言之，德国每年消费的橙汁总量，需要巴西150000公顷良田，超过德国自身用于果园种植面积的3倍多。如果地球上所有居民都像德国人那样消费橙汁，那么，我们就需要130000平方千米的橙树园，相当于瑞士国土面积的3倍以上。

思考题：

1. 你能说说德国人所喝的每一杯橙汁所花费的环境代价吗？
2. 看了这个案例，结合所学知识，你有何感想和启发？
3. 如何减少我们消费商品时所花费的环境代价？

[案例二]

一位学生家长日前来某家报社记者站反映，他读初三的儿子身高已经有173厘米，可其使用的课桌高度与小学生使用的相差无几，这极不利于孩子的成长发育，学校应对此进行改进。

记者调查了解到，这一问题在各个学校都有反映，看来中小学课桌课椅的高度问题还真得引起有关部门的高度重视。

资料来源：余知都．课桌椅高度遭投诉．中国消费者报，2001.5.19。

思考题：

1. 课桌椅“高度”为什么会遭投诉？

2. 你可以提出哪些可行性方案？

第二部分　理论测试

一、选择题

1. （　　）被西方称为《商品学》的创始人。

A. 阿里·阿德·迪米斯基　　B. 约翰·贝克曼

C. 普那裴特　　D. 户田翠香

2. 商品一旦进入市场交换，就要受到（　　）的支配。

A. 价值规律　　B. 供求规律　　C. 竞争规律　　D. 社会规律

3. 清洁生产的主要内容有（　　）。

A. 利用清洁的原材料与能源　　B. 生产过程清洁

C. 生产的产品或服务清洁　　D. 包装废弃物回收利用

4. 商品学研究的主要内容有商品的（　　）等。

A. 属性　　B. 分类与代码　　C. 标准与检验　　D. 包装与养护

二、判断题

1. 商品的价值是指商品的有用（或效用）性，如粮食的价值是能充饥，衣服的价值是能御寒等。（　　）

2. 商品学起源于德国。（　　）

3. 商品的生态设计注重商品的设计环节，而清洁生产注重商品的生产环节。（　　）

三、名词解释

使用价值　价值　绿色产品

实践训练

小商品大搜集

一、实战演练目标

1. 检查学生对商品学基础知识的理解情况。

2. 培养学生收集信息与整理材料的能力。

3. 激发学生的学习兴趣。

4. 培养学生了解、适应社会，以及理论联系实际的能力。

二、实战演练要求

1. 学生单独（也可分组）进行调查整理。

2. 所整理资料需真实、全面，避免空泛。

3. 汇总成800字以上报告并上交。

三、实战演练内容

1. 每位（组）学生搜集3种以上小商品，利用所学商品学基础知识（商品使用价值、价值、商品学研究内容和绿色产品等）对其进行分析，请填写下面的表格：

序号	小商品名称	使用价值与价值比较		研究内容		
		使用价值	价值（或价格）	商品特性	商品包装	使用中应注意问题

2. 每位（组）学生根据所搜集、分析的内容，谈一谈自己对商品的认识和学习商品学课程的建议、计划等。

四、考核

教师根据材料的真实性、个人态度、个人观点、卷面打分。

模块二　商品分类

1. 了解商品分类的概念和主要的分类标志
2. 了解商品的商品目录和商品分类体系
3. 熟悉商品分类的原则
4. 掌握商品分类和商品编码的方法
5. 掌握商品条码及其应用

华联超市商品分类

华联超市经营的商品种类可以达到上万种，如何对这些商品进行管理，既适应陈列及顾客购买的需要，又能提高企业管理效率，这就需要超市对其经营的商品进行细致的分类编组，他们对所经营的商品分类编组如下：

第一大类：冷冻食品类。

具体包括以下商品：冷冻家禽、冷冻肉类、冷冻水产品、速冻蔬菜、冷冻制品、熟肉制品、冷饮等。

第二大类：饮料食品类。

具体包括以下商品：碳酸饮料、果汁、茶饮料、饮用水、纯奶、奶制品饮料、其他饮料、咖啡类、麦片、胶囊、片类、冲剂、酸奶、其他饮料补品。

第三大类：糖果糕点类。

具体包括以下商品：奶糖、夹心糖、礼盒装糖果、巧克力、果冻、布丁、饼干、夹心饼干、巧克力饼干、膨化食品、薯片、锅巴、微波食品、中式糕点、

西式糕点、蛋糕、面包、汉堡、奶油、黄油、自产糕点等。

第四大类：炒货蜜饯类。

具体包括以下商品：香瓜子、葵花子、开心果、杏仁、豆子、果仁、松子、榛子、核桃、核桃仁、山楂、陈皮，果皮、梅、葡萄干、应子、杧果、水果干、片、圈、蜜饯类糕饼等。

第五大类：调味品类。

具体包括以下商品：盐、糖、酱油、火锅调料底料、味精、鸡精、醋、糟醉料、炝料、蘸料、淀粉、汤羹料、色拉酱、花生酱、辣酱、麻油、辣油、蚝豉油、沙司、芥末、油等。

第六大类：烟酒茶类

具体包括以下商品：茶叶、白酒、黄酒、啤酒、米酒、葡萄酒、洋酒、果酒、补酒，其他烟、酒、茶类等。

第七大类：软包装食品。

具体包括以下商品：肉干类、鱼干类、海苔类、油面筋、肉松、火腿肠、豆腐干、粽子、即食海带、海蜇、肫、其他软包装食品。

第八大类：酱菜罐头类。

具体包括以下商品：酱菜类、果酱、果泥、八宝粥、腐乳、肉制罐头、糟醉食品、猫狗粮、水果罐头、素制罐头、零称酱菜、其他罐头类等。

第九大类：南北货腌腊制品。

具体包括以下商品：桂圆、枣类、枸杞、木耳、银耳、菇类、笋类、莲心、百合、虾皮类、鱼制品类、豆类、仁类、海蜇、海带、紫菜、其他南北货、散装南北货、咸蛋、皮蛋、腌腊制品、散装腌腊制品、其他腌腊制品。

第十大类：洗涤、化妆类。

具体包括以下商品：洗衣粉、洗衣液、柔顺剂、专用衣物洗涤剂、洗洁精、消毒液、玻璃清洁剂、厨房清洁剂、浴室清洁剂、地面（板）清洁剂、多用途清洁剂、洁厕用品、家具护理剂（蜡）、地板蜡、鞋面护理用品、空气清香剂、固体空气清香剂、皮革护理剂（蜡）、洗发露、洗发膏、防霉防蛀用品、蚊香及辅助用品、灭虫、杀虫剂、灭害虫片（固体）、护发用品、发型定型用品、染发、焗油剂、沐浴露、洗衣皂、香皂、特殊用途皂、洗手液、脸部清洁用品、化妆水、润肤霜、润肤露、润肤膏、润肤蜜、润肤油包括甘油等、防晒用品、护手（足）霜、花露水（防蚊水）、爽身粉、护理卫生用品、宠物洗涤用品、唇膏、彩妆、礼品组合装、其他洗涤化妆类。

案例点评：

零售企业商品的合理分类，提高了企业管理效率，方便顾客购买。

任务一　了解商品分类的概念、作用与原则

一、商品分类的含义

商品分类是指根据一定的管理目的，为满足商品生产、流通、消费活动的全部或部分需要，选择适当的商品属性或特征作为分类标志，将一定范围内的商品集合体科学、系统地逐次划分为大类、中类、小类、细类，乃至品种、细目的过程。

商品的大类一般根据商品生产和流通领域的行业来划分，既要同生产行业对口，又要与流通组织相适应。

商品品类或中类等是指若干具有共同性质和特征的商品的总称，它们各自包括若干商品品种。

商品品种是按商品特性、成分等方面特征进一步划分得到的商品类组。品种的名称即具体商品名称。

上述商品的集合体，可以继续划分至最小单元——商品细目。商品细目是对商品品种的详尽区分，包括商品的规格、花色、质量等级等，能够更具体的反映商品的特征，商品分类的类目层次及其应用实例见表2-1。

表2-1　　商品分类的类目及其应用实例

商品类目名称	应用实例		
商品大类	服装及其他缝制品	饮料	食品
商品中类	机制面料服装	酒类	乳和乳制品
商品小类	普通男服装	啤酒	牛奶
商品细类	男西服	黑啤酒	全脂牛奶
商品品种	纯毛男西服	瓶装黑啤酒	盒装全脂牛奶

在不同的时期，经营业态、经营规模等不同的商品的范围、分类对象并不完全相同，因此，商品分类的层次也不一样。例如作为以满足消费者对基本生

活用品一次性购足需要为经营宗旨的超级市场，就是一种经营品项较多的零售业态。在超级市场实际商品管理中，商品分类一般采用综合分类标准，将所有商品划分为大分类、中分类、小分类和单品四个层次，目的是为了便于管理，提高管理效率。

相关链接

虽然超市各种业态经营品种存在较大差异，如小的商店经营品种不到3000个，而超大型综合超市有30000多种，但商品分类都包括上述四个层次，且每个层次的分类标准也基本相同，只不过小商店各层次类别相对较少，而大型综合超市各层次类别相对较多而已。

1. 大分类

大分类是超级市场最粗线条的分类。大分类的主要标准是商品特征，如畜产、水产、果菜、日配加工食品、一般食品、日用杂货、日用百货、家用电器等。为了便于管理，超级市场的大分类一般以不超过10个为宜。

2. 中分类

中分类是大分类中细分出来的类别。其分类标准主要有以下几个：

(1) 按商品功能与用途划分。如日配品这个大分类下，可分出牛奶、豆制品、冰品、冷冻食品等中分类。

(2) 按商品制造方法划分。如畜产品这个大分类下，可细分出熟肉制品的中分类，包括咸肉、熏肉、火腿、香肠等。

(3) 按商品产地划分。如水果蔬菜这个大分类下，可细分出国产水果与进口水果的中分类。

3. 小分类

小分类是中分类中进一步细分出来的类别，主要标准有以下几个：

(1) 按功能用途划分。如“畜产”大分类中、“猪肉”中分类下，可进一步细分出“排骨”、“五花肉”、“里脊肉”等小分类。

(2) 按规格包装划分。如“一般食品”大分类中、“饮料”中分类下，可进一步细分出“听装饮料”、“瓶装饮料”、“盒装饮料”等小分类。

(3) 按商品成分分类。如“日用百货”大分类中，“鞋”中分类下，可进一步细分出“皮鞋”、“人造革鞋”、“布鞋”、“塑料鞋”等小分类。

(4) 按商品口味划分。如“糖果饼干”大分类中、“饼干”中分类下，可进一步细分出“甜味饼干”、“咸味饼干”、“奶油饼干”、“果味饼干”等小分类。

4. 单品

单品是商品分类中不能进一步细分的、完整独立的商品品项。如“355毫升听装可口可乐”、“1.25升瓶装可口可乐”、“2升瓶装可口可乐”、“2升瓶装雪碧”就属于4个不同单品。

需要说明的是，商品分类并没有统一固定的标准，各超市可根据市场和自身的实际情况对商品进行分类。但商品分类应该以方便顾客购物、方便商品组合、体现企业特点为目的。

资料来源：汪永太主编．商品学（第2版）．电子工业出版社，2011.2。

二、商品分类的作用

第一，商品的科学分类为国民经济各部门实施各项管理活动奠定了科学基础。

商品种类繁多，特征多样，价值不等，用途各异，只有将商品进行分类，统一商品用语，商品生产、收购、调拨、运输、储存、养护、销售各环节中的计划、统计、核算等工作才能顺利进行，各类指标、统计数据和商品信息才具有可比性和实际意义。

第二，商品分类有助于企业生产、经营管理活动的进行。

通过商品分类，企业可以根据市场需要组织生产，有利于掌握生产和销售的基本信息；有利于商品计划、统计、会计核算等工作的顺利进行；有利于深入分析商品质量的变化规律，为提高商品质量和合理使用、储存与运输商品创造条件；有利于推进标准化管理。是实行企业现代化管理的前提。

第三，商品分类便于商品经营管理和顾客选购、消费商品。

通过科学地进行商品分类和编制商品目录，能使经营者实施科学、有效的商品采购管理、陈列管理、销售管理和经营业绩管理，也有助于商店经营者有秩序地安排畅销商品和促销商品的有效供给以及合理地设计商品布局和陈列，从而方便消费者选购商品。

第四，有利于开展商品学教学和研究工作。

商品学教学中，按照教学需要对商品进行分类，便于在有限的学时内使学生掌握各类中的代表性商品。

商品学的科学研究中，通过商品分类，由个别商品特征归纳出各类商品特征，从而深入分析商品性能，研究商品质量、品种及其变化规律。

三、商品分类的原则

商品分类的原则是建立科学商品分类体系的重要依据。

1. 科学性原则

商品分类的科学性原则要求在进行商品分类时，必须明确分类的目的、分类范围和分类的要求，选择恰当的分类标志和适当的分类层次，以及使用统一的商品名称等。

2. 系统性原则

系统性是指以选定的商品属性或特征为依据，将商品总体按一定的排列顺序予以系统化，并形成一个合理的科学分类系统。

3. 实用性原则

商品分类首先应满足国家总政策、总规划的要求，同时应充分满足生产、流通及消费的需要。因此，商品分类应尽最大努力结合各部门、各系统、各行业、各企业及消费者的实际，满足各方面的需要。

4. 可扩展性原则

又称为后备性原则，即进行商品分类要事先设置足够的收容类目，留有足够的空位，以保证新产品出现时不至于打乱已建立的原有的分类体系和结构，同时为低层级的分类子系统在此分类体系基础上进行延拓和细化创造条件。

5. 兼容性原则

兼容性是指相关的各个分类体系之间应具有良好的对应与转换关系，同一领域上一级的分类与下一级的分类相协调，新的分类体系要考虑与原有的商品分类保持连续性和可转换性等。

任务二　掌握商品分类的标志和方法

一、商品分类的标志

分类标志是编制商品分类目录和分类体系的重要依据和基准。商品分类标志的选择是一项十分重要而细致的工作。

（一）选择商品分类标志的基本原则

分类标志是编制商品分类体系和商品目录的重要依据和基准。对商品进行分类，可供选择的标志很多，在选择时应遵循如下原则。

（1）目的性。不同的分类标志具有不同的适用性，分类标志的选择必须满足组织机构进行商品分类的管理目的和需要。

（2）明确性。选用的分类标志能满足分类的目的和要求，这是商品分类的关键。

（3）区分性。分类标志的含义要明确，必须从本质上把不同类别的商品明确区分开来，以保证分类清楚。

（4）唯一性。在同一层级范围内，只能采用一种分类标志，不能同时采用两种或多种分类标志，以确保每种商品只能出现在一个类别里，不能在分类体系中重复出现。

（5）逻辑性。在分类体系中，上一层级的分类标志与其下一层级分类标志之间存在着有机联系。每下一层级的分类标志是上一层级分类标志的合乎逻辑的继续和具体化。

（6）包容性。标志的选择要能够包括分类的全部商品，并为不断补充新商品留有余地。

（7）简便性。分类标志必须使商品分类在实际运用中简便易行，便于采用数字编码和运用计算机进行处理。

（二）常用的商品分类标志

商品分类标志种类很多，但至今很难找到一种能贯穿一个商品分类体系始终，并对所有商品层级类目划分都适用的分类标志。因此，在一个商品分类体系中常采用几种分类标志，往往是每一个层级选用一种适宜的分类标志。商品的用途、原材料、生产加工方法、化学成分等这些商品最本质的属性和特征，是最常采用的分类标志。

1. 以商品的用途作为分类标志

商品用途是体现商品使用价值的重要标志，以商品用途作为分类标志，它不仅适用于商品大类的划分，也适用于对商品种类、品种等的进一步详细分类。

例如，根据商品的基本用途，将商品分为生产资料与生活资料两大类；生活资料按用途的不同可分为食品、衣着类用品、日用品等，日用品按用途又可分为器皿类、玩具类、洗涤用品类、化妆品类等。化妆品按用途还可继续划分为护肤用品、美容美发用品等。美发用品可以分为洗发剂、护发剂、染发剂等。洗发剂又可划分为干性、油性、中性、止痒去屑等。

以商品用途作为分类标志，便于分析和比较同一用途商品的质量和性能，从而有利于生产部门改进和提高商品质量，开发商品新品种，生产适销对路的商品，也便于商业部门经营管理和消费者按需要选择商品。但对于多用途的商品，不宜采用此分类标志。

2. 以原材料作为商品分类标志

以商品的原材料作为分类标志主要从原料的特点上来表示各类商品的区别，在实际工作中的应用比较广泛。例如，纺织品按原料不同可分为棉织品、麻织品、丝织品、毛织品、化纤织品、混纺织品等。

以商品的原材料为标志分类的优点有：分类清楚，能从本质上反映出各类商品的性能、特点；可为确定销售、运输、储存条件提供依据；有利于保证商品流通中的质量等。特别是对于那些原材料替代种类多，且原材料对性能影响较大的商品比较适用。但对那些由两种以上的原材料所构成的商品，采用此标志进行分类会产生一定困难（如汽车、电视机、洗衣机、电冰箱等）。

3. 商品的生产加工方法

很多商品即使采用了相同的原材料制造，但由于生产方法和加工工艺不同，所形成商品的质量水平、性能、特征等都有明显差异，从而形成、截然不同的商品品种。因此，对相同原材料可选用多种加工方法生产的商品，适宜以生产加工方法作为分类标志。如酒类按酿造方法可分为蒸馏酒、发酵酒、配制酒；茶叶按加工方法分为全发酵茶（红茶）、半发酵茶（乌龙茶）、不发酵茶（绿茶）、后发酵（黑茶）等。

这种分类方法能直接说明商品的质量特征，特别适用于那些可以选用多种加工工艺生产且性能和品种特征受其影响较大的商品，能够直接反映商品品种特征及风格。而对于那些虽然生产方法不同，但产品质量、特征不会产生实质性区别的商品，则不宜使用此种分类方法。

4. 以商品的化学成分作为分类标志

商品的很多性能取决于它的化学成分。很多情况下，商品的主要成分是决定其性能、质量、用途或储运条件的重要因素。对这些商品进行分类时，应以主要成分作为分类标志。例如，纺织品按化学成分分为纤维素类织品、蛋白质类织品等。

以商品的化学成分为标志分类的优点有：能反映商品的本质特性；有利于深入研究商品的特性、保管和使用方法；促使生产者开发新品种、满足不同消费者的需要等。其缺点是不适用于化学成分复杂的商品（如水果、蔬菜、粮食等）、化学成分区分不明显的商品（如收音机、玩具等）或容易发生变化的商品。

除上述常见分类标志外，另有一些商品本身的属性、特征也在一些特殊场合下作为分类标志。例如，工业制成品以花色、规格、型号作为分类标志；农产品中的种植业产品以收获季节或产地作为分类标志等。

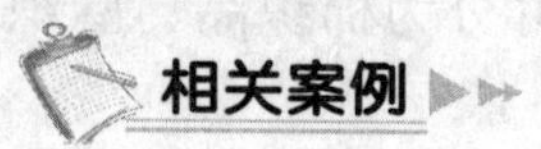

相关案例

某商场商品经营分类实例

某中型商场三楼有四个柜组，分别是：电讯器材柜组、文教用品柜组、现代办公用品柜组和小家电柜组。四个柜组经营的商品品种如表 2-2 所示：

表 2-2

柜组名称	经营商品品种
电讯器材	彩电、VCD、DVD、家庭影院、功放、话筒、背投、音箱、组合音响
文教用品	学生用品、计算器、掌上电脑、办公用品、保险柜、文件柜
现代办公用品	体育用品、乐器、钢琴、电话、手机、健身器材、按摩器
小家电	收录机、收音机、随身听、照相机、照相器材、相册、胶卷、复读机、助听器、电线、电池

分析：从表 2-2 中可知，该商场 4 个柜组，各自经营的商品都有与柜组名称不符的地方，实际是与柜组分工情况不相符，这给店内管理和顾客选购商品都带来不便。

练习

根据自己平时的观察填写表 2-3，并体会商品分类的标志和作用。

表 2-3

序号	商品	在商场中陈列的位置	相关联陈列的商品
1	酸奶		
2	鱼		
3	床单		
4	香皂		
5	电池		

二、商品分类的方法

商品分类时通常采用的基本方法有线分类法和面分类法两种。

1. 线分类法

线分类法，又称层级分类法，是将分类对象按照选定的若干分类标志，逐次地分成若干层级，每个层级又分为若干类目，排列成一个有层次的、逐级展开的分类体系。

在这个分类体系中，被划分的类目，称为上位类；划分后的类目，称为下位类。由同一个类目直接划分出来的下一级类目，彼此称为同位类。上位类和下位类之间构成隶属关系，同位类之间存在并列关系。同一分支的同级类目之间构成并列关系，不同层级类目之间构成隶属关系。如家具可采用此法进行分类，如表 2-4 所示：

表 2-4 线分类法实例

大类	中类	小类
家具	木制家具 金属家具 塑料家具 竹藤家具	床 桌 箱 椅

线分类法属传统的分类方法，使用范围广泛。其优点是信息容量大、层次性好、逻辑性强、符合传统的应用习惯，既对手工处理有较好的适应性，又便于计算机处理；缺点是结构柔性差，分类结构一经确定，不易改动。因此，采用线分类法编制商品分类目录时，必须预先留有足够的后备容量。

2. 面分类法

面分类法，又称平行分类法，把分类对象按选定的若干分类标志划分成彼此没有隶属关系的若干组独立的类目，每组类目构成一个“面”，再按一定的顺序将各个“面”平行排列。

用面分类法进行分类时，应根据需要将有关“面”中相应的类目，按“面”指定排列顺序组配在一起，形成一个新的复合类目。例如，服装的分类就是按照面分类法组配的，见表 2－5。把服装用的面料、式样和款式分为三个独立的“面”，每个“面”又包含若干个独立类目，将这些类目按指定顺序组配起来，便可以得到诸如纯毛男式中山装、真丝女式连衣裙等不同的复合类目。

表 2－5　　面分类法实例

服装面料	式样	款式
纯棉 纯毛 真丝 涤棉 毛涤	男式 女式	中山装 西装 夹克 连衣裙

面分类法的优点是结构柔性好；适应性强，可根据需要组成任何面，也便于机器处理，易于添加和修改目类等。缺点是不便于手工处理，不能充分利用其容量，组配的类目很多、结构太复杂。目前，一般都把面分类法作为线分类法的辅助方法。

我国在编制《全国工农业产品（商品、物资）分类与代码》国家标准时，采用的是线分类法和面分类法相结合、以线分类法为主的综合分类法。

练习

学校图书馆对图书是如何分类的？你认为采用什么方法或途径可以方便快捷地找到你需要的图书或资料？

任务三　了解商品编码和目录

对商品进行科学分类后，还要给每种或每类商品进行编码，以方便实际工作中查找、记录等。商品编码是指用一组有序的代表符号来标志分类体系中不同类目商品的过程。编码中所使用的标志性的代表符号称为商品代码。

A公司由于商品编码错误引起的企业损失

2007年5月，A公司以一般贸易方式从德国进口水泥添加剂（货物英文名称ETHYLENE MATERIAL）两票。A公司向海关申报的名称和海关商品编码分别为水泥添加剂和38244000。后经海关化验中心化验，该批货物成分实际为以醋酸乙烯为主要成分聚合物，归类参考意见：39052900。经查，A公司此前曾以同样方式进口水泥添加剂三票。

点评：A公司的货物是一般贸易进口货物，由于申报的商品编码与海关认定不一致，徘徊于申报不实与归类差错之间，事后被移送海关缉私部门作行政处罚；在处理意见上存在不同认识。不同的地方只有很少的一部分。然而，恰恰是这微不足道的一部分，决定了整个案件的成败、走向，决定了对当事人不同的处理结果。

一、商品代码及其类型

（一）商品代码的概念

商品代码是指为了便于识别、输入、存储和处理，用来表示商品一定信息的一个或一组有规律排列的符号。商品代码按其所用符号的不同分为数字代码、字母代码、字母－数字混合代码和条码四种，目前以全数字符号型商品代码最为普遍。“一定信息”是指分类信息或标识信息。

商品分类信息是指代码意在说明某项商品在其分类体系中的位置，也就是表明该商品与其上下级项目或同层级项目之间的隶属或并列关系，或者说是反映该项商品对某一商品群组的归属关系以及各商品群族之间的关系。它包括商品分类代码，如国际上通行的《商品名称和编码协调系统》（HS）、《主要产品分类》（CPC）和我国的《全国主要产品分类与代码》等主要商品（产品）分类目录，采用的都是商品（产品）分类代码。

商品标识信息是指代码仅起到唯一标识单一商品的作用，不具有任何其他意义（如分类意义），只是反映某一代码与某个单一商品的一对一关系。它包括商品标识代码，国际上通用而我国广泛采用的 EAN/UCC－13 代码、EAN/UCC－8 代码等，则都是商品标识代码。

（二）商品代码的类型

1. 全字母型商品代码

全字母型代码是用一个或若干个字母表示分类对象信息的商品代码。按字母顺序对商品进行分类编码时，一般用大写字母表示商品大类，小写字母表示其他类目。

全字母型代码便于记忆，可提供人们识别的信息，但不利于计算机的识别和处理，并且只适用于分类对象数目较少的情况。但当分类对象数目较多时，常常出现重复现象。如行业标准代码采用各行业名称拼音的首字母为该行业代码，林业代码为“LY”，而旅游业的代码也是“LY”。因此，字母代码常用于分类对象较少的情况，在商品分类代码中较少使用。

2. 全数字型商品代码

全数字型商品代码是用一个或若干个阿拉伯数字表示分类对象信息的商品代码。其特点是结构简单、使用方便、易于推广、便于利用计算机识别和处理，在各国际组织和世界各国的商品（产品）代码标准中普遍采用。

3. 数字一字母混合型商品代码

数字一字母混合型商品代码是由数字和字母混合组成的商品代码，它兼有数字型编码和字母型编码的优点，结构严密，具有良好的直观性和表达性，同时又有使用上的习惯。但编码组成形式复杂，给计算机输入带来不便，输入效率低，错码率高，目前其使用广度不高。

4. 条码

条码是由条形符号、字符代码等组成的图形表示分类对象信息的商品代码，是数字型代码、字母型代码和混合型代码的另一种表现形式。

二、商品编码

（一）商品编码的概念

商品编码是商品分类编码的简称，是选择代码类型、确定编制原则、赋予商品相应代码的过程。

商品编码可使繁多的商品便于记忆，简化手续，提高工作效率和可靠性，有利于计划、统计、管理等业务工作；同时，商品编码实行标准化、全球化，可以提高分类体系的概括性和科学性，有利于商品信息管理和物流管理的规范、统一和高效率，降低管理成本，提高经济效益，促进国际贸易的发展。

（二）商品编码原则

1. 商品分类代码的编制原则

商品分类和商品编码分别进行，商品科学分类在先，合理编码在后。商品科学分类为编码的合理性创造了前提条件，但是编码的不合理会直接影响商品分类体系、商品目录的实用价值。

（1）唯一性原则。必须保证每一个编码对象仅有唯一的一个商品代码，即每个商品代码只能与指定的商品类目一一对应。

（2）简明性原则。商品代码应简明、易记、易校验、不宜过长，既便于手工处理，减少差错率，也能减少计算机的处理时间和储存空间。

（3）层次性原则。商品代码要层次清楚，能清晰地反映商品分类关系和分类体系、目录内部固有的逻辑关系。

（4）可扩性原则。在商品代码结构体系里应留有足够的备用码，以适应新类目的增加和旧类目的删减需要，使扩充新代码和压缩旧代码成为可能，从而使分类代码结构体系可以进行必要的修订和补充。

（5）稳定性原则。商品代码确定后要在一定时期内保持稳定，不能频繁变更，以保证分类编码的稳定性，避免人、财、物的浪费。

（6）统一性和协调性原则。商品代码要同国家商品分类编码标准相一致，与国际通用的商品分类编码标准相协调，以利于实现信息交流和信息共享。

2. 商品标识代码的编制原则

（1）唯一性原则。每个编码对象只能有一个商品标识代码。同种规格同种商品对应同一个商品代码，同种商品不同规格应对应不同的商品代码。

（2）稳定性原则。同一商品项目，无论是长期连续生产还是间断式生产，都必须采用相同的商品代码。即使该商品项目停止生产，其商品代码应至少在4年之内不能用于其他商品项目上。

（3）无含义性原则。是指商品标志代码中的每一位数字不表示任何与商品有关的特定信息。

超市商品编号使用管理与维护

商品编号的使用，经过一段时间后，可能会因旧商品的淘汰、新商品的导入，而删减或增加某些编号，因此编号的使用与维护相当重要。

（1）分类编号的连贯性与完整性。新加入商品时，商品是否正确归类相当重要，因此编号时要注意到连贯性与完整性，切勿随意穿插。例如，新增某种猪肉水饺时，新的品项最好紧接在旧的猪肉水饺品项之后，切勿任意穿插，否则就会失去完整性与连贯性，给管理使用带来不便。

（2）固定时间删除不用的号码，并加以登录管理。对于要删除的商品，最好能在某一固定时间将其货号剔除，不可不定时地任意删除，以免造成整套编号混乱不清，如每月月底删除一次，或半年一次均可。而删除的号码必须登录起来，一旦引进同类的新商品时，这些货号便可以优先使用。

（3）由专人从事商品分类与编号及维护管理的工作。由专人负责商品分类与编号，分类与编码的理念才能得到连续与延伸，系统管理也才能维护得比较好。因为若由不同的人来做，可能会由于个人对商品分类与编码的理解不同，而有迥然不同的做法，容易产生混乱。

（4）分类时要预留增设的空间。

资料来源：中华零售网，http：//www.i18.cn/zx/newshtml/2004－5－24/4227.html，2004－5－24。

（三）商品编码方法

1. 商品分类代码的编制方法

商品分类代码是含义代码，代码本身具有某种实际含义。此种代码不仅作为编码对象的唯一标识，起到代替编码对象名称的作用，还能提供编码对象的相关信息（如分类、排序等信息）。

（1）顺序编码法。顺序编码法是按照商品类目在分类体系中出现的先后次序，依次给予顺序数字代码的编码方法。其优点是使用方便，易于管理，但代码本身没给出任何有关编码对象的其他信息。

（2）系列顺序编码法。系列顺序编码法是一种特殊的顺序编码法，是将顺序数字代码分为若干段（系列），使其与分类编码对象的分段一一对应，并赋予每段分类编码一定的顺序代码的编码方法。

系列顺序编码法的优点是可以赋予编码对象一定属性和特征，提供有关编码对象的某些附加信息，但是附加信息的确定要借助于代码表；缺点是当系列顺序代码过多时，会影响计算机的处理速度。我国国家标准《全国主要产品分类与代码第 1 部分：可运输产品》（GB/T 7635.1—2002）中的“小麦”（第五层级，小类类目），在进一步细分到第六层级（细类类目）时，“冬小麦”、“春小麦”的代码采用了系列顺序编码法，“白色硬质冬小麦”、“白色软质冬小麦”等类目代码则采用了顺序编码法（见图 2－1）：

第五层级（小类）代码	01111	小麦
第六层级（细类）代码	01111・010	冬小麦
（与第五层级代码之间用圆点隔开）	—・099	
	01111・011	白色硬质冬小麦
	01111・012	白色软质冬小麦
	…	
	01111・100	春小麦
	—・199	
	01111・101	白色硬质春小麦
	01111・102	白色软质春小麦
	…	

图 2－1　顺序编码法与系列顺序编码法示例

（3）层次编码法。层次编码法是按商品类目在分类体系中的层级顺序，依次赋予对应的数字代码的编码方法。它主要用于线分类体系。

国家标准《全国主要产品分类与代码第 1 部分：可运输产品》（GB/T 7635.1—2002）和《全国主要产品分类与代码第 2 部分：不可运输产品》（GB/T 7635.2—2002）就是采用层次编码法。例如，GB/T 7635.1 全部采用数字代码，其长度是 8 位，代码结构分成六层（见图 2－2），各层分别命名为大部类、部类、大类、中类、小类和细类。其中，第一层至第五层各用一位数字表示，第一层代码为 0～4；第二层、第五层代码为 1～9；第三层、第四层代码为 0～9。第六层用三位数字表示，代码为001～999，采用了顺序码和系列顺序码（即分段码），顺序码为 011～999，系列顺序码为个位数是 0（或 1～9）的三位代码。第五层和第六层代码之间用圆点（·）隔开。

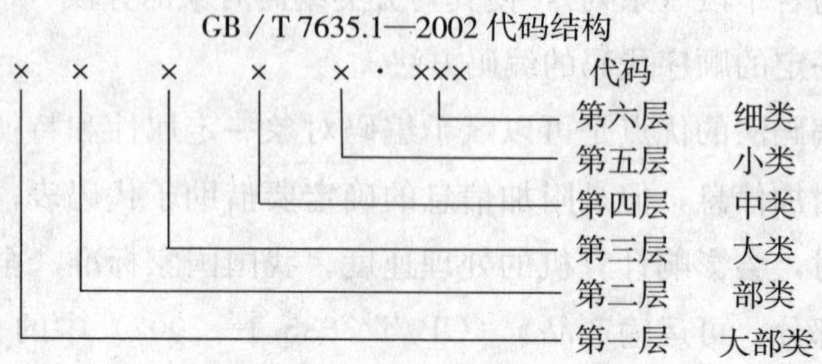

图 2－2 层次编码代码结构

层次编码法的优点是代码较简单，逻辑关系好，系统性强，信息容量较大，能明确反映出分类编码对象的属性或特征及其隶属关系，容易查找所需类目，便于机器汇总数据和管理；缺点是弹性较差，为延长其使用寿命，往往要用延长代码的长度的办法，预先留出相当数量的备用号，从而出现号码的冗余。因此，层次编码法最适于编码对象变化不大的情况。

（4）平行编码法。平行编码法，也称特征组合编码法，是将编码对象按其属性或特征分为若干个面，每一个面的编码对象按其规律分别确定一定位数的数字代码，面与面之间的代码没有层次关系和隶属关系，最后根据需要选用各个面中的代码，并按预先确定的面的排列顺序组合成复合代码的一种编码方法。它多适用于面分类体系。如国产空调型号编码：

KF（R）－23GW、KC－23、KF－50LW

其中：K 代表空调；F 代表分体；R 代表冷暖；C 代表窗机；数字代表制冷量，如 23 代表制冷量为 2300W；L 代表室内落地式；G 代表室内挂机；W 代表室外机。

平行编码法的优点是编码结构有较好的弹性，可以较简单地增加分类编码面的数目，必要时还可以更换个别的类面，可全部用代码，也可部分用代码，它适用于多种查找任务，也便于计算机处理；缺点是代码容量利用率低，并非所有可组配的复合代码都有实际意义。

（5）混合编码法。由层次编码法与平行编码法混合而成。这种编码方法所编制代码的层次与等级不完全相同，编码时先选择分类对象的各种特征，然后将某些特征用层次编码法表示，其余特征用平等编码法表示。如我国公民身份

证的是将籍贯（6 位）、出生日期（8 位）、所在派出所（2 位）、性别（1 位）、识别码（1 位）等用平行编码法表示，其中省（2 位）、市（2 位）、区（2 位）等籍贯信息用层次编码法来表示。

由于这种编码方法结合了两种编码方法的优点，在实践中经常使用。

2. 商品标识代码的编制方法

商品标识代码，通常是指由国际物品编码协会 EAN/UCC 系统的编码标准所规定，并用于全球统一标识商品的数字型代码。它包括 EAN/UCC－13、EAN/UCC－8、UCC－12 和 EAN/UCC－14 四种代码。商品条码是用来表示国际通用的商品标识代码的一种模块组合型条码。

中国物品编码中心（ANCC）成立于 1989 年。1991 年，ANCC 代表中国加入 EAN。多年的探索，ANCC 研究制定了一套适合我国国情的、技术上与国际的产品与服务标识系统——ANCC 全球统一的标识系统，简称“ANCC 系统”。

ANCC 系统是一套全球统一的标准化编码体系。编码体系是 ANCC 系统的核心。是对流通领域中所有的产品与服务，包括贸易项目、物流单元、资产、位置和服务关系等的标识代码及附加属性代码，如图 2－3 所示。附加属性代码不能脱离标识代码独立存在。

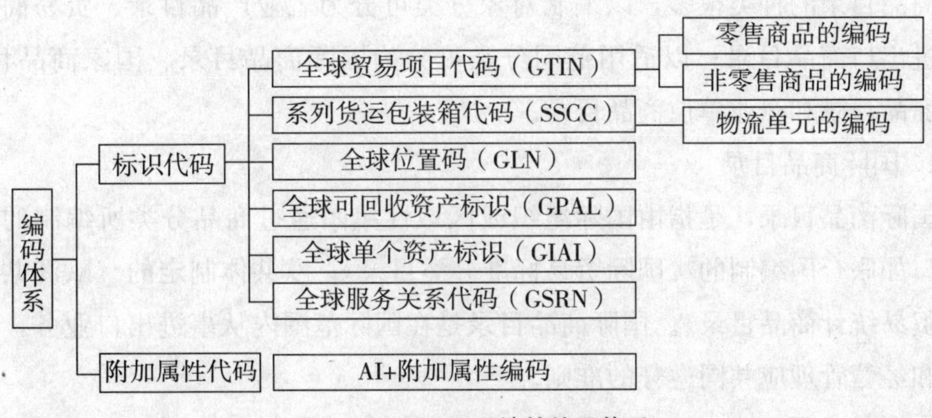

图 2－3　ANCC 系统的编码体系

商品标识代码和商品条码主要用于对零售商品、非零售商品的统一标识。零售商品是指在零售端 POS 系统扫描结算的商品。非零售商品是指不经过 POS 系统扫描结算的用于配送、仓储或批发等环节的商品，包括单个包装的非零售商品和含有多个包装等级的非零售商品。前者是指独立包装但又不适合通过零售端POS系统扫描结算的商品，如独立包装的冰箱、洗衣机等。后者是指需要标识的货物内含有多个包装等级，如装有24条香烟的一整箱烟或装有6箱烟的托盘等。

三、商品目录

（一）商品目录概念及意义

商品目录是指将所经营管理的全部商品品种，按一定标志进行系统分类编制成的商品细目表。商品目录又称商品分类目录，编制商品目录离不开商品分类，只有在商品科学分类的基础上编制商品目录，才能使其眉目清晰，才有助于管理工作的科学化。

编制商品目录，便于国家、部门和企业对其经营范围内的商品进行科学管理；便于对商品生产和经营动态的了解和把握，为市场经济发展提供商品信息；便于消费者对市场商品供求情况的了解，更好满足消费者的需要。所以，编制商品目录是搞好商品生产、经营及其管理的一种重要手段。

（二）商品目录种类

商品目录的种类很多，以编制对象分类可分为工业产品目录、贸易商品目录和进出口商品目录；以适用范围分类可分为国际商品目录、国家商品目录、部门商品目录和企业单位商品目录。

1. 国际商品目录

国际商品目录，是指由国际组织或区域性集团通过商品分类所编制的商品目录。如联合国编制的《国际贸易标准分类目录》；欧共体制定的《欧洲共同体对外贸易统计商品目录》。国际商品目录是在国际范围内从事进出口业务，进行统计和经营管理应共同遵守的准则。

2. 国家商品目录

国家商品目录，是指由国家指定专门机构通过商品分类制定的商品目录。如美国的《国家物质代码》、日本的《商品分类编码》和我国的《全国农业产品（商品、物资）分类与代码》（GB 7635—1987）标准，就是这些国家从事经济管理各自遵守的准则。

3. 部门商品目录

部门商品目录，是指由本行业主管部门编制的商品目录。如原商业部编制的《社会商业商品分类与代码》(SB/T 10135—1992) 标准，对外经济贸易部编制的《对外贸易进出口业务统一商品目录》，进出口商品检验局编制的《商检机构实施检验的进出口商品种类表》等，这些商品目录，是该部门从中央到基层共同遵守的准则。

4. 企业、单位商品目录

企业、单位商品目录，是指由本企业单位自己编制的商品目录，是本企业、单位遵守的准则。

以上四种商品目录之间，存在着极其密切的关系。国家商品目录要与国际商品目录相协调；部门或企业、单位编制的商品目录既要符合国家商品目录提出的分类原则，又要满足本部门或本企业、单位的需要。因此，一般来说，部门或企业单位商品目录常比国家商品目录包括的商品类型少，但品种的划分更细。

任务四 认识商品条码

商品条码又称商品条形码，国际上以 BC 简称，是应用最广泛的商品代码。

一、商品条码概述

1. 商品条码的概念

商品条码是将表示一定信息的字符代码转换成用一组宽窄不同、黑白（或彩色）相间的平行线条、按一定的规则排列组合而成的特殊图形符号。

商品条码是由一组按一定规则排列的条、空及对应的字符组成的标记，用来表示一定的信息。商品条码由两部分组成，其条、空组合部分，称为条码符号，用于条码识读机器快速扫描、准确识读；其对应的下方的一组 13 位数字，是供人识别字符，也就是该条码所表示的商品标识代码。国家标准《商品条码》规定了商品条码的编码、结构、尺寸及技术要求。

根据我国国家标准《商品条码》(GB 12904—2003) 的定义，商品条码是指由国际物品编码协会（EAN）和统一代码委员会（UCC）规定的，用于表示商品标识代码的条码，包括 EAN 商品条码（EAN－13 和 EAN－8 商品条码）和 UPC 商品条码（UPC－A 和 UPC－E 商品条码），如图 2－4 所示。

图 2－4　条码示意图

2. 商品条码的作用

第一，条码是商品的“身份证”，是商品流通于国际市场的“共同语言”。

商品条码是计算机输入数据的一种特殊代码，包含有商品的生产国别、制造厂商、产地、名称、特性、价格、数量、生产日期等一系列商品信息。

第二，条码是快速、准确地进行商品信息流和物流控制的现代化手段。

只要借助于光电扫描阅读设备，即可迅速地将条码所代表的信息，准确无误地输入电子计算机，并由计算机自动进行存储、分类排序、统计、打印或显示出来。这不仅实现了售货、仓储、订货的自动化管理，而且通过产、供、销信息系统把销售信息及时提供给生产厂家，实现了产、供、销之间的现代化管理。

第三，条码是进入 POS（Point of Sales）超市的入场券。

一个最简单的条码 POS 系统可以由一台微型计算机、一个条码阅读器（光电识读设备）、一台打印机组成。这个系统利用现金收款机作为终端机与主计算机相连，并借助光电识读设备为计算机录入商品信息。当带有条码符号的商品通过结算台扫描时，条码所表示的信息被录入到计算机，计算机从数据库文件中查寻到该商品的名称、价格等，并经过数据处理，打印出收据。POS 系统的建立，可以采集到大量的商品信息，使批发商、零售商及时了解经营情况，减少库存，降低成本，使制造商获得准确的商品及市场销售信息，不断调整生产结构，提高竞争力，同时也为顾客提供了更加快捷、方便的服务。

第四，条码技术还广泛地应用于交通管理、金融与商业文件管理、病历管理、血库血液管理以及各种分类技术方面，条码技术作为数据标识和数据自动输入的一种手段已渗透到计算机管理的各个领域。

表 2－6　　商品条码的相关术语

条码	由一组规则排列的条、空及其对应字符组成的标记，用以表示一定的信息
条码系统	由条码符号设计、制作及扫描识读组成的自动识别系统
条/空	条码中反射率较低的部分/较高的部分
空白区	条码起始符、终止符两端外侧与空的反射率相同的限定区域
保护框	围绕条码且与条反射率相同的边或框
起始符	位于条码起始位置的若干条与空
终止符	位于条码终止位置的若干条与空
中间分隔符	位于条码中间位置用来分隔数据段的若干条与空
条码字符	表示一个字符的若干空与条
条码数据符	表示特定信息的条码字符
条码校验符	表示校验码的条码字符
条码填充符	不表示特定信息的条码字符
条高	垂直于单元宽度方向的条的高度尺寸
条宽	条码字符中的条的宽度尺寸
空宽	条码字符的中空的宽度尺寸
条宽比	条码中最宽条与最窄条的宽度比
条码长度	从条码起始符前缘到终止符后缘的长度
长高比	条码长度与条高的比
条码密度	单位长度的条码所表示的条码字符的个数
模块	模块组配编码法组成条码字符的基本单位
条码字符间隔	相邻条码字符间不表示特定信息且与空的反射率相同的区域
单元	构成条码字符的条或空
连续型条码	没有条码字符间隔的条码
非连续型条码	有条码字符间隔的条码
双向条码	左右两端均可作为扫描起点的条码
附加条码	表示附加信息的条码
自校验码	条码字符本身具有校验功能的条码
定长条码	条码字符个数固定的条码
非定长条码	条码字符个数不固定的条码
条码字符集	某种条码所能表示的条码字符集合
供人识别字符	位于条码符的下方，与相应的条码字符相对应的、用于供人识别的字符

二、常用的商品条码的分类

商品条码根据其编码主体或编码内容、对象的不同，可分为厂家条码和店内条码。一般所说的商品条码主要是指厂家条码。厂家条码和店内条码的区别在于编码场所、编码内容及商品对象的不同，如表 2-7 所示。

表 2-7　厂家条码和店内条码

种类＼项目	编码场所	编码内容	商品对象
厂家条码	生产、包装阶段（工厂）	前缀码、厂商识别代码、商品项目代码等（部分由 EAN 组织设定，部分由厂家设定）	加工食品、日用百货等
店内条码	加工、陈列、销售阶段（超级市场加工中心、商店）	零售商店店内用商品编码（原则上由零售店自己设定）	鲜肉、鲜鱼、蔬菜、水果、熟肉制品以及未经厂家编码的加工食品、日用百货等

（一）店内条码

简称店内码，是指商店为便于店内商品管理而对商品自行编制的临时性代码及条码标识，并只限在自己店内部使用，国家标准《店内条码》（GB/T 18283—2000）将其定义为："商店闭环系统中标识商品变量消费单元的条码。"

店内条码的使用大致有两种情况：一种是用于商品变量消费单元的标识，如鲜肉、水果、蔬菜、熟食等散装商品是按基本计量单位计价，以随机数量销售的，其编码任务不宜由厂家承担，只能由零售商完成。零售商进货后，要根据顾客的不同需要重新分装商品，用专有设备（如具有店内条码打印功能的智能电子秤）对商品称重并自动编码和制成店内条码标签，然后将其粘贴或悬挂到商品外包装上。国家标准《店内条码》（GB/T 18283—2000）对店内条码的定义，就是针对这种情况。另一种是用于商品定量消费单元的标识，这类规则包装商品是按商品件数计价销售的，应由生产厂家编印条码，但因厂家对其生产的商品未申请使用商品条码或厂家印制的商品条码质量不高而无法识读，为便于商店 POS 系统的扫描结算，商店必须自己制作店内条码并将其粘贴或悬挂

在商品外包装上。

（二）厂家条码

厂家条码是指商品生产厂家在生产过程中直接印制到商品包装上的条码，它不包括商品价格信息。目前，常用的厂家条码有5种：通用产品条码（UPC条码）、国际物品条码（EAN条码）、二五条码、三九条码和库德巴条码。商品流通领域最常使用的主要是EAN条码和UPC条码。

1. EAN条码

EAN商品条码也称为通用商品条码，由国际物品编码协会制定，通用于世界各地，是目前国际上使用最广泛的一种商品条码。我国目前在国内推行使用的也是这种商品条码。EAN商品条码分为EAN－13（标准版）和EAN－8（缩短版）两种，还有上述两种店内码。

（1）EAN－13码（标准版EAN商品条码）。EAN－13商品条码是用于表示EAN/UCC－13代码的商品条码，它主要用于超级市场或一些自动销售系统的单件商品。EAN－13商品条码是由其上部的条码符号及其下部的供人识别字符即EAN/UCC－13代码两部分所组成。EAN－13条码符号由左侧空白区、起始符、左侧数据符、中间分隔符、右侧数据符、校验符、终止符、右侧空白区8个部分，共113个模块组成（见图2－4）。在条空图中，起始符、中间分隔符、终止符线略长于其他条空图形。EAN－13条码的相应字符为13位，由下面几个部分构成：

国别代码：也称前缀码，2～3位数，用于标识商品来源的国家或地区，由国际物品编码协会分配管理。国际物品编码协会分配给中国的前缀码为“690”、“691”和“692”。

厂商代码：4～5位数，用于标识生产企业或批发公司，由国际物品编码协会在各国或地区的分支机构分配管理。

产品代码：4～5位数，用于标识商品的特征和属性，由制造厂商依据EAN的规则自行编制。

校验码：1位数，用于校验商品条码中左起第1～12数字代码的正确性。

EAN－13条码结构如图2－5、图2－6所示：

×××	××××	×××××	×
前缀码	制造厂商品代码	商品代码	校验码

图2－5　EAN－13条码结构

图 2-6 EAN—13 商品条码符号结构

ISBN 条码

国际统一标准书号（International Standard Book Number，ISBN），是根据图书出版、管理的需要，以利于国际间出版品的交流与统计所发展的一套国际统一的编号制度，由一组冠有“ISBN”代号的十位数码所组成，用以识别出版品所属国别地区或语言、出版机构、书名、版本及装订方式。其条码采用的是EAN—13 码代码结构。

ISBN 有助于简化图书发行及管理手续，便于出版品统计及国际交流。世界各地的出版机构、书商及图书馆都可以利用国际标准书号迅速而有效的识别某一本书及其版本、装订形式。不论原书是以何种文字书写，都可用电报或电话传真订购，并以电脑作业处理。

中国的图书代码为 978。制作条码时，EAN 码中图书类的代码是 978，也即只要将 EAN 的国家代码部分改为 978，再重新计算检查码，即为 ISBN 条码，其余处理均相同。我国被分配使用 7 开头的 ISBN 号，因此，我国出版社出版的图书上的条码全部为 9787 开头。简单来说，ISBN 与 EAN 的对应关系为：978＋ISBN 前 9 码＋EAN 检查码，如图 2-7 所示：

图 2-7 可识读的 13 位数的 ISBN 号的条码示例

表 2-8　　EAN 已分配给各国（地区）编码组织的部分前缀码

前缀码	各编码组织所在国家（地区）	前缀码	各编码组织所在国家（地区）
00～13	美国、加拿大	385	克罗地亚
20～29	店内码（对无条码商品字形编码）	387	波黑
30～37	法国	40～44	德国
380	保加利亚	45，49	日本
383	斯洛文尼亚	460～469	俄罗斯
471	中国台湾	70	挪威
474	爱沙尼亚	729	以色列
475	拉脱维亚	73	瑞典
477	立陶宛	740	危地马拉
479	斯里兰卡	742	洪都拉斯
480	菲律宾	743	尼加拉瓜
481	白俄罗斯	744	哥斯达黎加
482	乌克兰	750	墨西哥
484	摩尔多瓦	759	委内瑞拉
485	亚美尼亚	76	瑞士
486	格鲁吉亚	770	哥伦比亚
487	哈萨克斯坦	773	乌拉圭
489	中国香港	775	秘鲁
50	英国	777	玻利维亚
520	希腊	779	阿根廷
528	黎巴嫩	780	智利
529	塞浦路斯	784	巴拉圭
531	马其顿	789～790	巴西
539	爱尔兰	80～83	意大利
54	比利时、卢森堡	84	西班牙
560	葡萄牙	850	古巴
569	冰岛	858	斯洛伐克
57	丹麦	859	捷克
590	波兰	860	南斯拉夫
594	罗马尼亚	869	土耳其
599	匈牙利	87	荷兰
600～601	南非	880	韩国
609	毛里求斯	885	泰国
611	摩洛哥	888	新加坡
613	阿尔及利亚	890	印度
619	突尼斯	893	越南
622	埃及	899	印度尼西亚
625	约旦	90～91	奥地利
626	伊朗	93	澳大利亚
64	芬兰	94	新西兰
690～695	中国大陆	955	马来西亚

（2）EAN－8码（缩短版EAN商品条码）。EAN－8商品条码是用于表示EAN/UCC－8代码的商品条码。它主要应用于印刷面积较小而无法印贴EAN－13商品条码的零售包装商品。如图2-8所示。

图2-8　EAN－8商品条码的符号结构

根据国际物品编码协会规定，只有当EAN－13条码所占面积超过总印刷面积的25%时；印刷标签的最大面面积小于$40cm^2$或全部可印刷面积小于$80cm^2$时；产品本身是直径小于3cm的圆柱体时，使用EAN－8条码才是合理的。一些国际物品编码协会的成员，对使用EAN－8条码的条件还作了具体规定。由于缩短码不能直接表示生产厂家，因此，只有在不得已时才能使用缩短码。

EAN－8码的符号结构与EAN－13商品条码的符号结构基本相同，由左侧空白区、起始符、左侧数据符、中间分隔符、右侧数据符、校验符、终止符、右侧空白区8个部分，共81个模块组成。EAN－8条码由7位数字表示的商品项目代码和一位数字表示的校验符组成。无企业代码，只有商品代码，由国家物品编码管理机构分配，在使用上有严格控制。

EAN－8条码结构如图2-9所示：

×××	××××	×
前缀码（国别代码）	商品代码	校验码

图2-9　EAN－8条码结构

2. UPC码

UPC码（Universal Product Code，通用产品条码）是最早大规模应用的条码，广泛应用于美国和加拿大，由于其应用范围广泛，故又被称为“万用条码”。各国出口到美国、加拿大等北美国家的商品，其包装上必须印有UPC条码，其特性是一种长度固定、连续性的条码，由于应用范围广泛，故又称为万

用条码。UPC码常用的有UPC－A、UPC－E两种。

（1）UPC－A码——UPC商品条码的标准版。UPC－A条码用于商品销售和商品储运两种包装，由12位数字的字符代码组成，称为标准版的UPC条码。UPC－A条码结构是由左侧空白区、起始符、左侧数据符、中间分隔符、右侧数据符、校验符、终止符和右侧空白区8个部分组成，共113个模块，如图2－10所示。

图2－10　UPC—A商品条码

UPC－A条码结构，如图2－11所示：

×	×××××	×××××	×
系统码（1位）	企业代码（5位）	商品代码（5位）	校验码（1位）

图2－11　UPC—A条码结构

UPC－A商品条码的系统字符，用来识别商品类别，其应用规则如表2－9所示。

表2－9　UPC商品条码的系统字符的应用规定

系统字符	应用范围	系统字符	应用范围
0，6，7	规则包装的商品	4	零售商自用的店内码
2	不规则重量的商品	5	商家的优惠券
3	药品及医疗用品	1，8，9	备用码

（2）UPC－E码——UPC商品条码的缩短版。UPC－E码又称缩减版的UPC码，如图2－12所示，该条码用于商品销售包装。该条码的厂商代码和商品项目代码总共6位，可视为是删除UPC－A的4个零得到的。只有当商品很小，无法印刷UPC－A条码时，才允许使用UPC－E条码，如香烟、化妆品等商品。

UPC－E条码结构如图2－13所示：

3. 其他条码

（1）Code39码。Code39码又称三九码，是一种可表示数字、字母等信息

0 896000 7

图 2-12　UPC—E 商品条码

×	××××××	×
系统码（1位）	企业代码和商品代码（6位）	校验码（1位）

图 2-13　UPC—E 条码结构

的条码，主要用于工业、图书及票证的自动化管理，目前使用极为广泛。如图 2-14 所示：

123ABC

图 2-14　Code39 示例

（2）库德巴码。库德巴码也可表示数字和字母信息，主要用于医疗卫生、图书情报、物资等领域的自动识别。如图 2-15 所示：

a000800a

图 2-15　库德巴码示例

总之，条码种类很多，常见的就有二十多种。此外，除以上列举的一维条码以外，二维条码也在迅速发展，并在许多领域得到了应用。

相关链接

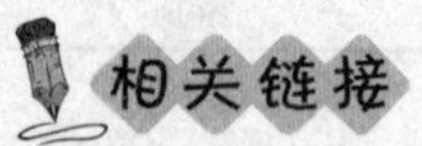

二维条码

二维条码最早发明于日本，它是用某种特定的几何图形按一定规律在平面（二维方向）上分布的黑白相间的图形记录数据符号信息的，在代码编制上巧妙地利用构成计算机内部逻辑基础的“0”、“1”比特流的概念，使用若干个与二进制相对应的几何形体来表示文字数值信息，通过图像输入设备或光电扫描设备自动识读以实现信息自动处理。它具有条码技术的一些共性：每种码制有其

特定的字符集；每个字符占有一定的宽度；具有一定的校验功能等。同时还具有对不同行的信息自动识别功能及处理图形旋转变化等特点。

二维条码能够在横向和纵向两个方位同时表达信息，因此能在很小的面积内表达大量的信息，二维条码示例如图 2－16 所示。

图 2－16　二维条码示例

企业如何办理商品条码手续呢

1. 企业应有合法的营业执照和在工商行政管理局注册的商标，有外汇或人民币的支付能力。

2. 企业产品出口到美国和加拿大两国，首先应申请成为美国编码协会“URC”的会员，使用“UPC”条码，若产品出口到其他国地区，则应申请成为“EAN”的用户，使用“EAN”条码。在取得该会员资格后，便可以得到厂商代码，以便对出口商品进行编码。

3. 企业申请办理条码，首先应向国家物品编码分中心填报申请。经审查后上报国家物品编码中心，将正式通知企业。由企业与编码分中心协商条码的具体设计。

4. 条码的颜色选择。要求各种颜色的对比反差大，以选择最佳识别效果。条码印刷一般是置于商品包装主显示面的右侧，以利于光电扫描器的识别。

服装行业商品条码应用

J 集团有限公司（以下简称 J 公司）拥有两大知名服装品牌，属国内十大畅销服装品牌，年产量 300 万件左右，产品远销美国、加拿大、欧洲、中东及中国香港、中国澳门等国家和地区，拥有多家子公司，在全国五十多个城市设立分公司或办事处，并在三百余家商厦设立专柜、专厅，成为全国各大城市高档商厦中深受消费者青睐的知名品牌，现在在中国香港、中国澳门销售的产品与在大陆销售的产品使用同一品牌和统一编制的商品条码。

J公司很早就开始实施服装产品的信息化管理，有着成熟的产品内部编码方案，从试用到成熟经历了三代产品内部编码。第一代内部编码由10位数字组成，包含品牌、版型、面料、规格等有效信息。但由于业务发展迅速，第一代内部条码扩展性能较差，渐渐不能满足发展需求，于是就出现了第二代内部编码，由12位数字组成，留有预留位。但是第二代内部编码随着公司信息化管理的加强以及管理要求的提升，又出现了缺陷，主要是在生产过程中不够直观和不能明细到服装产品的裤、袖长等三维尺码结构。于是，J公司又编制了第三代产品内部编码，其位数不受限制，由数字和字母共同组成。

在采用内部编码进行产品管理的同时，J公司也积极采用商品条码，并且于1999年注册了厂商识别代码69238972。当时主要考虑到商品条码的容量不能满足要求，因此同一品牌、同一版型、同一面料的产品内部编码对应一个商品条码。经过几年的商品条码与产品内部码同时使用的实践，J公司在工作中遇到了一些不便。在获准增加厂商识别代码6904362后，公司使用商品条码不再需要考虑容量问题，真正实现了“两码统一”，把不同规格、裤（袖）长的服装产品明晰地区分开来，具体做法：

1. 新产品设计定稿后按内部编码方案生成相应的产品内部编码；

2. 生产时根据生产计划把内部编码通过计算机信息管理软件生成唯一对应的商品条码，举例如表2-10所示。

表2-10　商品条码与产品内部编码的对应关系示例

商品条码	产品内部编码	名称	面料	规格
6904362 00001 9	0B39B 2163A 58B	1品牌男西服	B 2163A	58B
6904362 00002 6	0B39B 2163A 56B	1品牌男西服	B 2163A	56B
6904362 00003 3	0B39B 2163A 54B	1品牌男西服	B 2163A	54B
6904362 00004 0	1WP75W 2389A 3344	2品牌男西裤	W 2389A	33/44
6904362 00005 7	1WP75W 2389A 3345	2品牌男西裤	W 2389A	33/45
6904362 00006 4	1WP75W 2389A 3346	2品牌男西裤	W 2389A	33/46

3. 服装标签上印有商品条码符号及对应的内部编码，产品内部编码只有代码，没有相应的条码符号（见图2-17）。

图2-17　服装标签上的商品条码及内部编码

4. 在成品仓储管理、经营销售管理等环节，由于J公司的商品条码、产品内部编码都是唯一的，并有一一对应关系，因此可以分别在不同的环节按需求使用。例如，公司可以在全国所有网点全部采用扫描商品条码的方法进行进、出货管理（包括销售，进、出库管理等），并在计算机信息系统中检索出相应的产品信息。而当商品条码损坏或工作人员当时没有条码扫描器时，可以通过内部编码，采用人工补录的方式实现对产品的识别。

由上可见，J公司在日常销售与进、出库管理中，商品条码发挥了自动识别商品的关键作用，而企业内部编码在服装标签上起辅助作用，不必采用条码符号表示，但是在管理数据库中却对各种查询、统计有着重要作用。另外，由于商品条码的编码一般采用无含义、顺序编码，没有像内部编码那样有事先约定的严格规则。因此无论产品的各种属性怎么变，都不用担心编码码段长度不够用。事实上，商品条码编码容量不够的问题，要比内部编码码段长度不够用的问题容易解决。商品条码在这方面有着明显的优势，却往往被服装企业忽视。J公司将商品条码与企业内部产品编码一一对应以及在服装标签上的表示方法值得不少服装企业借鉴。

资料来源：服装行业商品条码应用指南．中国物品编码中心福建分中心，2010.6.11。

思考与练习

第一部分　案例讨论

日本卡斯美的采购管理

日本卡斯美目前拥有102家超级市场，年销售额约为1480亿日元，折合人民币123亿元，经营品种约为1.2万种。

在商品的经营和管理上，卡斯美有一套根据自家的理解而设定的分类框架。通常的做法是，按照使用者的用途或TPOS（时间、场所、动机、生活方式）设定商品分类。分类框架设定好后，再筛选、找寻应备齐的具体商品品种，最后建立起自己的商品体系。

超级市场的商品分类框架一般设定为5个梯度（五段分位法），即商品部、品群、小分类、品种、品目。商品部内设11个部，设立的原则是根据其在经营额中的重要程度。目前卡斯美鲜鱼部的销售额约占15%，鲜肉部约占12%，果蔬部约占14%。

资料来源：http：//bj.house.sina.com.cn/biz，2009-03-18。

思考题：

1. 卡斯美的商品分类因素有哪些？

2. 进行科学的商品分类应考虑哪些因素？

要求：学生分析案例提出的问题，拟出案例分析提纲；小组讨论，形成小组案例分析报告；班级交流，教师对各组案例分析报告进行点评。

第二部分　理论测试

一、选择题

1.（　）体现具有若干共同性质或特征商品的总称，如食品类商品又可分为蔬菜和水果、肉和肉制品、乳和乳制品、蛋和蛋制品等。

A. 大类　B. 中类　C. 小类　D. 细目

2. EAN/UCC—13代码的结构有（　）个层次。

A. 1　B. 2　C. 3　D. 4

3. 店内条码是商店对商品自行编制的（　）代码及条码标识。

A. 长期性　B. 季节性　C. 临时性　D. 永久性

4. 商品分类的基本方法主要有（　）。

A. 线分类法　B. 面分类法　C. 分层分类法　D. 分级分类法

5. 商品分类和商品编码的关系是（　）。

A. 编码在前　B. 分类在前　C. 同时进行　D. 不分先后

二、判断题

1. 层次性好是线分类法最突出的优点。(　　)

2. 商品分类的作用之一是便于商品的经营管理和消费者的选购。(　　)

3. 在线分类体系中，上位类和下位类有从属关系。(　　)

4. 在面分类体系中，面和面之间具有一定的隶属关系。(　　)

三、名词解释

商品分类　线分类法　面分类法　商品编码　商品目录　商品条码

超市商品分类与编码

一、实训目的

让学生熟练掌握商品分类标准的选用和商品条码内容，会识读商品分类目录；能胜任超市主管/领班等工作。

二、实训内容

选择一家连锁超市实习，熟悉商品分类、商品代码编写及条码使用。

1. 编制零售商店商品目录

3～5人一组，选择2～3家零售商店进行实地考察，注意店内的物品是如何分类的，对比一大类商品在不同零售商店的分类方式有何不同；假如你们组有一家零售商店，请编制你们商店的商品目录，并注明分类标志与分类方法。

2. 收集商品条码

每组收集5～10个商品条码，根据所学条码知识，说出能够从条码中获取到的信息。

三、实训要求

1. 商品目录整理成不少于500字的书面报告上交；

2. 并将本次实训内容制作成PPT汇报材料，在课堂上互相交流。

模块三　商品成分、结构和性质

1. 了解常见商品的主要成分和结构
2. 熟悉商品的基本属性
3. 掌握食品、纺织品、日用工业品、医药商品的成分和性质
4. 掌握商品

情景案例

据英国《镜报》报道，该国一名20岁男子由于长期只食用垃圾食品最终因营养不良诱发肝病，流血不止而丧生，这名男子叫斯科特·马丁。马丁除了烤面包片、豆类、薯条和罐装意大利面条之外什么也不吃，而且几乎不吃任何水果。“他只吃种类有限的一些食品，其中麦当劳是他的最爱，偶尔也吃烘豆。要找他能吃的东西难如登天。玛格丽特曾反复劝说儿子，希望他放弃不健康的“薯条+烤面包片+烘豆”的饮食结构，但马丁不以为然。糟糕的饮食习惯终于使马丁患上了肝硬化。最终当他的3颗牙齿被感染需要拔除时，医生警告他可能因流血不止或感染而死。牙最终拔了下来，但就像此前的警告那样，医生无法为他止血，悲伤的家人只好无奈地看着这年轻的生命慢慢消逝。

资料来源：法制文萃，2006年1月26日。

案例点评：

随着人们生活水平的提高，“食物里含有哪些成分”、“如何安排日常膳食才能做到科学合理”等问题越来越被人们关注。因此商品生产者和销售者有责任也有义务为消费者提供营养、健康、安全、放心的商品。

商品功能存在于商品体之中，又是由商品的本身属性所决定的。商品的属

性有自然属性和社会属性。商品的自然属性是由商品的组成成分、结构和性质所决定的。而商品的社会属性则与商品能否满足消费者需求，并符合社会利益有关。这些属性是客观存在的，它不以人的意志为转移，但可以为人所利用。研究商品的质量，研究各种外界因素在运输、储存和使用中引起商品质量变化的规律，就必须从商品及其材料的成分、结构与性质入手。

商品的组成成分是判断商品质量的重要指标。研究和掌握商品的主要成分是为了了解和正确评价许多商品品质、正确签订合同品质条款的必备知识。按各种成分在商品使用性能中所发挥的作用，分为主要成分、辅助成分、无用成分和有害成分。主要成分的含量是决定商品品质优劣的主要因素。如钢中含碳 0.25%以下称为低碳钢，含碳 0.25%～0.60%称为中碳钢，含碳量 0.60%以上的称为高碳钢。

商品的结构分为商品的宏观结构和微观结构。商品的宏观结构是指用人的肉眼或低倍放大镜所能观察到的外形结构。有的是人为通过生产过程形成的，例如各种日用工业品、纺织品等商品；有的则是自然生长形成的，例如水果、蔬菜等商品。商品的微观结构通常是指用人的肉眼看不到而借助于各种专门仪器的功能来观察到的内部结构，例如钻石。

商品的性质主要包括商品的物理性质、化学性质、生理生化性质以及微生物性质。例如香脂、蜡烛、油膏类药品等的熔化，油脂的凝固，萘、樟脑的升华，茶叶中芳香物质的挥发、白酒中酒精的挥发等均属商品的物理性质变化；又如一些工业商品，如玻璃制品、金属制品、陶瓷制品、塑料制品、药品、化妆品等的化学成分主要是无机物或有机物，自然具备相应的化合、分解、氧化、还原等化学性质。

商品种类纷繁复杂，每一种商品的成分、结构和性质都决定了商品的功能效用，而且对研究制定商品质量标准、检验鉴定、包装储运、合理使用等方面有着重要意义。

任务一　食品商品

一、食品的营养成分

食物是可供人类食用的含有营养素的天然生物体，食品是指经特定方式加工后供人类食用的食物。食品的化学组成如图 3-1 所示。

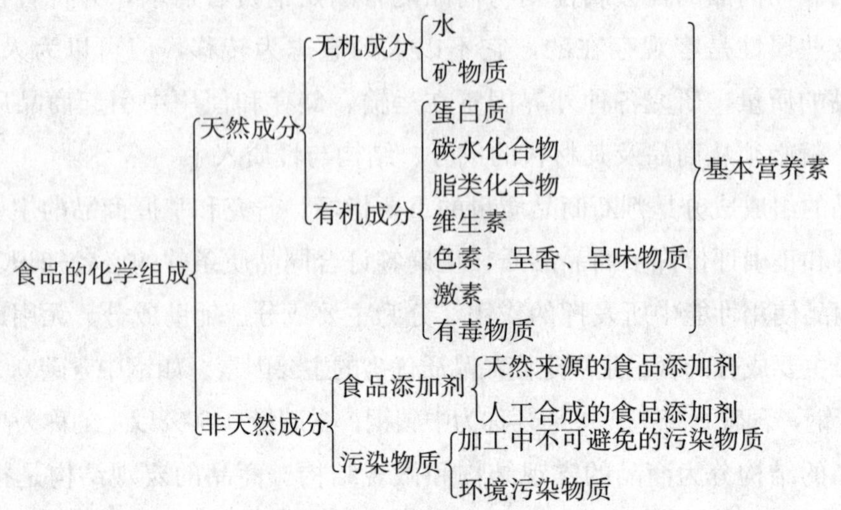

图 3-1 食品的化学组成

食品的营养价值取决于食品的营养成分（营养素），而且食品的性质和质量变化与食品成分密切相关。食品的营养成分是那些能维持人体正常生长发育和新陈代谢所必需的物质，是研究食品质量和储藏的重要内容。食品主要的营养成分有糖类（碳水化合物）、蛋白质、脂肪、维生素、矿物质、水分等。食品来源不同，其成分、性质等也有所区别。

（一）糖类

1. 糖类（碳水化合物）的营养

糖类是植物光合作用的产物。糖类在人体内除少量的粗纤维不能被消化吸收外，大部分都能被人体利用产生热量（4.1 千卡/克）。糖类是食品中最易获得且比较经济的热量来源，所以它对人体获得热量有重要的作用。我们每天的主食就是以糖类为主的食品。糖类也是构成人体某些组织的成分，如细胞中的核糖以及人体组织、糖蛋白等，在肝脏和肌肉中还储存有糖原，血液中必须含有一定数量的血糖（称为葡萄糖），糖含量不足，神经系统得不到充足的养分，就会出现休克。人体活动所需要的热量都是从饮食提供的糖类、蛋白质和脂肪氧化分解中获取的。

2. 糖类的类别及性质

按糖类分子中存在的“单体糖分子”的数目多少，化合物分为单糖、低聚

糖、多聚糖三类。

（1）单糖类。凡不能被水解成更小分子的糖称为单糖。单糖主要包括核糖和脱氧核糖、葡萄糖、果糖、半乳糖。它们共同的分子式是 $C_6H_{12}O_6$。

（2）低聚糖类。又称为寡糖，是由 2～10 个单糖分子缩合形成的糖。常见的双糖包括蔗糖、乳糖和麦芽糖、蔗糖＋水（葡萄糖＋果糖）、乳糖＋水（葡萄糖＋半乳糖）、麦芽糖＋水（葡萄糖＋葡萄糖），双糖的分子式为 $C_{12}H_{22}O_{11}$。

（3）多聚糖类。多糖是由多个单糖分子缩合、失水而形成的，这一类结构复杂且分子量庞大的糖类物质，其水解后能产生许多单糖分子。常见的多聚糖有淀粉、糖原和纤维素，它们共同的分子式为 $(C_6H_{12}O_5)_n$。

（二）蛋白质

1. 蛋白质的分子结构

蛋白质的化学组成，除碳、氢、氧外，还含有氮和少量的硫，氮的平均含量占 16%。蛋白质分子结构复杂，其水解的最终产物是氨基酸，所以蛋白质是由许多氨基酸纳合成的高分子化合物。

（1）蛋白质的一级结构，又称初级结构，是指构成蛋白质的氨基酸种类、数量、排列顺序和连接方式。肽键是由一个氨基酸的 α-氨基与相邻氨基酸的 α-羧基脱去一分子水缩合而成的化学键。

（2）蛋白质的空间结构，借助多肽主链上排列的氨基酸侧链，自发地绕曲折叠并处于稳定的空间结构状态。蛋白质的空间结构包括二级、三级和四级结构。蛋白质的二级结构是指多肽链本身有规则的绕曲折叠，形成的重复性结构。二级结构的基本类型有 α-螺旋、β-折叠，维持这两类结构的化学键分别是多肽链内或多肽链之间出现周期性排列的氢键。在二级结构的基础上，蛋白质多肽链借助各种次级键（氢键、盐键、疏水键、范德华引力、二硫键）的相互作用，进一步绕曲折叠，形成具有一定立体形状的三级结构。有很多蛋白质是以二级结构的球状蛋白质的聚集体形式存在的，这样的聚集体称为蛋白质的四级结构。蛋白质的四级结构中每个球状蛋白质称为亚基或亚单位，它们是没有生物学活性的，必须通过次级键的结合力形成特定的四级结构后，才具有生物学活性。

2. 蛋白质在生命活动中的作用

第一，酶的催化作用；

第二，组成有机体的结构成分；

第三，运载和储存；

第四，生物信号的转导作用（调节、传递等）；

第五，免疫保护；

第六，参与能量代谢。

3. 蛋白质的分类

根据蛋白质水解产物的不同，可以把蛋白质分为单纯蛋白质和结合蛋白质两类。

（1）单纯蛋白质。水解后的产物中只有氨基酸一种成分，属于单纯蛋白质的有醇溶蛋白、精蛋白等。

（2）结合蛋白质。水解后的产物中除有氨基酸外，还有非蛋白质的成分，属于结合蛋白质的主要有核蛋白、色蛋白、磷蛋白、脂蛋白等。

4. 食品中的非蛋白质合成物

在食品中除了会有单纯蛋白质和结合蛋白质外，还有少量的非蛋白质合成物。如茶叶中含有咖啡碱，它是衍生物，具有兴奋神经和利尿等作用；烟制品里含有尼古丁，也是一种生物碱，具有毒性，并能抑制神经；在海产鱼类中有些鱼（如鳖鱼、洋鱼、木鱼等），由于排尿器官不完善，鱼肉内含有残留氰化物，不新鲜鱼的腥味物质是三甲胺；肉类腐败后，蛋白质会分解产生有毒和恶臭的胺化物和氨类。食品中这种非蛋白质的合成物，与食品的质量和质量的变化都有密切的关系。

（三）脂肪

1. 脂肪的组成

脂肪主要由碳、氢、氧三种元素组成，有些还含有氮（N）和磷（P）等元素。

2. 脂的分类

脂类可按不同的构成组分进行分类。

（1）单纯脂。单纯脂是指脂肪酸和醇类所形成的脂。三酰甘油（甘油三酯）是脂类中含量最丰富的一大类，通称脂肪，也称真脂或中性脂。不同脂肪酸之间的区别主要在于碳氢自然界中脂肪酸通常具有偶数碳原子，碳氢链长一般为12～22个碳原子。碳氢链有的是饱和的，如硬脂酸和软脂酸等，也有的碳氢链

含有一个或几个双键，为不饱和脂肪酸。通常把维持人体正常生长所需而体内又不能合成的脂肪酸称为必需脂肪酸。亚油酸和亚麻酸只能从植物中获得。

（2）复合脂。由脂肪酸、醇类和其他物质组成的脂类物质，称作复合脂。

（3）类脂。指一些理化性质与脂肪相似的、不会结合脂肪酸的脂类物质。最常见的是类固醇及其衍生物，如胆固醇、胆汁酸、维生素 D、固醇类激素（性激素和肾上腺皮质激素）等。

（四）维生素

1. 维生素的概念

维生素也称维他命（Vitamin）。是维持人体正常生理功能所必需的一类有机化合物，它是由波兰的科学家丰克命名的。维生素，顾名思义就是维持生命的元素，是人体不可缺少的一种营养素。维生素是人体代谢中必不可少的有机化合物。维生素大部分不能在人体内合成，或者合成量不足，不能满足人体的需要。因而，虽然它们的需要量很少，每日仅以毫克或微克计算，但必须从食物中摄取。维生素在生物体内的作用不同于糖类、脂肪和蛋白质，它不是作为碳源、氮源或能源的物质，不是用来供能或构成生物体的组成部分，但却是代谢过程中所必需的。已知绝大多数维生素作为酶的辅酶或辅基的组成成分，在物质代谢中起重要作用。

从最基本的生物化学概念看来，维生素是这样的一类有机物：在人体内的含有量很小，但生理作用很大，它们在人体内不能合成，必须由食物直接供给，人体中如果缺少维生素，就会患各种疾病。人体就像一个极为复杂的化工厂，不断地进行着各种生化反应。其反应与酶的催化作用有密切关系。前面我们曾提到过，酶的本质是蛋白质，但酶要具备活性，除本身的蛋白质的功能外，必须有辅助性的因子参加，这些帮助酶进行催化反应的因子称为辅酶。维生素及其衍生物在体内最重要的作用就是充当各种代谢酶类的辅酶。因此，维生素是维持和调节机体正常代谢的重要物质。可以认为，维生素是以“生物活性物质”的形式，存在于人体组织中。维生素跟酶类一起参与着机体的新陈代谢，能使机体的机能得到有效的调节。它们是必须由食物供给的营养素。食物中维生素的含量较少，人体的需要量也不多，但却是绝不可少的物质。机体如缺乏维生素，就会引起物质代谢紊乱，以致发生病症，称为维生素缺乏症。如缺乏维生素 A 会出现夜盲症、眼干燥症和皮肤干燥，缺乏维生素 D 可患佝偻病，缺乏维

生素 B_1 可得脚气病。缺乏维生素 B_2 可患唇炎、口角炎、舌炎和阴囊炎，缺乏维生素 PP 可患癞皮病，缺乏维生素 B_{12} 易患恶性贫血，缺乏维生素 C 易患坏血病。

2. 维生素的种类

维生素都是小分子有机化合物，它们在化学结构上没有什么共同性，多是按照被发现的先后顺序命名。在“维生素”之后加上 A、B、C、D 等字母；也有根据其化学结构和生理功能命名的，如维生素 D 结构中含有硫和胺，也叫硫胺素；维生素 PP 具有抗癞皮病的功能，所以也叫抗癞皮病维生素等。

世界上究竟有多少维生素？1979 年英国人鲍古特在其专著《营养和人体健康》一书中写道：“迄今被世界公认的维生素有 14 种，它们是：维生素 A、维生素 B_1、维生素 B_2、泛酸、烟酸、维生素 B_6、生物素、叶酸、维生素 B_{12}、胆碱、维生素 C、维生素 D、维生素 E、维生素 K。”

通常根据其在水中的溶解性质分为水溶性和脂溶性两大类。后者包括维生素 A、维生素 D、维生素 E、维生素 K 等，前一类包括维生素 B 族和维生素 C。

（1）水溶性维生素分为维生素 B 族及维生素 C。它们都是水溶性的。在肝脏内含量最丰富，但水溶性维生素的多余摄入不会储藏在体内备用，而是连同代谢产物随尿液排出体外。当机体饱和后，食入的维生素越多，尿中的排出量也越大，因此需要时常补充。虽然水溶性维生素在体内不被储存，但是过量摄取也会对机体造成危害。B 族维生素是维生素中的一个大家族，包括维生素 B_1、维生素 B_2、烟酸和烟酰胺、维生素 B_6、泛酸、生物素、叶酸及维生素 B_{12} 等。在生物体内通过构成辅酶而发挥对物质代谢的影响。起初，维生素 B 族被以为是一种维生素，到后来才证明是多种维生素混合存在。主要是因为它们之间有协同作用，总是在一起发挥作用，也就是说，一次摄取全部 B 族的维生素，要比单独摄取效果更好。另外，如果维生素 B_1、维生素 B_2、维生素 B_6 摄取比率不均的话，是没有效果的。

（2）脂溶性维生素不溶于水，能溶于脂肪及脂肪溶剂（如苯、乙醚、氯仿等）中。在食物中，它们常与脂类共存，在肠道中与脂类的吸收也密切相关。当脂类吸收不良时，脂溶性维生素的吸收也大大减少，甚至引起代谢障碍。吸收后的脂溶性维生素可以在体内储存，主要储存于肝脏中。营养学上比较重要的脂溶性维生素有维生素 A、维生素 D、维生素 E、维生素 K。

大多数维生素的计量单位以毫克或微克表示。而维生素 A、维生素 D 则以国际单位（IU）表示，维生素A、维生素D与重量单位的换算如下：1IU维生素A=0.6微克β-胡萝卜素，或相当于0.344微克纯维生素A醋酸盐，0.3微克维生素A醇；1IU维生素D相当于0.025微克维生素D；维生素E可用毫克或IU表示，1IU维生素E相当于1毫克DL-α-生育酚醋酸酯或1.49毫克α-生育酚。

因为脂溶性维生素不易随尿液排出体外，过量摄取会使多余的维生素在体内储存，长期过量服用会引起中毒症状。其中又以维生素A和维生素D服用量过大而引起的中毒最为常见。维生素A过剩时，将引起失眠、气喘、眩晕、脱发、恶心、腹泻等症状，维生素D过剩时，可引起食欲不振、倦怠、便秘、体重下降及低烧等。

（五）矿物质

1. 矿物质概述

矿物质（Mineral）又称无机盐，是构成人体组织和维持正常生理活动的重要无机营养素。人体组织几乎含有自然界存在的所有元素，其中碳、氢、氧、氮四种元素主要组成蛋白质、脂肪和碳水化合物等有机物，其余各种元素大部分以无机化合物形式在体内起作用，统称为矿物质或无机盐。也有一些元素是体内有机化合物（如酶、激素、血红蛋白）的组成成分。

矿物质来自土壤。人体内的矿物质一部分来自作为食物的动、植物组织，一部分来自饮水、食盐和食品添加剂。在植物体中，矿物质的含量占比重的1%～15%。所以蔬菜是人类获得矿物质营养的重要来源。

矿物质与有机营养素不同，它们既不能在人体内合成，除排泄外也不能在体内代谢过程中消失，每天矿物质的摄取量也是基本确定的，伴随年龄、性别、身体状况、环境、工作状况等因素有所不同；矿物质根据其对人体生理功能的贡献分为两类，凡是人体新陈代谢或生长发育所必需的元素，称为必需元素，反之，为非必需元素。

必需元素中又以在人体内含量的多寡分常量元素和微量元素两类。体内含量大于体重的0.01%的称为常量元素，它们包括钙、磷、钾、钠、镁、氯、硫七种，它们都是人体必需的元素。含量小于体重的0.01%的称为微量元素，种类很多，目前人们认为必需的微量元素有14种，它们是锌、铜、铁、铬、钴、锰、钼、锡、钒、碘、硒、氟、镍、硅。微量元素在体内含量虽小，却有很重要的生理功能。

非必需元素分两类，一类是人体新陈代谢和生长发育并不需要，但少量摄入后不会产生严重病理现象的，如铝、铋等元素；另一种不仅人体不需要，而且摄入微量也会使人出现病态或新陈代谢严重障碍，这些元素，常称之为有害元素或有毒元素，例如汞、镉、铅等。

矿物质与其他营养素一样，并不是“多多益善”，每种矿物质发挥其生理功能都有它在体内一定的适宜范围。小于这一范围可能出现缺乏症状，如缺乏钙、镁、磷、锰、铜，可能引起骨骼或牙齿不坚固，缺乏镁可能引起肌肉疼痛，缺乏铁可能引起贫血，缺乏铁、钠、碘、磷可能会引起疲劳等；而大于这一范围则可能引起中毒，因此，一定要很好地掌握它们的摄入量。

2. 矿物质的生理功能

矿物元素是构成人体机体组织和维持正常生理功能所必需的，其主要生理功能如下：

第一，构成机体组织的重要成分。如钙、磷、镁是骨骼和牙齿的重要成分。磷、硫是构成组织蛋白的成分。

第二，与蛋白质一起维持着细胞内、外液的渗透压的平衡。

第三，酸性、碱性无机离子的适当配合，加上重碳酸盐和蛋白质的缓冲作用是维持机体酸碱平衡的重要机制。

第四，在组织液中的各种矿物元素，特别是保持一定比例的钾、钠、钙、镁离子是维持神经、肌肉兴奋性，细胞膜通透性以及所有细胞正常功能的必要条件。

第五，是构成某些具有特殊生理功能的物质的重要成分，如血红蛋白和细胞色素系统中的铁，甲状腺素中的碘和谷胱甘肽过氧化物酶中的硒。

第六，是人体细胞各种生化反应的催化剂。

（六）水分

1. 水的组成

水是由氢元素和氧元素组成的。食品中的水不是单独存在的，它会与食品中的其他成分发生化学或物理作用，因而改变了水的性质。按照食品中的水与其他成分之间相互作用强弱可将食品中的水分成结合水、毛细管水和自由水。

（1）结合水。又称为束缚水，是指存在于食品中的与非水成分通过氢键结合的水，是食品中与非水成分结合的最牢固的水。

（2）自由水。是指食品中与非水成分有较弱作用或基本没有作用的水。

(3) 毛细管水。指食品中由于天然形成的毛细管而保留的水分，是存在于生物体细胞间隙的水。毛细管的直径越小，持水能力越强，当毛细管直径小于0.1μm时，毛细管水实际上已经成为结合水，而当毛细管直径大于0.1μm则为自由水，大部分毛细管水为自由水。

结合水与自由水的区别在于，结合水在食品中不能作为溶剂，在－40℃时不结冰，而自由水可以作为溶剂，在－40℃时会结冰。

食品中的结合水的产生除毛细管作用外，大多数结合水是由于食品中的水分与食品中的蛋白质、淀粉、果胶等物质的羧基、碳基、氨基、亚氨基、羟基、巯基等亲水性基因或水中的无机离子的键合或偶极作用产生的。根据与食品中非水组分之间的作用力的强弱可将结合水分成单分子层水和多分子层水。

单分子层水是指与食品中非水成分的强极性基团，如羧基一、氨基＋、羟基等直接以氢键结合的第一个水分子层。在食品的水分中它与非水成分之间的结合能力最强，很难蒸发，与纯水相比其蒸发焓大为增加，它不能被微生物所利用。一般说来，食品干燥后安全储藏的水分含量要求即为该食品的单分子层水。若得到干燥后食品的水分含量就可以计算食品的单分子层水含量：

aw/m（1－aw）＝1/mlc＋（c－1）aw/mlc

式中：aw——水分活度，m——水分含量，ml——单分子层水含量，c——常数多分子层水是指单分子层水之外的几个水分子层包含的水。

2. 水的主要功能

人体如缺少水，食品中的营养成分不仅不能被利用，而且生命也难维持。人体中储存的糖原和脂肪可以全部被消耗，蛋白质可以消耗一半，生命仍能勉强维持，但如果人体失水20%，就难以维持生命。所以水对人体十分重要。其主要的功能如下：

第一，食品中的营养成分只有在水溶液中才能被人体吸收。

第二，水直接参与人体各种生理活动，如营养成分的代谢、酶的催化、渗透等。

第三，营养成分的消化要依靠水参加，消化后的物质也要靠水把它们起送到公共组织，靠水把废弃物排出体外。

第四，血液中的水分随着血液的循环进行各种生理活动，并保持正常的体温。

由此可见，人进行一切生命活动，不能一刻缺水。正常情况下，成人每天需水约2升左右，其中60%来自饮水，40%由食品中的水分和营养成分消化时产生的代谢水或氧化水提供。人体摄取的水分和排出的水分应趋向一致。

二、食品商品的卫生与食品安全

搞好食品卫生和防止食品污染是保障人民健康和增强人民体质的一项十分重要的工作。

无论是空气、江湖河海、土壤，都遭受“二废”和各种毒物的污染。这些毒物通过空气、土壤、水源潜入农作物、家畜、家禽和水产品中，经过食物链的不断积累，直接或间接地进入人体，危害人们。因此，保护环境卫生和防止食品污染已成为当前全世界关注的重要问题。

在我国，党和政府历来重视食品卫生工作。1974 年，国务院向全国各级领导机关和有关部门发出了关于防止食品污染的文件，并批准了国家计委《关于防止食品行染问题的报告》。

为了加强这项工作的领导，由卫生部主持，轻工、农林、林业、化学、外贸、交通、国家建委等部门参加，组成“食品卫生领导小组”，在中国医学科学院下设立了食品卫生检验机构，具体管理食品卫生方面的工作，并迅速制定食品卫生的国家标准和食品法规；各省、市、自治区和有关部门都成立食品检验机构和研究所；对海关港口加强了卫生检疫工作：对能引起食品污染的各项因素都采取了切实的预防措施；通过广泛的宣传教育，使广大干部和群众，尤其是从事食品生产和供应的相关人员懂得防止食品污染的重要性并自觉地做好食品卫生工作。

食品污染的原因很多，根据我国的情况，主要有以下几种污染。

1. 农药残留对食品的污染

适当地使用农药，消灭农作物的病虫害和杂草，是保证农产品丰收的一项重要措施。目前世界各国每年使用的农药总量已达 200 万吨，1000 多个品种。根据农药中主要有效成分的不同，可分为有机氯农药（如 DDT，666 等），有机磷农药（如敌百虫，DDV，1605 等），有机汞农药（如赛力弘、西力生等），此外还有各种除草剂、植物杀虫剂、有机砷杀虫剂、无机铜杀虫剂等。

这些农药对食品污染的途径有：

第一，直接喷射农作物，使农药逐渐渗入农作物体内；

第二，洒在土壤中的残留农药、通过农作物的根吸收到植物体内；

第三，用污染的农作物的茎秆作为牧草饲养家畜和家禽；

第四，农药通过水源进入农作物成体。

应该说，进入水源中的农药由于浓度极低，对人体不会有直接的危害，但经过食物链，会不断在生物体内浓缩，对食品造成污染。如流入水源的农药溶解度极小，但经过浮游生物吸收后，可以使它体内DDT的浓度增加1.3万倍，小鱼吃这些浮游生物，在小鱼体内DDT的浓度又增加了17万倍；大鱼吃了小鱼，大鱼体内的DDT的浓度可增加66万倍。由此可见，由食物链引起的农药污染是十分惊人的。据国外报道，农药对人体的危害99%是由食品污染进入人体的，只有1%是由空气和饮水进入人体的。目前世界各国农药中对人体危害最严重的是有机氯。农药对人体的危害分急性中毒和慢性中毒，急性中毒容易发现，也易被人们重视和预防，而慢性中毒往往不易引起人们注意。在有机氯农药中主要的代表是DDT和666，它们引起急性中毒的症状是神经性的，如头晕、恶心、腹泻、肌肉无力甚至颤抖。DDT慢性中毒会破坏肝功能，引起黄疸病，666慢性中毒会破坏中枢神经，引起血压升高、心律变化、肝肿大等。我国于1953年才开始广泛使用有机氯农药，主要是666和DDT，占农药总使用量的70%左右。由于用量大、范围广，对食品污染比较严重。因此，需要迅速试制一些高效低毒的新农药代替它们。国家规定对茶叶、烟叶、水果、蔬菜等农作物要分别禁止和限制使用DDT和666，以及汞制剂和砷制剂等农药。另外，国家对重要的食品还规定了666和DDT的残留量卫生标准。

2. 重金属对食品的污染

重金属中对人体危害较大的是汞、镉、砷、铅。

（1）汞污染。食品中存在的汞化物主要由空气、水、土壤进入食品内。被汞污染的水池养殖水产后，水产品就有可能被汞污染；使用含汞的农药都能造成农作物污染：被汞污染的饲料喂养家畜和家禽，在肉类和蛋品、乳制品中都可发现汞污染；汞矿的开采、冶炼和工业生产上使用含汞的原料，从“三废”中进入空气土壤、水源。所以在自然界，汞的存在较为普遍。

微量的汞进入人体内能从尿、粪便、汗液中排出，没有危害。但吸收量增加，超出平衡数量，汞化物进入血液，与血红素结合，然后进入脑组织，超过一定的数量，就会引起汞中毒。汞中毒多为慢性中毒，其症状表现为疲乏，头晕，失眠，肢体乏力、唇、牙肿胀麻木和刺痛，语言不清，视力模糊，记忆力衰退，严重时痉挛而死。我国的国家卫生标准对粮食、薯类、蔬菜、水果、乳制品、肉、蛋、鱼及其他水产品都规定有允许的汞含量。

（2）镉污染。镉具有很强的毒性，可在人体内蓄积引起镉中毒。从采矿、冶炼、合金制造、电镀、油漆、颜料、电池、陶瓷业废水和废气中排出的镉也可以污染食品。镉对人体的危害主要是破坏酸的活性，在肾脏、骨骼和消化器官方面都能受到影响，最明显的是使骨骼中的钙流失，并从尿中排出。如不及时补充钙，会引起骨质疏松和软化，容易造成骨折。镉的慢性中毒，开始时感到腰酸背痛，膝盖关节痛，以后全身痛，严重时咳嗽、打喷嚏也能引起骨折。海水中镉浓度在0.1微克/升以下。淡水和土壤在1微克/升以下。溶于水中的镉易被人体吸收，必须严格控制饮水中镉含量。我国规定饮用水镉浓度小于0.01毫克/升。

（3）砷污染。砷对人体的危害是由于破坏体内酶活性，引起代谢作用的紊乱，使神经系统，微血管及其他系统的功能发生病变。砷在体内排泄很慢，积累到一定数量，能导致慢性中毒，主要的症状是多发性神经炎、皮肤痛觉和触觉减退、四肢无力、眼睛浮肿，表皮角质化和消化道病等。严重时呼吸困难、循环衰退，虚脱、直至死亡。我国食品卫生标准规定，原料食品含砷量不得超过7毫克/千克；酱油、食醋、味精、酱制品等调味品中不得超过5毫克/千克。

（4）铅污染。铅对人体的危害主要是造成神经系统、造血系统和肾脏的损伤。食品中的铅除来源于工业污染外，食品容器具和食品的包装材料如马口铁、陶瓷和搪瓷、锡壶、食品包装的含铅印刷颜料和油墨等也含有铅，在盛装食品的过程中，可将铅转移到食品中。环境中的铅容易污染的食品主要是蔬菜，由于环境中的铅在土壤中以凝结状态存在，因此通过作物根系吸收量不大，主要是通过叶片从大气吸收，所以蔬菜中铅的含量以叶菜最高，其次是根、茎类、果菜类。因此在冶炼厂附近等铅污染严重的地区可选择一些不易富集铅的作物种植。我国食品卫生标准规定，原料食品含铅量不得超过1毫克/千克。

据有关调查显示，靠近公路两侧的蔬菜的铅含量远远高于远离公路的蔬菜，提示含铅汽油的燃烧是环境中铅污染的主要来源。目前多数蔬菜中的铅含量未超过国家食品卫生标准，但随着我国汽车保有量的增加，这一形势将变得非常严峻。因此大力推广无铅汽油，降低食品中的铅污染是非常必要的。国外发达国家含铅汽油的价格远高于无铅汽油，以限制有铅汽油的使用，这一做法值得我国相关部门借鉴。

3. 黄曲霉素对食品的污染

由一种名为黄曲霉生物体产生的一类毒素的总称，属生物性污染物质。这

种霉菌的繁殖力较强，温度高和湿度大是这种霉菌的生长条件：在气温高而潮湿的季节里，特别是我国南方地区，在粮食、水果、饲料、木材以及生活用品上经常发现长有白的、绿的、灰的、黑的各式各样的棉絮状、毛茸状或粉末状的卤丝，就是霉菌在作祟，人们常称之为“发霉”现象。

黄曲霉菌及其毒素对食品的污染可分为对植物性食品和动物性食品污染两种情况。在各类植物性食品中，花生及其制品最易受黄曲霉素的污染，其次是大米、小麦、大麦等各类作物与干果。若用污染的植物性饲料喂养家畜、家禽，就会使动物性食品中含有黄曲霉素。动物试验表明，黄曲霉素可以使人急性中毒，也有很强的致病性，因此黄曲霉素对食品的污染应受到重视。

有些食品由于存放不当会发生霉变，凡是霉变的食品都可能存在黄曲霉素，霉菌易在粮食、油类及其制品和坚果上生长，如花生、花生油、玉米、大米、棉籽等。干果类中的核桃、杏仁、榛子，奶制品、干咸鱼、海米、干辣椒、干萝卜条等，其中花生及其制品中黄曲霉素的含量最高。

实验证明，黄曲霉素是由黄霉菌产生的真菌毒素，是目前发现的化学致癌物中最强的物质之一，主要损害肝脏并有强烈的致癌、致畸、致突变作用，能引起肝癌，还可以诱发骨癌、肾癌、直肠癌、乳腺癌、卵巢癌等。黄曲霉毒素具有比较稳定的化学性质，只有在 280℃以上高温下才能被破坏，蒸煮、油炸等都不能将黄曲霉毒素完全去除。

为了防止产生黄曲霉素，平时存放粮油和其他食品必须保持低温、通风、干燥、避免阳光直射，不用塑料袋盛装，尽可能不囤积食品，留意食品的保存期，尽可能在保存期内食用。生活中可改用茶树油、橄榄油等不易产生黄曲霉素的植物油。此外，不吃留坏、皱皮、变色的食品。发霉的中草药含有大量的黄曲霉素，不要再吃。如果无意中吃到发霉的花生和玉米，因黄曲霉素很苦，吃到嘴里可以感觉到，要马上吐出，并用清水漱口。

4. 添加剂对食品的污染

为使食品的色、香、味更好和一些食用性质，在加工中加入某些适合的添加剂，对食品的质量是有益的。但不恰当地使用合成添加剂，会给人体造成有害的影响。某些国家在食品中使用合成添加剂已到泛滥的程度，危及人们的健康。我国使用的添加剂种类有限，但不加以限制也会造成食品的污染。因此，国家的食品卫生标准中对各种添加剂的使用范围都有相应规定。现将主要的添加剂和使用情况介绍如下：

（1）防腐剂。这是防止微生物繁殖造成污染所采取的一种措施。我国允许使用的防腐剂种类不多，主要有苯甲酸、钠盐、尼泊金酯等。使用的范围主要是调味品、各种饮料、罐头、果酱等。

（2）抗氧化剂。我国允许使用的抗氧化剂主要用于油脂及含油脂较多的食品中，如油脂、油炸食品、干点制品、饼干、速烹面条、干制食品、罐头等。

（3）护色剂。这是为了保持肉制品肌肉鲜艳的色泽所使用的添加剂，主要是亚硝酸钠或硝酸钠。这些护色剂在细菌的还原作用下能生成亚胺，已经证实亚胺是一种强烈的致癌物，对消化器官的致癌更为显著。因此，在肉制品中使用硝酸钠或亚硝酸钠必须严格限制其使用量。硝酸钠使用量不得超过0.5克/千克，亚硝酸钠使用量不得超过0.05克/千克。目前，有关部门正在试制代用的护色剂。

（4）漂白剂。漂白剂是破坏、抑制食品的发色因素。除能够改善食品色泽外，还具有抑菌等多种作用，在食品加工中应用甚广。主要分氧化漂白及还原漂白两类。

（5）甜味剂。用甘草作为甜味剂，使用量不加限制，糖精的使用量不得超过0.15克/千克，浓缩食品按浓缩比例的80%添加。

（6）着色剂。又称色素，是使食品着色后提高其感官性状的一类物质。食用色素按其性质和来源，可分为食用天然色素和食用合成色素两大类。

食用合成色素，属于人工合成色素。食用合成色素的特点：色彩鲜艳、性质稳定、着色力强、牢固度大、可取得任意色彩，加上成本低廉，使用方便。但合成色素大多数对人体有害。合成色素的毒性有的为本身的化学性能对人体有直接毒性；有的在代谢过程中产生有害物质；在生产过程还可能被砷、铅或其他有害化合物污染。

食用天然色素，食用天然色素主要是由动植物组织中提取的色素，然而天然色素成分较为复杂，经过纯化后的天然色素，其作用也有可能和原来的不同。而且在精制的过程中，其化学结构也可能发生变化；此外在加工的过程中，还有被污染的可能，故不能认为天然色素就一定是纯净无害的。

合成食用色素同其他食品添加剂一样，为达到安全使用的目的，需进行严格的毒理学评价。包括化学结构、理化性质、纯度、在食品中的存在形式以及降解过程和降解产物；随同食品被机体吸收后，在组织器官内的潴留分布、代谢转变及排泄状况；本身及其代谢产物在机体内引起的生物学变化，以及对机

体可能造成的毒害及其机理。包括急性毒性、慢性毒性、对生育繁殖的影响、胚胎毒性、致畸性、致突变性、致癌性、致敏性等。

（7）香料与香精。在食品中应用增香的有天然植物香料、单体香科和人工合成香精。天然植物香料有大料、桂皮、桂花、葱、胡椒、花椒等。单体天然香料是从植物香料中提取出来的，如柠檬油、桔橙油、薄荷油、铡兰香、玫瑰油、桂花浸膏、甘草浸膏、茉莉浸膏、可可酯、咖啡酯等。以上这些天然香料可以在食品中使用，使用量不加限制。人工合成的香精种类繁多，它们是天然香料经化学合成产生的，统称为香精。因此必须各部门之间相互配合，严格管理，做到从预防入手。卫生部门应加强卫生检验，做好对食品生产部门和销售部门的卫生监督工作，对不符合卫生质量要求的食品不允许供应市场。

任务二　纺织品商品

一、纺织品概述

纺织品是人们日常生活的必需品。随着纺织工业的发展及人们生活水平的提高，纺织品的品种、花色不断增多，性能不断提高，消费者对它们的要求也越来越高，不仅要耐穿、耐用，而且还要舒适、美观、大方。

纺织品根据加工方式不同，通常可分为梭织品和针织品。梭织品是指由经纬纱按一定的沉浮规律，相互交织而成的织品，主要有棉布、麻布、呢绒、丝织品、化纤织品等。针织品是用针织丝机将纱线编织成线团相互套结而成的，如汗衫、背心、棉毛衫裤、绒衣裤、袜子、手套等。另外，还有在纺织机上直接成型不需要再加工的产品，如毛巾、床单、毯子、围巾、手帕等。商业上通常把针织品和棉织品统称为针棉织品。

二、纺织品的构成成分

（一）天然纤维

1. 棉纤维的成分

棉纤维为细长、小空、多孔而较扁的管状，具有天然转曲，纤维易抱合，可纺性好。棉纤维一般呈白色或淡黄色，主要成分是纤维素，含量在90%以上，其余是水分、蜡质、含氮物、果胶质等杂质及少量色素。棉纤维是一种近于纯纤维素的纺织纤维，这决定了棉纤维的理化性质。

2. 麻纤维的成分

各种麻纤维的化学成分主要是纤维素。存在于麻纤维中的纤维素有胶质和木质纤维素之分。芝麻、亚麻和大麻中的纤维素即为胶质纤维素，是胶质与纤维素的结合物。黄麻中的纤维素则是由木质与纤维素所构成的木质纤维素。在麻纤维中，除纤维素外，还含有胶质、水分、水可溶物、木质素、脂肪蜡质等。麻纤维中各种成分的含量因麻的种类和加工的程度不同而异。纤维素含量越多，麻纤维的品质就越好；胶质纤维素含量多，则麻纤维既粗糙发硬又易于折断。木质纤维素含量多，在日光的照射和受潮时即容易变色。因此，麻纤维的结构和成分对于麻纤维的品质和性质有着很大的影响。

3. 蚕丝的成分

蚕丝的主要成分是丝质。在茧丝中丝质含量约为80%；其次为丝胶，约占20%，此外，还有少量的色素、脂肪和灰分等。丝质与丝胶都是蛋白质，蛋白质水解后最终产物为各种成分的氨基酸。在氨基酸的分子中含有氨基（—NH）和羧基（—COOH），氨基呈碱性反应，羧基呈酸性反应，因此就构成了蚕丝具有两性反应的特征。所以，用酸性染料或盐基性染料都能染色。

4. 羊毛纤维的成分

羊毛是天然蛋白质纤维，主要成分是叫角朊的蛋白质构成，角朊含量占97%，无机物1%～3%，羊毛角朊的主要元素是C、O、N、H、S。

羊毛纤维含有酸性的羧基和碱性的氨基，和生丝一样，也是一种有两性反应的纤维材料。

（二）化学纤维

化学纤维分为纤维素纤维和合成纤维两种。

1. 纤维素纤维

纤维素纤维是利用木材、芦苇、高粱秆、甘蔗渣、棉短绒等原来含有纤维素的物质，经过化学方法处理与机械加工而制得和棉花、羊毛、蚕丝一样能够用来纺织的纤维。

木材、芦苇、甘蔗渣、棉短绒等植物中所含的纤维素，就化学成分来讲，

和棉花中所含的纤维素没有什么区别，都是属于天然形成的线型高分子物质。但是，这些物质中的纤维素不像棉花中的纤维素那样质地均匀，排列整齐，柔软可纺，可直接用来纺织，而是表面粗糙、长度短、排列不整齐、质地不均匀，不能直接用来纺织，须通过人工方法，经过化学处理和机械加工以后，才能把这些纤维素重新组合成纤维状态的纤维而用于纺织，所以又有“人造纤维”和“再生纤维”之称。

2. 合成纤维

合成纤维是从原来不含纤维素的物质，如煤、石油、天然气、石灰石或蓖麻油等农副产品中提炼出一些简单物质，再经化学合成与机械加工制成像棉花、羊毛或蚕丝一样的纤维。

市场上的锦纶、涤纶、维纶、腈纶、氯纶、丙纶等织品，都属于这一类纤维。

在化学纤维命名中规定：凡国内生产使用的一切化学纤维纯纺、混纺相交纺的纺织品中所使用的化学纤维，一律使用商品名称。纤维素短纤维一律命名“纤”，合成纤维一律命名“纶”。长丝则在末尾加一“丝”字，或将“纶”、“纤”改为“丝”。

氯纶是聚氯乙烯纤维在中国的商品名称。是由聚氯乙烯或其共聚物制成的一种合成纤维。氯纶于1913年开始生产，但发展速度较慢。氯纶的原料丰富，生产流程短，是合成纤维中生产成本最低的一种。氯纶有短纤维、长丝和鬃丝等。氯纶短纤维可以制成棉絮、毛线及针织内衣裤等，这些织物对患有风湿性关节炎的人有一定的护理作用。此外，氯纶可以加工成具有各种特殊用途的阻燃纺织品，如沙发布、安全性帐篷等。氯纶还可用作工业滤布、工作服、绝缘布等。

三、纺织品的质量及使用

（一）纺织品商品的性质

纺织品与食品类等一次性消费品不同，它可经过多次使用和一定使用时期而逐渐消费掉。因此，人们在购买纺织品时，主要讲究织品的“阔、厚、牢”，要求横幅宽、布料经久耐用耐穿。随着消费水平的提高，人们购买纺织品则更注重纺织品的花色品种，以及纺织品的穿用性能，讲究“挺、滑、软”，要求纺织品具有良好的弹性、悬垂性、柔软性、丰富度及穿着的舒适性。

1. 密度和紧度

纺织品的密度是指单位长度内织物中纱线排列的稀密程度。密度有经密和纬密之分。纺织品的密度通常用 10 厘米内经纱或纬纱的根数表示，针织品用 5 厘米内横向或纵向线团排列的行数表示。密度虽然在一定程度上反映织物中纱线排列的稀密程度，但它并不能真实说明织物的紧密程序，因此，还要引入一个紧度概念。

紧度是指经纱或纬纱的平均直径与相邻两根纱线间平均中心距离之比，一般用百分率的形式表示。紧度也有经向紧度和纬向紧度之分。一般情况下织品的经向紧度比纬向紧度大，这同使用及加工要求是相一致的。

织物的密度和紧密都是衡量织物质量的重要指标，它们的大小及经纬向紧度配比（比例）对织物的质量、性能、外观、风格、缝纫性能都有很大影响。此外，表示纺织品稀密程度的还有单位面积的重量等指标。

2. 耐用性

纺织品的耐用性是指它在穿用和洗涤过程中抵抗外界破坏因素作用的能力。耐用性决定着服装商品的使用期限、寿命，它的内容主要有抗张强度、抗撕裂和顶破强度、抗疲劳强度、耐磨性、耐日光性、耐热性、染色牢度、耐霉性和耐蛀性等。

（1）抗张强度。抗张强度是拉断规定尺寸的衣着材料试样所需的最大外力。

（2）抗撕裂和顶破强度。撕裂和顶破强度分别表示规定尺寸的织物试祥被撕裂和顶破时所需的最大外力。抗顶破强度反映衣服的肘、膝部、手套、袜子和鞋子头部的坚牢程度。上述三种强度指标的大小都取决于织物中纤维的种类及其强度、纱线结构和纱线密度，它们反映了服装商品在大于破坏力的外力一次性作用下的牢固性。

（3）抗疲劳强度。在使用过程中，纺织品往往是经受远小于破坏力的外力的多次重复作用，其最终被破坏是因为多次重复作用累积的结果，这就是纺织品的疲劳现象。商品抵抗疲劳的能力称为抗疲劳强度，它对耐用性具有重要意义，反映商品抵抗因外物反复摩擦而损坏的能力。

（4）耐磨性。磨损是纺织品在使用过程中损坏的一个重要原因，如衣物之间、同一衣服的各部位之间以及洗涤时发生的磨损等。所以耐磨性是反映织品质量的一个重要指标。

(5) 耐日光性：是指衣着商品对日光中紫外线的抵抗能力，通常用一定晒时数后商品强度的下降百分率来表示。耐日光性以晴纶制品为最好，锦纶、丙纶、真丝制品较差。

(6) 耐热性：指材料对于热作用的抵抗力。各类纤维中，棉、毛织品的耐热性最好，麻织品次之，丝织品和化纤织品的耐热性最差。

(7) 染色牢度：织品的染色牢度是指染料与织品结合的坚牢程度以及染料发色团的化学稳定程度。

(8) 耐霉、耐蛀性：是纺织品抵抗霉变和虫蛀的能力。天然纤维织品的耐霉、耐蛀性能较化学纤维织品差，因为天然纤维织品中含有霉菌、害虫喜爱的食料。

3. 穿用性能

纺织品的穿用性能包括织品的起毛、起球、悬垂性、收缩性、抗皱性与免烫性、防污性和洗净性等。

(1) 起毛、起球。起毛、起球是指织品在穿用和洗涤过程中，因不断承受各种摩擦，使织品表面产生绒毛或结成球。织品起毛、起球与纤维种类有关，在各种纤维织品中，合成纤维织品较易起球，黏纤织品较易起毛，因为合成纤维的强度比黏纤要高。另外，起毛、起球与纱线及织物结构也有关。

(2) 悬垂性。悬垂性是从中心提起织品后，织品本身自然悬垂产生匀称美观的特征。悬垂性好的织品，制成衣服后很合体，而且匀称地下垂形成小圆弧褶皱，使衣服产生美观的线条。不同用途的织品要求悬垂性大小不同。某些服装或生活用织物，特别是裙类织物、舞台帐幕、桌布等，都应具有良好的悬垂性。

(3) 收缩性。织物在织造和染整加工过程中，都会不同程度地受到拉扯作用，而在织物内部潜伏着一定的应力，在以后的穿用过程中，这些应力就有释放出来的可能，尤其在洗涤、熨烫的时候，织物就会发生一定的收缩变形。织物的这种特性即为它的收缩性。如果布料的缩水率太高，成品洗涤后就会发生变形和走样。因此，收缩性也是和纺织品的使用价值关系比较密切的。

收缩性和原料纤维的性质直接相关，合成纤维的收缩率很小，而天然纤维，包括棉、麻、丝、毛以及人造纤维中的人造棉、人造毛收缩率就较大。

收缩性常用水洗收缩率、慰烫收缩率等表示。一般情况下织品经向和纬向收缩率并不一致，因此，应分别表示为经向收缩率和纬向收缩率。

(4) 抗皱性与免烫性。织物在被搓揉时发生塑性弯曲变形而形成褶皱的性能称为揉皱性，又称褶皱性。织物抵抗由于搓揉而引起的弯曲变形的能力称为抗皱性。有时，抗皱性也被理解为当失去引起织物褶皱的外力后，由于织物的急、缓弹性而使织物逐渐回复到起始状态的能力。

由揉皱性较大的织物做成的衣服，在穿着过程中容易起皱，严重影响织物的外观，且易沿着弯曲与皱纹产生剧烈的磨损，会加速衣服的损坏。毛织物的特点之一是具有良好的褶皱回复性，所以，抗皱性的好坏是评定织物是否具有造型感的一项重要指标。

织物的免烫性是指织物经洗涤后，即使不烫也很平挺，形状稳定。

(5) 防污性和洗净性。织物不易被各种外界因素如尘土、污垢等沾染的性能称为织物的防污性。沾污与织物的种类、成分、形状及纤维性质、织物的组织结构、后整理剂、染料等都有关系。沾污的机理也比较复杂。污物可以以机械力附着于纤维、织物，也可以以化学结合力、静电力等与织物结合。洗净性是评价附着于织物的污物被消除的难易程度的一个指标。它和织品的防污性有着密切的联系。

(二) 风格

织物的风格是一种靠人的感觉评价的特性。织物的风格和织品的外观有着极其密切的联系。目前织物的风格还没有一个十分完美的定义，实质上，风格是靠触觉和视觉对织物做出的综合评价，通常是对织物的力学特性用官能进行检查，多数场合是以触觉为主。

关于织物风格的分类，还没有一个比较系统的全面的分类方法。通常把风格归纳为：

(1) 厚度风格。是一种厚度加上膨体性意义的风格特性，多用“厚实”、“手感薄”之类的术语评述。

(2) 弯曲风格。是风格中最为重要且有实际意义的一种，常用“柔软”、“有身骨”、“有弹性”、“柔软而有弹性”等术语评述。与弯曲风格关系比较紧密的是织物的弯曲变形性。

(3) 压缩风格。是一种与厚度风格有连带关系的风格特性，它涉及的厚织物、膨胀性织物、针织物较多。常用“有膨胀”、“有厚实感”、“有蓬松性”等术语评述。织物的压缩风格与织物内纱线的压缩情况及卷曲形态都有关系。

此外，织物的风格还有很多，如与伸长特性有关的拉伸风格（常用“不易

伸长”、“拉伸性”等术语评述），与摩擦特性和表面状态等有关的滑溜风格（常用“光滑的”、“涩的”、“粗糙的”、“滑溜溜的”等术语评述）等。

（三）经济性

纺织品的经济性是指服装商品的使用价值与价值的比值要高，即成本和价格在满足用途需要的基础上要尽可能低。这就要求尽量避免烦琐的设计和生产工艺，不该节省的绝不含糊，该节省的材料和能耗一定要压缩下来，同时还要注意美观、大方，适应市场需求，努力避免盲目生产和经营造成的积压浪费，提倡“粗粮细做”、“薄利多销”的原则。

任务三　日用工业品

一、塑料的概念、组成、代表制品

（一）塑料的概念

塑料是一种具有可塑性的材料。可塑性就是指经过加热或加压可制成各种形状制品的特性。广义上说，像石蜡、玻璃、铜、铝等材料都可算作“塑料”。但是现代意义的塑料一般是指以合成树脂为基本成分的高分子有机化合物在一定湿度和压力下制成的型材或制品，而且在常温下保持形状不变。通常塑料未成型之前称为合成树脂，成型之后即称塑料制品或制件。塑料的主要成分如下。

（二）塑料的组成

1. 合成树脂

树脂有天然与合成之分。天然树脂如松树分泌的一种乳液、昆虫分泌的虫胶以及沥青等，但其数量十分有限。合成树脂是以煤、电石、天然气等为基本原料，从中得到有价值的乙烯、丙烯、丁二烯、乙炔、苯、甲苯等，再用这些原料进行化学合成，制成高分子的树脂状物质。它在常温常压下一般是固体颗粒或粉末。合成树脂是塑料的主要成分，一般含量在40%～100%，它决定着塑料的类型、化学性质和物理性能。

2. 塑料助剂

助剂又称辅助剂或添加剂，是为了改善塑料性能，使其适应不同的成型方法、不同用途、不同使用条件而加入的不同种类和数量的辅助物质。塑料助剂在塑料中所占比例很小，但对塑料的成型加工和制品的质量水平有重要的影响。常用的有以下几种；

（1）增塑剂。是一种能降低塑料的流动湿度，使其在成型时增大流动性，成型后增大弹性、柔软性和延伸性的一种物质。常见的增塑剂有邻苯二甲酸酯类、磷酸酯类及二元酸酯类等。

（2）稳定剂。又称防老化剂，塑料中加入稳定剂的目的是防止或减缓塑料在加工、储存和使用过程中发生老化变质。常见的稳定剂有光稳定剂、热稳定剂和抗氧化剂三类。

（3）发泡剂。是一类可使高聚物在加工过程中产生微细孔或蜂窝状结构，从而增加塑料的弹性，减小比重，降低导热性的化合物。

（4）着色剂。据统计，80％以上的塑料制品是通过添加着色剂美化的，着色剂分为染料和颜料两大类。

（5）润滑剂。是一类能增加塑料加工过程中的流动性，使制品易于与模具分离，从而提高塑料制品的表面光洁度的物质。

（6）抗静电剂。是一种能消除或防止塑料表面静电的物质。大多数塑料具有良好的绝缘性，其表面摩擦产生的静电不易消除，极易吸附尘埃，以致影响塑料制品的外观并加速老化，还可能引起放电而造成着火爆炸事故。

（7）交联剂和固化剂。能使塑料改性的一类物质称为交联剂，如有机过氧化物，能产生游离基，使大分子间产生交联，以提高聚合物的强度、耐泊、耐热、耐压缩等性能，达到改性的目的。固化剂的作用是促使热固性塑料在成型时能很快地完成树脂的交联反应而从线型结构转化为体型结构，如在酚醛模塑粉中加入固化剂六甲基四胺等。

3. 增强材料和填料

塑料中一般含有相当量的填料，其作用是降低生产成本，改善树脂性能。例如，玻璃纤维就能增强玻璃钢的强度；木粉加入酚醛树脂能变其脆性为坚硬，加入云母可改善其电性能，而加入石棉则能提高其抗酸性和耐热性。通常把能提高塑料性能和扩大其应用范围的填料称为增强材料。

（三）塑料的代表性品种与制品

到目前为止已投入工业生产的塑料主要有几十个品种，其中产量最大、用途最多的有六大品种：聚乙烯塑料、聚氯乙烯塑料、聚丙烯塑料、聚苯乙烯塑料、氨基塑料和酚醛塑料。

1. 聚乙烯塑料

聚乙烯未着色前呈乳白色半透明状，属热塑性塑料。它无毒、耐酸碱、性质柔软而轻，放在水中能够浮起，有蜡一样的手感，不怕碰摔和挤压。聚乙烯塑料主要由聚乙烯树脂和少量稳定剂和着色剂组成，是目前用途最广泛、用量最大的塑料。

聚乙烯树脂是由成千上万个乙烯分子聚合而成。聚乙烯大分子链柔顺性好，极易结晶。在常温下聚乙烯由晶区和具有弹性的无定形区交错构成，晶区使聚乙烯树脂具有一定的硬度和强度，无定形区则使其具有一定的柔韧性和弹性。由于生产工艺不同，聚乙烯分为高密度和低密度两种。高密度聚乙烯的密度为0.95左右，用低压法生产，其性能特点为半透明状，有刚性，具有一定耐冲击性，可制作型材等较刚硬的制品，绝缘性好。适用于加工各种瓶和柄等容器、家具、管材、绳索等。低密度聚乙烯的密度为0.92左右，用高压法生产，其性能特点为透明，结晶度低，机械强度小于高密度聚乙烯，化学稳定性好。适用于制造薄膜制品、管材、中空容器、电线包覆层及一些软性的日用品。

2. 聚氯乙烯塑料

聚氯乙烯于1930年投入工业化生产，由于它具有原料来源广、价格低廉、性能优良和用途广泛等特点，产量曾为世界塑料王国之冠。此后因聚乙烯的快速发展，才使其产量居第二位。

聚氯乙烯树脂的原料是氯化氢和乙炔，过去大都以电石和食盐为原料制得。自石油化工业发展以来，转向利用石油气中的乙烯与氯气反应制得。聚氯乙烯塑料具有很多优良性能，如较好的机械强度、抗化学性、电绝缘性、耐腐蚀性和难燃性，它的不足之处就是热稳定性差（使用温度宜在5℃～45℃）、低温下会变硬变脆，受热140℃以上则开始分解出氯化氢气体，且韧性、抗冲击性能不够理想，满足不了某些机械制品的要求。聚氯乙烯树脂中掺入不同量的增塑剂，可以加工硬质和软质聚氯乙烯制品。

①硬质聚氯乙烯制品具有较高的机械强度，还具有一般金属所没有的许多

特殊优点：不怕酸碱腐蚀，可代替贵重的不锈钢材和其他易腐蚀材料，用以输送腐蚀性流体，比重小（1.3～1.4），相当于钢的五分之一，比铝管还轻一半，又因为管子内壁光滑、摩擦阻力小，较同样粗的钢管流量多30%；管子表面色泽明亮，可借助着色不同区别管路，安装后不得做抹油防锈处理。所以广泛用于制作管材和板材、建筑的结构材料，在化工、石油、纺织、采矿、电气、食品加工、供水排水等工业部门都可使用。

②软质聚氯乙烯制品含有30%～50%的增塑剂，质地柔软，具有良好的弹性、透光性、不透水性和耐酸碱性。主要用以制作各类薄膜（农用、包装用和防雨材料）、人造革、电线和电缆的绝缘包皮及各种软管和日用塑料商品。

3. 聚丙烯塑料

聚丙烯的工业化生产始于1957年，时间虽短但发展十分迅速。由于它的原料丙烯来源于石油废气，数量多、价格便宜、性能优异，至今在全世界的产量已位于聚乙烯、聚氯乙烯、聚苯乙烯之后的第四位。

聚丙烯塑料的性能也主要取决于其主要成分聚丙烯树脂。聚丙烯大分子内丙烯以不同的立构型聚合在一起，根据聚丙烯主链上甲基的空间排列分为无规立构、间规立构和等规立构三种形式。目前生产的95%的聚丙烯都是等规立构，即聚丙烯主链上的甲基都朝着一个方向伸展。

聚丙烯树脂的分子结构决定了其具有如下的性能特点：无色、无味、无毒，透明、结晶度高、比重小，是目前最轻的塑料，能漂浮在水中；耐热性能高，在沸水中不软化、不变形，可耐120℃的高温，在80℃下寿命可达40年，耐化学腐蚀（耐酸碱性）和耐热性能良好；机械强度（硬度、强度和抗冲击强度）比聚乙烯高。不足之处是不耐低温，在低温下弹性逐渐消失，抗冲击强度较差，长期光照易老化，染色性差。

聚丙烯塑料应用广泛。由于耐高温，可进行蒸煮，适宜制作医疗器械和餐具；由于具有良好的化学性能及抗弯曲性，可制作防腐管道、化工容器、电缆、接头、汽车和自行车等零部件，还可制作电视机、半导体、电风扇等部件；聚丙烯塑料中加发泡剂可制作低发泡板材，代替木材制作家具；还特别适宜制作包扎绳索、装重物的编织袋、渔网等：聚丙纤维可制作工作服，如各种棉布制品、运动用品等。

4. 聚苯乙烯塑料

聚苯乙烯是投入工业化生产较早的热塑性塑料之一，1920年德国人发现了

大规模生产苯乙烯的方法，并开始聚苯乙烯的生产。目前的产量居塑料制品第三位。

聚苯乙烯塑料由乙烯与苯经聚合而制得。透明具有光泽，透光仅次于有机玻璃；容易着色；耐酸碱性好，但不耐日光，耐油性差，几乎不吸水，且在水中形状尺寸也不起变化，刚性好；表面硬度大，但脆性大，怕碰又怕摔；电气性能好；软化点低，最高使用温度不能超过80℃，否则会变形，达到180℃会成为黏稠液体。聚苯乙烯无毒、无味，制作成量杯、盘，光洁漂亮，还可制造收音机外壳、台灯、纽扣、梳子等日用品，加入发泡剂可制成轻质的泡沫塑料，用作建筑工业的隔音、隔热、防震、防湿材料。通过共聚改性，可制造安全帽、电话和家具等。

5. 氨基塑料

氨基塑料也叫氨基树脂，是指含有氨基或酰氨基的化合物与甲醛反应而生成的热固性树脂。目前，工业上应用较多的氨基树脂有：脲醛树脂（尿素—甲醛树脂）、密胺树脂（三聚氰胺—甲醛树脂）。氨基树脂无毒、无臭、坚硬、耐刮伤、无色、半透明，可制成各种色彩鲜艳的塑料制品，广泛应用于航空、电器等领域，另外其泡沫塑料可用来做隔声、隔热材料。

密胺塑料是三聚氰胺甲醛塑料的俗称，是氨基塑料的一种，以三聚氰胺甲醛树脂为主要成分，再加上一定量的填料、助剂制成模塑粉，然后在一定压力和温度下模压制得的塑料制品。

密胺塑料无毒、无味，易于清除污渍，外观和手感极似瓷器，纯树脂可制成似玻璃的全透明塑料，具有较高的强度、表面硬度和抗冲击强度，耐磨性也较强，耐热性和耐水性均好，可在沸水中消毒。烟头的余火也不会将其烫焦，并可任意着色，透光性强、光泽好，加工性能好，还耐酸碱，不易燃烧。

密胺塑料常用来制造各种餐具，如杯、盘、碗等，还可制成似玻璃的装饰贴面板、灯罩等。密胺塑料制品的价格较高。

6. 酚醛塑料

俗名电木，在20世纪化学合成的塑料大家族中居第六位。在热固性塑料中资历最老。酚醛塑料是用苯酚和甲醛制成的，苯酚又名石碳酸，有特殊气味，煤炭干馏产生煤焦油，从煤焦油中提炼出石碳酸。

酚醛塑料一般色泽深暗，耐热也耐寒，不易变形，表面硬度大而光滑。但脆性大，机械性能好，化学稳定性好，对各种溶剂和油类具有较强的抵抗力，电绝缘性能优异，尺寸稳定。价格低廉。适用于制成电器插座、开关、仪表外壳、汽车刹车板、箱体配件和各种日用商品的手柄等。不足之处是韧性小，填充木粉的制品有吸水性，有一定毒性，不宜存放食品。

另外，目前工业上应用较多的还有以下几类塑料及其制品：

1. ABs 塑料

ABs 塑料是由丙烯酯、丁二烯和苯乙烯联结共聚而形成的热塑性塑料。20 世纪 50 年代，是受欢迎而且发展迅速的一种有代表性的耐冲击性的塑料。

由于两种构成成分各自发挥其长处，保证了塑料具有良好的性能：丙烯酯具有良好的化学稳定性和表面硬度，丁二烯具有一定的韧性，苯乙烯具有良好的加工性和染色性。塑料无毒、不透明、具有一定光泽；有一定刚性，且机械性能均衡，抗冲击能力即使在低温也不降低；加工性好，但在紫外线作用下易发生老化，不宜在露天环境下长期使用；有良好的电气性能，耐酸碱，但可溶于酮或烃类。

ABs 塑料是重要的塑料之一，已在机械、电气、纺织、化学、汽车、飞机、船舶等制造工业以及儿童玩具方面广泛得到应用。尤其 ABs 的电镀制品貌似金属，提高了表面硬度，不易老化，可制作各种家用电器外壳、家具等。

2. 有机玻璃塑料

一提起玻璃，自然想到它易碎，但有一种碰而不碎的是“有机玻璃”，它是一种用塑料做成的玻璃，比普通玻璃还要透明的玻璃。

有机玻璃是甲基丙烯酸甲酯的聚合物，是用丙酮、甲醇、氰化钠、硫酸等经化学反应生成甲基丙烯酸甲酯单体，再经过加工聚合制得的。有机玻璃具有以下性能特点：透明度优越，表面光泽好，能透过 93%的普通光线和 76%的紫外线，比无机玻璃（透光率分别为 80%～90%和 50%）优越，无毒、质轻、脆性小、耐冲击，耐酸碱和油脂，耐－60℃～－50℃的低温；易加工成型，可制造形状复杂的制品。

有机玻璃的不足之处是耐热性差，超过 100℃即软化变形、损坏，宜在 80℃以下使用，受潮后透明度降低，遇火可以燃烧。同时，表面硬度不理想，耐磨性差，因此在使用中要防止坚硬物件触及磨划。有机玻璃是高级装潢材料，外壳、光学仪器、眼球和假肢也采用有机玻璃。

3. 纤维素塑料

可以用于车船、飞机的舷窗和挡风玻璃，也可用于制作仪表、日用工业品

中的纽扣、发卡、伞柄、眼镜架、文具、标本等。纤维素塑料包括硝酸纤维和醋酸纤维等品种，其主要原料为棉花、木材等天然纤维素。由于原料的限制，这类塑料的发展不快。

二、洗涤用品

日化商品是指用化学原料制成的用品，包括肥皂、合成洗涤剂、牙膏、化妆品、鞋油和塑料制品等。前面探讨了塑料制品，本节重点介绍肥皂和合成洗涤剂制品。

（一）洗涤原理

1. 污垢

污垢是指吸附于基质表面、内部，不再分开，可改变清洁表面外观及质感特性的物质。

在人类文明发展的不同时期，在同一时期的不同地域和环境中，污垢的种类和组成是不一样的。随着文明的进步、科技及工业的发展、人类生活水平的提高，污垢的种类及成分也日益变得复杂起来。日常生活和工农业生产都不可能不产生污垢，污垢成分的复杂性也是显而易见的。物品的使用环境不同，污垢的种类、成分和数量也不相同。例如衣服上的污垢、餐具上的污垢、住宅中的污垢、洗漱池中的污垢、地毯上的污垢、不同工作服上的污垢，其成分都是不同的。就衣服上的污垢而言，内衣、外衣、工作服，因使用环境和条件的不同，污垢的种类也不同。衣服上的污垢，就其来源而言，有人体分泌物或排泄物如汗、皮脂、皮屑、皮肤分泌物、皮肤老化物、手垢、乳汁、血、唾液、尿液等，有来源于食品的污垢如牛奶渍、油渍、调味品渍、淀粉、菜渍等，有文具带来的污垢如墨渍、蜡笔、颜料、铅笔、圆珠笔油等，有化妆品带来的污垢如唇膏、指甲油、染发水等，有大气中的固体颗粒如尘埃、砂土、铁锈、煤灰、花粉等。将各种污垢加以分类是困难的，也不易作出科学的分类。

2. 污垢与物体的结合力

一般情况下，污垢与物体表面接触后之所以不再分开，是由于污垢与物体之间存在着某种结合力，这就造成污垢与其他物体的黏附。污垢与物体的结合力主要有以下几种：

（1）机械结合力。机械结合力主要表现在固体尘土的黏附现象上。衣料纺织的粗细程度、纹状及纤维特性不同，结合力有所不同。在洗涤时，根据搅动或振动等不同的机械力作用，污垢的脱落程度也不同。机械力结合是一种比较弱的结合，以此种力结合的污垢比较容易去除，但当污垢的粒子小到0.1微米时，就很难洗掉。

（2）静电结合力。纤维素或蛋白质纤维在中性或碱性溶液中带有负电。某些固体污垢的粒子在一定条件下带有正电荷，如炭黑、氧化铁之类的污垢。带有负电荷的纤维对于这类污垢粒子就表现出较强的静电引力。静电结合力比机械结合力强，所以带正电荷的炭黑、氧化铁之类的污垢附着在带负电荷的纤维上时，很难将此类污垢去除。

（3）化学结合力。极性固体污垢（如黏土）、脂肪酸、蛋白质等污垢与纤维素的羟基之间通过形成氢键或离子键的化学结合力而黏附在纤维上，这类污垢用通常的洗涤方法很难去除，需要采取特殊的化学处理，使之分解、去除。

（4）油性结合。在塑料制品上的油性污垢，具有把固体污垢和塑料本身黏附在一起的作用力，这种黏附作用可以认为是油性结合。油性结合是一种重要的黏附形式。

3. 表面活性剂的基本性质

肥皂和合成洗涤剂之所以能去除污垢，主要因为在它们的组成中，含有表面活性剂。表面活性剂是一种能在较低的浓度下即能显著降低溶液表面张力的物质：一般物体相界面（如液—液、液—固、液—气）之间的张力统称为界面张力，但通常把液—气相界面之间的张力叫做表面张力。肥皂和合成洗涤剂都有降低水溶液表面张力的性能，同样也有降低水—油、水—固之间界面张力的性能，这与它们的分子结构有密切的关系。

无论是合成洗涤剂中的表面活性剂或是肥皂，都有一个共同的基本结构，即分子的一端是由一个较长的烃链组成的，它具有憎水性，能溶于油，但不能溶于水，因此称为憎水基或亲油基；分子的另一端是较短的极性基团，它能溶于水而不能溶于油，称为憎油基或亲水基。

由于表面活性剂的这种结构特点，使之在相界面上定向排列成吸附膜，即造成表面张力或界面张力的降低。在水溶液中分子聚集而规则定向排列，即使溶液获得胶束性，由于洗涤表面活性剂既有表面活性又有胶束性能，故其水溶液具有分散乳化、润湿渗透、泡沫、增溶等效用。

4. 表面活性剂的作用

（1）分散乳化作用。洗涤表面活性剂降低了水—固的微小粒子间的界面张力，在固体微小粒子周围形成一层亲水的吸附膜，使固体粒子均匀地分散于水中形成分散液，这就是洗涤表面活性剂的分散作用。洗涤表面活性剂降低了水—固的微小粒子间的界面张力，同样在油的微小粒子周围形成一层亲水的吸附膜，使油粒均匀分散在水中形成乳浊液，这就是乳化作用。

（2）润湿渗透作用。洗涤表面活性剂降低了水—固之间的界面张力、使水容易吸附扩展到固体表面，并渗透到固体中去，这种作用称为润湿渗透作用。洗涤液的润湿渗透作用既破坏了衣物和污垢间的吸引力，又破坏了污垢微粒间的吸引力，当加以适当外力时，可使污垢粉碎成细小粒子。

（3）泡沫作用。洗涤表面活性剂降低了水—空气之间的表面张力，空气分散在水中而形成泡沫，同时又在气泡表面吸附着定向排列的一层一定浓度的洗涤表面活性剂，气泡壁就形成一层坚固的膜，从而形成了稳定的泡沫，这称为泡沫作用。泡沫虽然和洗涤作用没有太大的直接关系，但它能吸附已分散的污垢，使之聚集在泡沫中，并把污垢带到溶液的表面。

（4）增溶作用。当洗涤表面活性剂的水溶液的胶束把油溶解在自己的憎水基部分中，这种因胶束的存在而使物质在溶剂中的溶解度增加的现象，称为增溶作用。

5. 洗涤过程

在洗涤过程中，借助于某些化学物质（洗涤剂）以减弱污垢与被洗物表面的黏附作用并施以机械力搅拌，使污垢与被洗物分离并悬浮于介质中，最后将污垢洗净冲走。洗涤过程是一个可逆过程，分散和悬浮于介质中的污垢也有可能从介质中重新沉积于物品表面，使被洗物变脏，这叫作污垢再沉积作用。因此，性能良好的洗涤剂最少应具备两种作用：一是降低污垢与基质表面的结合力，具有使污垢脱离物品表面的能力；二是具有抗污垢再沉积作用。

洗涤过程中使用的介质，一般为水，称为水洗。若洗涤过程使用的介质是有机溶剂，一般称为溶剂洗涤或干洗。

实际上，表面活性剂的洗涤性，包括了表面活性剂的润湿性、渗透性、乳化性、分散性、增溶性、发泡性等几乎全部的基本特性。也可以说，洗涤性是表面活性剂综合性能的表现。

洗涤过程一般要达到下列目的：

（1）增加感观价值。例如洗涤衣物及家庭日用器具能使被洗物保持良好的色调和光泽。

（2）保持环境卫生。例如洗涤食品、水果、蔬菜等附着的有害病菌和残留的农药，保持衣着和人体的清洁等。

（3）提高被洗物的质量和纯度，去掉被洗物上不需要的部分。例如洗掉食品上的不可食用部分。

（4）保持和提高被洗物的性能。例如使用去污粉擦洗锅、勺等炊具以及餐具、器皿等，不仅可以保持清洁美观，还可保持其使用性能。此外，经过洗涤还可以达到提高被洗物的加工性等目的。

从目的和机能来说，洗涤过程包括下列要素：

第一，被称为基质的洗涤对象；

第二，从基质上被除去的物质、污垢；

第三，洗涤时使用的洗涤液，即在除去污垢时使用的肥皂溶液、合成洗涤剂溶液。

在这些要素中有多种原料构成的基质，污垢组成繁多，吸附条件各不相同，洗涤液又是含有各式各样组分的复杂溶液，这些因素又有各种各样的组合，因此使去污过程复杂化。

通常可将洗涤过程用下式表示：

物品·污垢＋洗涤剂──→物品＋污垢·洗涤剂

整个过程是在介质中进行的。黏着污垢的物品和洗涤剂一起投入介质中，洗涤剂溶解在介质中，洗涤液将物品润湿，进而将污垢溶解，使污垢与物品表面的结合变为污垢与洗涤剂的结合，从而使污垢脱离物品表面而悬浮于介质中。分散、悬浮于介质中的污垢经漂洗后，随水一起除去，得到洁净的物品，这是洗涤的主要过程。

6. 影响洗涤效果的几种因素

（1）表面张力。表面张力是表面活性剂水溶液的一种重要的物理性质，而表面活性剂是洗涤剂的必要组分，洗涤剂的去污作用主要是通过表面活性剂来实现的，所以表面张力与洗涤作用必然有内在的联系。一般洗涤剂的表面张力越低，洗涤效果越好。根据固体表面润湿的原理，对于一定的固体表面，液体的表面张力越低，通常润湿性能越好。润湿是洗涤过程的第一步，有利于润湿，才有可能进一步起洗涤作用。此外，较低的表面张力和界面张力有利于液体油

污的去除，有利于油污的乳化、加溶等作用，因而有利于洗涤。大多数优良的洗涤剂溶液均具有较低的表面张力与界面张力。

（2）吸附作用。洗涤液中的表面活性剂在污垢和被洗物表面吸附的性质，对洗涤作用有重要影响。这主要是由于表面活性剂的吸附，使表面或界面的各种性质均发生变化。对于液体油污，表面活性剂在油—水界面上的吸附主要导致界面张力降低，从而有利于油污的清洗。界面张力的降低，也有利于形成分散度较大的乳状液；同时由于界面吸附所形成的界面膜一般具有较大的强度，这使形成的乳状液具有较高的稳定性，不易再沉积于被洗物表面。表面活性剂的界面吸附对液体污垢的洗涤作用可产生有利的影响。

一般固体表面带负电、不易吸附阴离子表面活性剂：如果质点的非极性较强，可以通过表面活性剂分子碳氢链与质点非极性表面间的范德华引力而发生吸附，此时质点表面负电荷密度由于吸附了阴离子而增加，这时质点间的斥力及质点与固体表面之间的斥力也相应增加，从而提高了洗涤效果。

（3）增溶作用。表面活性剂胶团对油污的增溶作用是从被洗物表面去除少量的液体油污的最重要的机理。不溶于水的物质，因其性质各异而增溶于胶团的不同部位，形成透明、稳定的溶液。非极性油污增溶于胶团的非极性内核中，极性油污根据其极性大小及分子结构可增溶于胶团外壳的极性基团区域；或者极性基团在胶团表面，非极性基团插在胶团中形成栅栏结构。胶团对油污的增溶作用实际上是将油污溶解于洗涤液中，从而使油污不可能再沉积，大大提高了洗涤效果。

（4）乳化作用。不管油污多少，乳化作用在洗涤过程中不总是相当重要的。具有高表面活性的表面活性剂，可以最大限度地降低油—水界界张力，只需很小的机械力（略作搅动）即可乳化。降低界面张力的同时，发生界面吸附，有利于乳状液的稳定，油污质点不再沉积于固体表面。仅仅是油污质点的乳化和分散，不足以有效地完成洗涤过程，洗涤过程必须着眼于降低污垢与被洗物之间的结合力。乳化和增溶仅在防止污垢再沉积方面起作用。

（5）泡沫作用。泡沫作用与洗涤的关系不像乳化作用与洗涤的关系那样清楚。习惯上往往把起泡作用与洗涤作用混为一谈，认为洗涤剂的好坏决定于泡沫的多少。实际并非如此，许多经验和研究结果都表明，洗涤作用与泡沫作用没有直接关系。例如，用低泡沫洗涤剂进行洗涤，并不比高泡沫洗涤剂的洗涤效果差。泡沫与洗涤虽然没有直接关系，但在某些场合下，泡沫还是有助于去除污垢的，例如，手洗餐具时洗涤液的泡沫可以把洗下来的油污携带走，擦洗地毯时地毯香波的泡沫有助于带走尘土等固体粒子样的污垢、泡沫起到携带污垢的作用。

(6) 表面活性剂疏水基链长。在表面活性剂的同系物中，碳氢链长与其物理化学性质（如表面活性、润湿、乳化等）有密切关系，在洗涤性能上也不例外。一般来说，碳氢链越长者，洗涤性能越好；链过长者，溶解度变差，洗涤性能亦降低。

(二) 肥皂

肥皂是以天然油脂与碱作用制成的高级脂肪酸的盐类，通常可用作家庭洗涤的是高级脂肪酸的钠盐或钾盐（钠皂或钾皂）。肥皂又可分为洗衣皂、香皂和其他皂类。

1. 肥皂的主要原料

(1) 天然动植物油脂。主要有牛油、羊油、猪油、蚕蛹油脂、木油、骨油、棕榈油、椰子油、菜籽油、棉籽油、糠油、蓖麻油、橄榄油、大豆油、花生油等。

(2) 合成脂肪酸。是用熔点43℃～51℃的石蜡经氧化而生成的。

(3) 碱类。常用的有苛性钠（烧碱 NaOH)、苛性钾 (KOH) 等。

(4) 辅助原料。对制品的品质有所增益的成分，如香料、色料（染料或颜料)、药料、食盐、荧光增白剂、水等。

(5) 填充材料。主要是填充肥皂的体积与增加重量的材料，如硅酸钾、碳酸钠、陶土等。

2. 肥皂的主要品种

肥皂按性质分为两类，即碱金属皂和金属皂。金属皂是除钠皂和钾皂以外的工业用皂，一般不溶于水，无洗涤去污作用。日常用的碱金属皂分为钾皂和钠皂。钾皂在常温下呈软膏状或液状，故称软皂；钠皂在常温下质地较硬，又称硬皂。钠皂的品种也很多，主要品种如下：

(1) 洗衣皂。洗衣皂是洗涤织物的块状肥皂。洗衣皂是用不需精炼的各种动植物油与苛性碱作用制得的用于洗衣物的肥皂。它的生产工艺简单，制作成本较低。其脂肪物的含量在47%～70%，一般呈淡黄色。优质的洗衣皂质坚耐用，色泽较浅，略有香味。一般制成长方形和长条形，重量在200～333克。

（2）香皂。香皂指日常洗脸、洗澡用的肥皂，多用牛羊油和椰子油制造，并需经过碱炼、脱色、脱臭等工艺后方可皂化，还要加入各种香料，所以生产成本也较高。香皂的脂肪物含量一般为80%左右。随着加入着色剂和香精的不同而呈现出不同色泽和香型。国产的香皂规格一般有125克、100克、90克、80克、40克不等。

（3）其他肥皂。包括具有特殊成分、用途或显著特点的各种肥皂，如药皂、透明皂、润肤皂、营养皂、减肥皂等。

（三）合成洗涤剂

合成洗涤剂是以合成表面活性剂为主要成分，并添加其他助洗剂和辅助材料制成的洗涤用品。由于合成洗涤剂使用了性能优良的表面活性剂，再加上各种助洗剂的配合，具有比肥皂更为良好的洗涤性能。它遇硬水不会产生沉淀；在水中不会水解而产生游离碱、因此能配制成适合丝毛织品用的产品；它在酸性溶液中使用，不像肥皂那样受到影响；使用它还具有省时省力等优点。另外，合成洗涤剂可以配制成粉状、膏状、液状等形态，使它更能满足人们对洗涤剂的要求。合成洗涤剂有良好的去垢性和耐硬水性，而且有利于自然资源保护。

1. 合成洗涤剂的组成

（1）表面活性剂。表面活性剂的分子由两个不同部分构成，一端由一个较长的烃链组成。它是疏水性的，能溶于油但不能溶于水，因此，称疏水基或亲油基；另一端是较短的极性基团，它能溶于水而不能溶于油，称为亲水基。根据表面活性剂在水溶液中离解出来的表面活性离子电荷不同，分为阴离子型、阳离子型、非离子型和两性离子型四大类。常见的阴离子型活性剂有烷基磺酸钠、烷基苯磺酸钠、脂肪酸硫酸钠等，其适用于在碱性或中性溶液中洗涤，常用于洗涤棉、麻、化纤织品，在工业上用作润湿剂、乳化剂和金属清洗剂；常见的阳离子型活性剂有胺盐型、季铵盐型等，其适用于在酸性溶液中洗涤，这限制了它在日常生活中的使用，在工业中广泛应用于杀菌、消毒等；非离子型活性剂，其水溶液呈中性，在碱性、酸性以及金属盐类溶液中都比较稳定，可与任何类型表面活性物混合使用；常见的两性离子型表面活性剂有铵酸盐型和甜菜碱型等，其水溶液在酸性溶液中成阳离子型，在碱性溶液中成阴离子型，在中性溶液中成非离子型，是一种性能比较全面的活性物，但成本高，限制了使用。

（2）助洗剂、辅助剂。为了提高和改进合成洗涤剂的性能，常加入各种各样的助洗剂和辅助剂以产生协同效应。助洗剂、辅助剂种类很多，主要有聚磷酸盐、硅酸钠、硫酸钠、碳酸钠、过氧酸盐、酶制剂、荧光增白剂、泡沫稳定剂、香料和色剂等。

聚磷酸盐的主要作用是增加洗涤剂的综合性能，是一种良好的助洗剂，但由于易造成水质肥沃化，已逐渐被氛石等替代；硅酸钠在洗衣粉中与其他助洗剂同时使用，能起到协调效应的作用；碳酸钠在碱性条件下有良好的助洗作用；硫酸钠一般作为一种辅助洗剂和填充料加以使用。主要作用是降低成本；抗再沉淀剂主要作用是阻碍污垢重新沉积于被洗织物；过氧酸盐利用活性氧，有去斑、漂白作用；荧光增白剂主要作用是增加被洗织物的白度，使有色织物洗后更显鲜艳悦目；酶在一定温度下对血渍、奶渍、肉汁、牛乳、酱油斑渍等具有分解破坏作用，将制剂加入洗衣粉中可提高溶液去污力30％～60％。

三、玻璃制品

（一）玻璃的主要成分

组成玻璃的成分较复杂，其基本成分是二氧化硅和各种金属氧化物。在生产中为了改善玻璃的使用性能或使其具有某种特性，有时还需加入其他成分，降低硅的含量并相应减少碱性氧化物的含量，玻璃的耐热性和化学稳定性会提高（30％左右），玻璃的光泽和透明性会得到提高。

（二）玻璃的辅助成分

玻璃的辅助成分是指能使玻璃具有某些特性或加速熔制而且用量较少的原料。根据作用的不同分为助熔剂、澄清剂、乳浊剂、脱色剂、着色剂等。常用的助熔剂有硼砂、硼酸、萤石等；澄清剂是为了消除玻璃在熔制中产生的气泡而加入的物质，常用的有硫酸盐、食盐、铵盐等：乳浊剂是使玻璃产生乳白色的物质，有氮化物、磷酸盐等；脱色剂是用来消除或减弱原料中铁氧化物所造成的蓝绿色的物质，有物理脱色剂与化学脱色剂之分；着色剂分为离子着色剂和胶体着色剂，离子着色剂，如二氧化锰、锰酸钾等能使玻璃呈紫色，氧化亚钴、三氧化二钴使玻璃呈天蓝色等，胶体着色剂，如青氧化金形成的胶体使玻璃呈玫瑰红色，硫酸铜形成的铜胶体使玻璃呈血红色，氯化银形成的银胶体使

玻璃呈黄色等。

四、日用陶瓷制品

制作陶瓷坯体的原料主要由可塑性原料、减弱性原料和熔剂原料三部分组成。可塑性原料主要是高岭土和黏土；减弱性原料常用的是硅石和长石；熔剂原料常用的是长石，此外还有花岗石、霞石、白乙石和方解石等。制釉原料与坯体基本相同，主要是长石、硅石、黏土等，其化学成分为二氧化硅、三氧化二铝、氧化钙、氧化铁、氧化镁、碱金属氧化物、氧化锌。还有少量锗石英、碳酸钡、二氧化锡、二氧化锆、二氧化钛、锑化物、氟化物、磷酸盐、着色剂等辅料。制造时，可根据需要选择一种或一种以上的氧化物作釉料的主体原料。

搪瓷制品的原料主要分为金属材料和搪瓷釉两部分。金属材料主要采用薄钢片，也称钢板、铁皮。钢板的厚度以“号”来区别，号数越大，钢片越薄。通常以27～31号为宜。搪瓷釉又称珐琅，是用多种矿物质原料经高温熔制而成的硼硅酸盐玻璃状物质，它既能保护金属坯胎不受腐蚀物侵蚀，又能美化制品。根据性能和在坯体上涂搪的部位不同，可分为底釉、面釉、彩釉、边釉四种。

（1）底釉。呈黑色，涂于金属坯体上，起连接面釉和坯体的作用。

（2）面釉。呈白色，涂于底釉上，面釉有良好的乳浊性和光泽，能提高制品的耐磨性和耐化学侵蚀性。常用的有铁面釉和锑面釉两种。

（3）彩釉。又称美术釉，用于装饰制品表面，涂制各色图案。

（4）边釉。专门用于涂制产品边沿的釉，要求结实、耐碰，有蓝、红、黑、绿等色，其中蓝色边釉性能最好。

任务四 医药商品

一、医药商品的概念、分类和特性

（一）医药商品的概念及分类

医药商品一般泛指医药商业所经营的化学药品、中药、生物制品、保健品、医疗器械、化学试剂等商品。

医药商品主要分为药品类和非药品类两大类，药品主要包括西药、中药、生物制品等，非药品主要包括医疗器械、保健食品、消毒用品、化学试剂、日用品、化妆品等。

（二）医药商品的特性

医药商品是特殊的商品，它与人的健康和寿命息息相关，其质量是指医药商品能满足规定或潜在要求（或需要）的特征和特性的综合。主要表现在医药商品质量的物质性、社会性和与一般商品不同的唯一特性。

1. 医药商品质量的物质性

包括安全性、有效性、稳定性和均一性。

（1）安全性是指医药商品在按规定的适应证、用法和用量使用的情况下，对使用者生命安全的影响程度。大多数医药商品均有不同程度的不良反应，医药商品只有在有效性大于不良反应的情况下才能使用。

（2）有效性是指在规定的适应证、用法和用量条件下，能预防、治疗、诊断人的疾病，有目的地调节人的生理机能。

安全性和有效性是医药商品的基本特征，若对防治疾病无效，或者不良反应大于有效性，则不能成为医药商品。

（3）稳定性是指医药商品在规定的条件下，保持其有效性和安全性的能力。规定的条件包括医药商品的有效期限以及医药商品生产、储存、运输和使用的要求。

（4）均一性是指医药商品的每一单位产品（制剂的单位产品，如一片药、一支注射剂等；原料药的单位产品，如一箱药、一袋药等）都符合有效性、安全性的要求。用药剂量与药品的单位产品有密切关系，有效成分在单位产品中含量很小的药品，若不均一，可能因用量过小而无效，也可能因用量过大而中毒甚至死亡。

均一性和稳定性合称为可控性。均一性和稳定性都是医药商品的重要特征。

2. 医药商品质量的社会性

医药商品质量的社会性表现在许多方面，可以被概括为时间性、区域性、个体性。

（1）时间性。随着药品更新换代的速度加快，对同一药物的评价会随时间的推移而改变，如磺胺类抗菌药问世之初，曾以它抗菌谱广、疗效确切、价格

便宜等优点获得好评。但随时间的推移，磺胺类药的缺点不断暴露出来，如易产生抗药性，可致肝、肾损害等，再加上一大批优秀的抗菌药品的出现，该类药品的使用已经大量减少。

（2）区域性。一些地方病用药受使用区域的影响非常大。如吡酮是一个新型的广谱抗血吸虫药，疗效比较确切，不良反应较少，在血吸虫病流行地区不失为一个优质药品。但对其他地区来说，由于其使用价值难以实现，很难说它是一个优质的商品。

（3）个体性。因患者的年龄、性别、生理及病理状况、收集整理条件等不同，对药品质量的评价不同。

3. 医药商品的唯一特性

这里主要是指药品的不同于一般商品的唯一特性。包括专属性、两重性、时效性、质量的严格性等。

（1）专属性：医学和药学是紧密结合的，患者要通过医生的检查诊断，并且在医生指导下合理用药，才能达到防治疾病、保护健康的目的。医药的密切结合，体现了药品医用的专属性。

（2）两重性：俗话说："是药三分毒"，任何药品本身都具有一定不良反应；好药可以治病，假劣药则害人；药品如果使用不当也会害人，例如麻醉药品对于缓解剧烈疼痛很有效，但如果被不法分子滥用，就会成为"毒品"祸害无穷。

（3）时效性：人生病了才求医问药，临到用时急上加急。延误用药时间就意味死亡和伤残。所以药品必须要有适当的储备。所谓"只能让药等医，不能让医等药"就是这个道理。

（4）质量的严格性：药品质量没有优劣、残次、等级之分，只有"合格"和"不合格"之分。药品要质量第一，确保安全有效，均一稳定，这样可部分有效地防止药源性疾病的发生。《药品管理法》规定：所有不合格药品不准出厂、不准销售、不准使用。

二、药品

（一）药物与药品

药物是指预防、治疗人类和动物疾病及对其生理机能有影响的物质。

药品是指用于预防、治疗、诊断人的疾病，有目的地调节人的生理功能并规定有适应证或者功能主治、用法和用量的物质，包括中药材、中药饮片、中成药、化学原料药及其制剂、抗生素、生化药品、放射性药品、血清、疫苗、血液制品和诊断药品等。

（二）药品的分类

与药品有关的领域大致分为药品研制、药品生产、药品流通及药品使用领域。因此，每种分类方法都会从利于本领域研究、使用的角度出发对药品进行分类，由于各有侧重，很难找到一种为医药商业、制药企业及临床医护人员共同接受的分类方法。常用的药品分类方法如下。

1. 按来源分类

按来源分为动物药、植物药、矿物药、合成或半合成药物及生物制品。

（1）天然药。利用天然资源的药品，包括动物、植物、矿物等天然药材，如动物药鹿茸、植物药黄芪、矿物药硫黄。以及上述药物经过加工提炼制成的酊、水、浸膏等制剂，或提取其中有效成分，如甘草流浸膏、黄连素等。

（2）化学药。利用化学原料合成的药品，包括主要用化学原料通过化学方法合成的药品，如磺胺类药、对乙酰氨基酚。

（3）生物制品。利用天然资源和化学合成高度结合的药品，如卡介苗、乙肝疫苗等。

2. 按药理作用及临床用途分类

（1）按药理作用分为作用于中枢神经系统、外周神经系统、循环系统、消化系统、呼吸系统、泌尿系统、血液系统、内分泌系统药和抗微生物、抗寄生虫及诊断用药等。

（2）按临床用途分为解热镇痛药、镇咳药、平喘药、抗高血压药、抗十二指肠溃疡药、抗肿瘤药、驱虫药、避孕药、消毒防腐药等。

3. 按给药途径和制剂物理形态分类

（1）按给药途径分为口服制剂、外用制剂、注射剂、气雾剂、滴鼻剂、眼用制剂等。

（2）按制剂的物理形态分为固体制剂、半固体制剂、液体制剂和其他制剂等。

4. 按药品经营习惯分类

（1）片剂类。包括片剂、胶囊剂和滴丸剂等。其中片剂又包括素片、糖衣

片、肠溶衣、薄膜衣片、纸型片；丸剂又包括水丸、蜜丸、糊丸、蜡丸、微丸、浓缩丸、糖衣丸、肠溶丸、滴丸；胶囊剂又包括胶囊及胶丸。

(2) 针剂类。包括水针剂、粉针剂、输液剂等。其中水剂类又包括合剂、糖浆剂等；粉剂类包括散剂、颗粒剂等。

(3) 水剂类。包括含酊、水、油膏类。其中酊水类又包括酊剂、醑剂、浸膏剂及流浸膏剂、芳香水剂、合剂、洗剂、乳剂、混悬剂、溶液剂、糖浆剂（单糖浆、药用糖浆和芳香糖浆）、气雾剂、搽剂、滴眼剂、滴耳剂、滴鼻剂、漱口液以及中成药各类制剂（膏滋、膏药、酒剂、露剂等）；油膏类又包括软膏剂、眼膏剂、霜类、硬膏剂、油脂、药膜、栓剂。

(4) 粉剂类。包括原料药品、颗粒剂、分散剂（散剂、冲剂、干糖浆、搽剂、曲剂）。

本分类方法易从外观上区别药品，在包装、储存、保管、运输等方面均具有共同的特点，便于批发、零售经营业务，便于仓库的保管与养护。

5. 按我国药品的管理制度分类

(1) 处方药与非处方药。处方药是必须凭执业医师或执业助理医师处方，在医务人员的指导下应用的药物；非处方药是可不凭执业医师或执业助理医师处方，消费者可以自行购买和使用的药品。非处方药称为“柜台药”，英文简称OTC。非处方药分甲类和乙类两种。

(2) 特殊管理的药品。麻醉药品、精神药品、医疗用毒性药品和放射性药品属特殊管理药物，其生产、销售、使用必须按照国务院颁布的《麻醉药品和精神药品管理条例》、《医疗用毒性药品管理办法》、《放射性药品管理办法》严格执行。

麻醉药品是指具有依赖性潜力的药品，滥用或不合理使用易产生生理依赖性和精神依赖性。国家食品药品监督管理局、公安部、卫生部联合公布《麻醉药品品种目录》（2007年版）所列麻醉药品共123种，其中我国生产和使用的麻醉药品共有芬太尼、可卡因、美沙酮、福尔可定等25种。

精神药品是指作用于中枢精神系统，使之兴奋或抑制，具有依赖性潜力，滥用或不合理使用能产生药物依赖性的药品。依据其依赖性潜力和危害人体健康的程度，精神药品分为第一类精神药品和第二类精神药品。其中一类精神药品比二类精神药品更易产生依赖性，而且毒性和成瘾性较强，因此在管理上也更严格。国家食品药品监督管理局、公安部、卫生部联合公布《精神药品品种目录》(2007年版)，所列一类精神药品有53种，我国生产和使用的共有氯胺酮、三唑仑等7种。二类精神药品有79种，我国生产和使用的有咖啡因、阿普唑仑、曲马朵等33种。

医疗用毒性药品是指毒性剧烈、治疗剂量与中毒剂量相近，使用不当会致人中毒或死亡的药品。医疗用毒性药品分为西药和中药两大类，西药毒性药品的品种12种，中药毒性药品的品种27种。

放射性药品是指用于诊断、治疗、缓解疾病或身体失常的恢复，改正和变更人体有机功能并能揭示出人体解剖形态的含有放射性核素或标记化合物的物质。亦指在分子内或制剂内含有放射性核素的药品。包括裂变制品、加速器制品、放射性同位素发生器及配套药盒、放射免疫药盒等。

(3) 国家基本药物。国家基本药物的遴选原则是“临床必需、安全有效、价格合理、使用合理、中西药并重”。2009年8月发布的《国家基本药物目录(基层医药卫生机构配备使用部分)》，所列化学药和中成药共307个品种。

(4) 国家基本医疗保险药品。《国家基本医疗保险药品目录》包括西药、中成药(含民族药)和中药饮片三个部分。西药和中成药在《国家基本药物目录》的基础上遴选，并分为甲、乙两类。甲类是临床必需、应用广泛、疗效好、同类药品中价格最低的药品；乙类是可供临床使用价格一般比甲类药品高。个人支付费用的比例也高于甲类药品。

药物经过加工制成的应用于临床的适宜形式称为剂型。目前中西药物制剂共有40余种剂型，最常用的三大剂型是片剂、胶囊剂和注射剂，同一种药物有时可以制成多种剂型，如对乙酰氨基酚可以制成片剂，也可以制成胶囊剂、注射剂、颗粒剂、凝胶剂或栓剂等。

(三) 常用药品剂型及特点

1. 片剂

片剂系指药物与适宜的辅料均匀混合，通过制剂技术压制而成的圆片状或异形片状的固体制剂。可供内服和外用。为了增加药物的稳定性、掩盖不良气味、改善外观，片剂可包上糖衣、薄膜衣或肠溶衣。

片剂是目前在临床上应用最广泛的剂型之一，其特点主要有：一是剂量准确，应用方便，病人按片使用；二是质量稳定，受外界空气、水分等影响较小，

还可包衣加以保护；三是使用方便，便于携带、运输和储存；四是生产成本较低；五是能适应治疗与预防用药的多种要求，可制成舌下片、分散片、缓释和控释片等，达到速效、长效、控释、肠溶等目的。但片剂也有缺点：如婴、幼儿和昏迷病人不易吞服；含挥发性成分的片剂，久储含量会有所下降；片剂储存不当，会影响崩解度、溶出度和生物利用度。

2. 胶囊剂

胶囊剂系指将药物加入辅料充填于空心胶囊或密封于弹性软质囊材中制成的固体制剂。胶囊剂分为硬胶囊剂、软胶囊剂（胶丸）、肠溶胶囊剂和速释、缓释与控释胶囊剂。胶囊剂一般供口服用，也可供其他部位如直肠、阴道、植入等使用。

胶囊剂的主要特点有：一是可掩盖药物不良臭味和刺激性，携带和使用方便；二是药物分散，溶出快，血药达峰时间比片剂短，有较高的生物利用度；三是不稳定的药物装入胶囊后可提高稳定性；四是药物可以不同形态装入胶囊，以适应不同性质药物的吸收和使用；五是可制成速释、缓释、控释、肠溶等多种类型的胶囊剂，以满足各种医疗用途的需要。

3. 颗粒剂

颗粒剂系指药物或药材提取物与适宜的辅料制成，具有一定粒度的干燥颗粒状的制剂。颗粒剂分为可溶性颗粒剂和混悬型颗粒剂，可以直接吞服，也可分散或溶解在水中或其他适宜的液体中服用。

颗粒剂的特点主要有：一是药物可溶解或混悬于水中，有利于在体内的吸收，必要时还可以包衣或制成缓释制剂；二是服用方便；三是性质稳定，易于储存、运输与携带；四是生产工艺简单，容易进行机械化生产。颗粒剂的主要缺点是容易吸潮，因此在生产、储存和包装密封性上应加以注意。

4. 散剂

散剂系指药物与适宜辅料经粉碎、均匀混合而制成的干燥粉末状制剂。分为内服散剂和局部用散剂。

散剂有以下特点：一是表面积大、易分散、奏效快；二是散剂外用覆盖面大，具保护、吸收分泌物和收敛作用；三是制作工艺简单，剂量易于控制，便于小儿服用；四是储存、运输、携带都很方便。但由于药物粉碎后比表面较大，其嗅味、刺激性、吸湿性及化学活性等也相应增加，使部分药物易起变化，挥发性成分也易散失。

5. 注射剂

注射剂系指药物制成的供注入体内的灭菌溶液、乳状液和混悬液，以及供临用前配成溶液或混悬液的无菌粉末或浓缩液。注射剂有不同的给药途径，如静脉注射、椎管注射、肌内注射、皮下注射、皮内注射等。给药途径不同，作用特点也不一样。

注射剂是目前应用广泛和非常重要的剂型之一，其主要特点有：一是药效迅速、无首过效应，疗效可靠。尤其是静脉注射，适用于抢救危重病人或提供能量；二是适用于易被消化液破坏、首过效应显著、口服不易吸收或对消化道刺激性较大的药物，如青霉素、胰岛素可被消化液破坏，链霉素口服不易吸收，制成注射剂后可发挥其应有的药效；三是对于不能吞咽、昏迷或严重呕吐不能进食的病人，可以经注射给药补充营养；四是可通过局部麻醉药注射、封闭疗法、穴位注射等，产生特殊疗效；此外某些注射剂还具有延长药效的作用，有些注射剂可以用于疾病诊断。注射剂也存在一些缺点：使用不便且产生疼痛；安全性较低；制备过程复杂，成本较高。

6. 液体制剂

液体制剂包括口服液体制剂、外用及黏膜用液体制剂等。口服液体制剂包括口服溶液剂、混悬剂、乳剂、滴剂、糖浆剂、口服液剂等。外用及黏膜用液体制剂主要有滴耳剂、滴鼻剂、洗剂、搽剂、含漱剂、灌肠剂等。

液体制剂与固体制剂比较，主要特点有：一是药物吸收快、药效发挥迅速；二是剂量易增减，而且流体易服用，特别适用于婴幼儿和老年患者；三是可以减少某些药物对胃肠道的刺激性，如溴化物、水合氯醛等药物；四是可以内服或用于皮肤、黏膜、腔道等，给药途径广泛。液体制剂的不足：化学稳定性较差；储存、携带不方便；水性制剂易霉败，需加防腐剂；非均匀性液体制剂如乳剂、混悬剂等，易发生物理化学稳定性问题。为了增加制品的溶解度、提高稳定性和改善其色嗅味以便于应用，常需在液体制剂中添加不同的附加剂。

7. 软膏剂

软膏剂系指药物与适宜基质制成的具有适当稠度的膏状外用制剂。其中用乳剂基质制成的软膏剂亦称为乳膏剂。

软膏剂对皮肤或黏膜及创面主要起保护、润滑和局部治疗作用，如防腐、杀菌、收敛、消炎等。某些药物透皮吸收后，亦能产生全身治疗作用。

8. 滴眼剂

滴眼剂系指一种或多种药物制成供滴眼用的水性、油性澄明溶液、混悬液或乳剂（多数为水溶液）。洗眼剂系将药物配成一定浓度的灭菌水溶液，如生理氯化钠溶液等，一般供临床冲洗眼部用。

滴眼剂一般作为杀菌消炎、缩瞳散瞳、诊断、麻醉、降低眼压等之用，也有用于润滑、代替泪液或治疗白内障等。

9. 眼膏剂

眼膏剂系指药物和适宜的基质制成的供眼用的灭菌软膏剂。

眼膏剂较一般滴眼剂的作用缓和持久，并能减轻眼睑对眼球的摩擦。

10. 栓剂

栓剂系指将药物和适宜的基质制成的具有一定形状供腔道给药的固体外用制剂。主要包括肛门栓和阴道栓。

栓剂在塞入人体腔道后，可迅速熔融、软化或溶解于分泌液，释放药物而产生局部作用，如润滑、收敛、抗菌、杀虫、局麻等，也可通过直肠吸收发挥全身作用。用于全身作用的栓剂，与口服剂型相比有以下特点：一是可避免胃肠液 pH 或酶对药物的影响和破坏；二是可以避免一些药物对胃的刺激作用；三是大部分药物可避免肝脏首过作用，同时也减少对肝脏的毒副作用；四是对不能或不愿吞服药物的患者可通过直肠给药，且给药后达峰快，血药浓度高。因此栓剂的全身治疗作用越来越受到重视。

11. 丸剂

丸剂系指药物细粉或药材提取物加适宜的黏合剂或辅料制成的球形或类球形的制剂，包括蜜丸、水丸、水蜜丸、糊丸、浓缩丸、微丸等，主要供内服。

丸剂的主要特点是：一是药物作用缓和持久，适用于慢性病的治疗和调理气血；二是药物制成丸剂可延缓吸收，减少毒性和不良反应；三是通过包衣可掩盖药物的不良气味。丸剂一般有显效慢、服用量较大、小儿吞服困难等缺点。

12. 滴丸剂

滴丸剂系指固体或液体药物或药材提取物与适宜基质加热熔融后，溶解、混悬或乳化于基质中，滴入不相混溶的冷凝液中，收缩冷凝而制成的制剂。主要供口服应用，也有供鼻用、耳用、直肠用、眼用等滴丸种类。

滴丸剂的主要特点如下：一是药物分散度高，含量准确，疗效迅速；二是可增加药物的稳定性；三是药物可根据需要制成内服、外用、缓释、控释或局部治疗等多种类型的滴丸剂。

13. 气雾剂

气雾剂系指含药溶液、混悬液或乳浊液与适宜的抛射剂共同装封于具有特制阀门系统的耐压容器中，使用时借助抛射剂的压力将内容物呈雾状喷出，用于肺部吸入或直接喷至腔道黏膜、皮肤及空间消毒的制剂。

气雾剂的特点有：一是具有定位作用，药物分布均匀，起效快。如平喘气雾剂吸入 2 分钟即能显效；二是药物稳定性高；三是可避免胃肠道副作用和肝脏首过效应，生物利用度高；四是喷雾给药，减小或消除了对创面的机械刺激；五是使用方便，剂量准确。但气雾剂使用效果受呼吸节律的影响，其抛射剂多次使用于受伤皮肤上可引起不适与刺激，有时可致敏心脏，造成心律失常；气雾剂容器具较高压力，可因泄漏而失效，也需避热与防震。

14. 膜剂

膜剂系指药物与适宜的成膜材料经加工制成的膜状制剂，可供口服、口含、舌下、黏膜、外用及眼用。

膜剂的应用特点主要有：一是药物含量准确、使用方便；二是便于携带、运输和储存；三是生产工艺简单，无粉尘飞扬；四是可多种途径给药，可制成多层膜解决药物间的配伍禁忌、控制释药和药物分析上的干扰作用。但膜剂载药量较小，只限于小剂量药物。

15. 煎膏剂

煎膏剂指药材加水煎煮，去渣，浓缩后，加糖或炼蜜制成的稠厚半流体状制剂。

煎膏剂的效用以滋补为主，兼有缓和的治疗作用，故习称“膏滋”。

三、医疗器械

1. 概念

根据《医疗器械监督管理条例》规定，医疗器械是指单独或者组合使用于人体的仪器、设备、器具、材料或者其他物品，包括所需要的软件；其用于人体体表及体内的作用不是用药理学、免疫学或者代谢的手段获得，但是可能有这些手段参与并起一定的辅助作用；其使用旨在达到下列预期目的：

第一，对疾病的预防、诊断、治疗、监护、缓解；

第二，对损伤或者残疾的诊断、治疗、监护、缓解、补偿；

第三，对解剖或者生理过程的研究、替代、调节；

第四，妊娠控制。

2. 分类

我国对医疗器械实行分类管理。

第一类是指通过常规管理足以保证其安全性、有效性的医疗器械。

第二类是指对其安全性、有效性应当加以控制的医疗器械。

第三类是指植入人体，用于支持、维持生命，对人体具有潜在危险，对其安全性、有效性必须严格控制的医疗器械。

医疗器械分类目录由国务院药品监督管理部门依据医疗器械分类规则，由国务院卫生行政部门制定、调整、公布。

四、保健品

保健品是指具有特定保健功能的食品，即适宜特定人群食用，可调节机体功能，不以治疗为目的的食品。保健品主要用于保健、滋补、养生，在一定的条件下调节人体机理，以提高人们的生活质量，但不能直接用于治疗疾病。保健品包括保健食品、特殊用途化妆品、保健用品等。

1. 保健食品

保健食品是指具有特定保健功能或者以补充维生素、矿物质为目的的食品，即为适宜于特定人群、具有调节机体功能，不以治疗为目的、不产生任何危害的一类食品。保健食品现由国家食品药品监督管理局审批，包装盒上有“健”字号标志。保健食品在药店中要单独陈列，如图 3 - 2、图 3 - 3 所示。

图 3 - 2　保健食品的标示

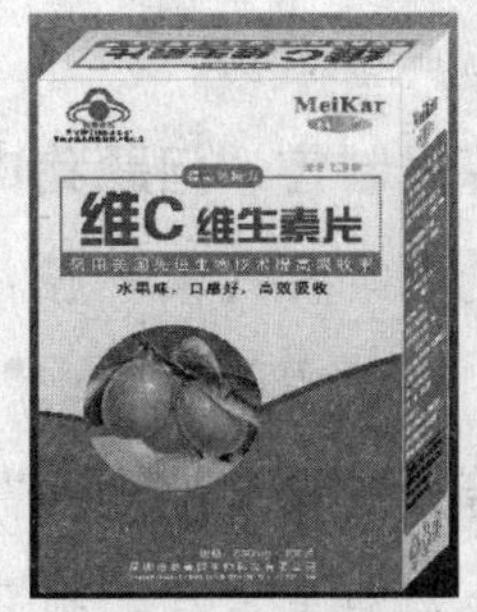

图 3 - 3　以保健食品身份销售的维生素片

2. 特殊用途化妆品

我国的特殊用途化妆品必须经过卫生部的批准，取得批准文号后方可生产销售。批准文号格式为：卫妆特字（200×）第××××号。

特殊用途化妆品分为九类：一是有助于毛发生长、减少脱发和断发的育发化妆品；二是具有改变头发颜色作用的染发化妆品；三是具有改变头发弯曲度，并维持相对稳定的烫发化妆品；四是具有减少、消除体毛作用的脱毛化妆品；五是有助于乳房健美的美乳化妆品；六是有助于使体形健美的健美化妆品；七是用于消除腋臭等体臭的除臭化妆品；八是用于减轻皮肤表皮色素沉着的祛斑化妆品；九是具有吸收紫外线作用，减轻因日晒引起皮肤损伤的防晒化妆品。

3. 保健用品

保健用品（含保健器材）具有日常生活用品的性质，如健身器、按摩器、磁疗器、健香袋、衣服鞋帽、垫毯等。

五、其他医药商品

其他医药商品包括的种类较多，主要有消毒用品、化学试剂、医药试验设备、玻璃仪器等。

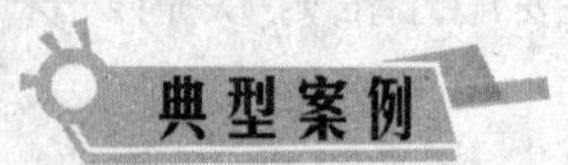

食品安全问题案例分析

近年食品安全问题频发，对不少大型食品安全案例依然记忆犹新。2010 年 11 月起公安部开始部署，开展打击侵犯知识产权和制售伪劣商品犯罪“亮剑”行动。下面是几起公安部实施“亮剑”行动以来在打击食品药品安全犯罪方面破获的几起典型案例。

陈某等人制售“问题猪肉”案。2011 年 5 月 19 日，陕西省公安机关根据行政部门移送的案件线索，循线深挖，破获陈某等人制售“问题猪肉”案，捣毁窝点 3 个，查扣“问题猪肉”150 吨。

杨某等人制售“地沟油”案。2011 年 5 月 6 日，内蒙古公安机关成功捣毁一处制售地沟油黑窝点，抓获杨某等 4 名犯罪嫌疑人，现场查获地沟油 20 余桶共计 4500 余千克。

谢某等人制售假酒案。2011 年 5 月 7 日，海南省公安机关侦破一起特大制售假酒案，捣毁制假窝点 10 处，抓获犯罪嫌疑人 17 名，查获假冒名酒 1 万余

瓶，涉案金额1000万元。

赖某制售问题芋头糕案。2011年5月4日，广西公安机关联合工商部门捣毁一制售有毒、有害食品窝点，抓获犯罪嫌疑人赖某。

邱某制售伪劣豆瓣酱案。2011年5月11日，重庆市公安机关会同质监部门联合捣毁一个制售伪劣豆瓣酱窝点，抓获犯罪嫌疑人邱某，查获伪劣豆瓣酱3300余千克。

柏某等人制售问题花椒案。2011年4月17日，重庆市公安机关成功打掉一个问题花椒生产窝点，抓获犯罪嫌疑人柏某等人，查缴4920千克疑似被罗丹明B（非食品原料）染色的花椒。

郑某等人制售问题血旺案。2011年3月17日，重庆市公安机关捣毁一个无相关生产、经营资质的血旺地下生产窝点，查获问题血旺2500千克。

资料来源：2011食品安全案例　八大食品安全典型案例．人民日报．2011.6.14。

思考题：

以上案例说明了什么问题？你认为应该如何保证食品安全问题？

思考与练习

第一部分　案例分析

名优绿茶的冲泡法及品饮

绿茶是中国产茶区域出产最广泛的茶类，全国各产茶省均有生产。正因为如此，在中国，东南西北中，无论是城镇，还是乡村，饮用最为普遍。绿茶的冲泡方法：选具、洁具、观茶、泡茶、赏茶、饮茶。

高档细嫩名优绿茶，一般选用玻璃杯或白瓷杯冲泡，而且不需要用盖，这样一是便于人们赏茶观姿；二是防嫩茶泡熟，失去鲜嫩色泽和清新滋味。至于普通绿茶，因不注重欣赏茶的外形和汤色，而在于品尝滋味或佐食，也可选用茶壶泡茶，这叫作“嫩茶杯泡，老茶壶泡”。

泡饮之前，先欣赏干茶的色、香、形。名茶的造型，或条，或扁，或螺，或针等；名茶的色泽，或碧绿，或深绿，或黄绿等；名茶的香气，或奶油香，或板栗香，或清香等。充分领略各种名茶的天然风韵，称为“赏茶”。

采用透明玻璃杯泡饮细嫩名茶，便于观察茶在泡发中缓慢舒展、游动、变幻过程，称为“茶舞”。然后，视茶叶的嫩度及茶条的松紧程度，分别采用“上投法”、“下投法”。“上投法”即先注水后投茶，适用于特别细嫩的茶，如碧螺春、蒙顶甘露、径山茶、庐山云雾、涌溪火青等。先将75℃～85℃沸水冲入杯中，然后取茶投入，茶叶便会徐徐下沉。“下投法”即先投茶后注水，适合于茶条松展的茶，如六安瓜片、太平猴魁等。

在冲泡茶的过程中，品饮者可以看茶的展姿，茶汤的变化，茶烟的弥散，以及最终茶与汤的成像，汤面水汽夹着茶香缕缕上升，如云蒸霞蔚，趁热嗅闻茶香，令人心旷神怡。

品尝茶汤滋味，宜小口品啜，让茶汤与舌头味蕾充分接触，此时舌与鼻并用，边品味边品香，顿觉沁人肺腑。此谓头泡茶，着重品尝茶的鲜味和香气，饮至杯中茶汤尚余三分之一水量时，再续加水，谓之二泡茶，此时茶味正浓，饮后齿颊留香，身心愉悦。至三泡，茶味已淡。

资料来源：阮浩耕等．中国茶艺．山东科学技术出版社，2005。

思考题：

1. 简述名优绿茶的特点。
2. 冲泡与品饮名优绿茶应注意些什么？为什么？

第二部分　理论测试

一、选择题（可多选）

1. 以下物质中不属于食品营养成分的是（　　）。

A. 糖类　　B. 蛋白质　　C. 维生素　　D. 纤维素

2. 以下属于热的良导体的是（　　）。

A. 纺织品、皮革　　B. 动植物纤维、玻璃

C. 金属材料商品　　D. 橡胶、塑料

3. 被人体吸收速度最快的单糖是（　　）。

A. 糖　　B. 乳糖　　C. 葡萄糖

4. 影响商品导热性的因素有（　　）。

A. 商品成分和结构组织　　B. 商品表面的光泽

C. 外界环境温湿度　　D. 气流速度和压力

5. 下列商品属性中属于机械性质的是（　　）。

A. 塑性　　B. 强度　　C. 弹性　　D. 耐热

6. 日用工业品中无机物商品主要包括（　　）。

A. 金属商品　　B. 玻璃制品　　C. 陶瓷制品　　D. 木材制品

二、判断题

1. 鉴定商品的色泽必须在日光下进行。（　　）

2. 鉴定脂肪的新鲜程度，就是要测定脂肪中脂肪酸的含量。（　　）

3. 有甜味的物质就是糖。（　　）

4. 人体能够合成必需的氨基酸。（　　）

5. 有酸味的食品就是酸性食品。（　　）

三、简答题

1. 什么是食品？食品中的 6 大营养素是指什么？

2. 食品污染的主要原因是什么？

3. 简述纺织品的特性。

4. 纺织品的鉴定方法有哪些？

5. 理解工业品的成分。

6. 理解塑料制品的分类。

7. 理解洗涤用品的成分。

8. 简述医药商品的概念、特点和分类。

9. 药品的剂型有哪些？

10. 医疗器械分为哪几大类？请分别举出一例。

实践训练

塑料制品的种类及质量鉴别

一、实战演练目标

掌握塑料制品的种类、质量鉴别方法。

二、原料准备

准备常用的热塑性塑料制品至少 4 件（塑料鞋、塑料杯、塑料袋、其他塑料日用品等）。常用的热固性塑料制品至少 3 种（塑料碗、电器开关、纽扣等）。

三、实训要求

准确判断各种塑料制品的种类及质量优劣，并说明判定依据。

四、操作规程

1. 塑料种类鉴别：利用感官法分别鉴别热塑性塑料和热固性塑料。

2. 塑料制品质量的鉴别：

外形结构的鉴别（检查制品的颜色、光泽、结构、部件的配合情况等）。

制品表面缺陷的鉴别（检查制品表面是否有翘曲、缺角、砂眼、裂缝、杂质点等）。

其他性能鉴别（检查制品的强度、弹性、透明性是否老化等）。

3. 总结

五、考核

教师根据辨识塑料种类和质量的准确性、个人态度、参与程度、准备情况打分。

下　篇

商品质量

模块四 商品质量与商品标准

1. 了解质量概念及其演变和标准、标准化与商品标准的概念
2. 熟悉商品质量的构成和商品标准的分类与特征
3. 明确影响商品质量的因素
4. 理解标准化的形式及作用
5. 掌握我国商品标准的分类与分级方法

强化监管责任，确保“两节”产品质量安全

2008 年，三鹿婴幼儿奶粉事件震惊全国，“仿瓷餐具是否安全”又起风波，产品质量安全，特别是食品安全问题从没有像现在这样突出。社会在思考——如何吸取三鹿婴幼儿奶粉事件的教训？如何杜绝假冒伪劣乃至侵权产品借“山寨”之名大行其道？我国企业在思考……

资料来源：强化监管责任，确保“两节”产品质量安全．中国质量新闻网，http：//www.cqn.com.cn，2009-01-21。

案例点评：

质量是企业的生命，在市场经济条件下，企业加强质量管理，重视产品质量已经成为必然的趋势，“质量”日益成为人们所熟知的名词。

任务一　了解商品质量的基本要求

一、质量与商品质量的概念与构成

（一）质量的概念

质量是指一组固有特性满足要求的程度。质量概念既可以用来描述产品和活动，也可以用来对过程、人员甚至组织进行描述，是泛指一切可单独描述和研究的事物。因此，这个概念突出反映了质量概念的广泛包容性。

（二）商品质量的概念

商品质量是指商品满足规定或潜在要求（或需要）的特征和特性的总和。这里的规定是指国家或国际有关法规、质量标准或买卖双方的合同要求等方面的人为界定；潜在要求（或需要）是指人和社会对商品的适用性、安全性、卫生性、可靠性、耐久性、美观性、经济性、信息性等方面的人为期望；特征是用来区分同类商品不同品种的特别显著的标志；特性是指不同类别商品所特有的性质，即品质特性。

例如，一台电视机不仅要求图像清晰、色彩逼真、伴音优美动听、安全可靠、有一定的使用寿命，还要求外形美观、操作方便、经济实惠、信誉好、品牌好、销售环境和售后服务良好等。

商品质量分为狭义的商品质量和广义的商品质量。

狭义的商品质量是指产品质量，习惯上称为商品品质。商品品质是指产品与其规定标准技术条件的符合程度。它以国家标准、行业标准、地方标准、企业标准或订购合同中的有关规定作为最低技术条件。

广义的商品质量是指商品实体满足规定和潜在需要能力的特征的总和。广义商品质量不仅要反映满足用户需要的性能指标，又要反映兼顾供需双方利益的经济要求，同时还要反映维护社会利益的安全、环保、能源等的要求。因此，质量要求的规定要同时考虑供应、需求及社会三方面的利益和要求。

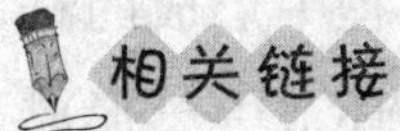

国际上质量观念的创新大体上经历了三个阶段：一是符合型质量阶段，即符合标准；二是适应型质量阶段；三是满意型质量阶段。满意型与适应型的区别在于适应型阶段企业是被动的，即市场和用户提出要求，然后企业去满足他们的要求，用户不提出来，市场不把这种信息反馈出来，企业就不知道做什么，不知道怎样去满足。满意型阶段就是要求企业主动地满足用户的要求，变被动为主动，甚至用户还没有想到，企业就应该想到和做到。质量观念创新的三个阶段也反映在国际标准对质量的定义上，如 ISO 8401—1986 对质量的定义是：产品或服务满足规定或潜在需要的特征和特性的总和。1994 年版 ISO 9000 定义是：反映实体满足的明确和隐含需要能力的特性总和。2000 年版 ISO 9000 的定义是：达到持续的顾客满意。

资料来源：汪永太，《商品学概论》（第 3 版），东北财经大学出版社，2009。

（三）商品质量的构成

1. 从表现形式上看

从表现形式上看，商品质量由内在质量、外观质量和附加质量构成。

内在质量是指通过测试、实验手段所反映的特性或性质，如商品的物理性质、化学性质和机械性质等；外观质量是指商品的外形以及通过感觉器官所直接感受的特性，如色泽、气味及规格等；附加质量主要是指商品信誉、销售服务等方面的要求。

2. 从有机组成上看

从有机组成上看，商品质量由自然质量、社会质量和经济质量构成。

自然质量是商品自然属性给商品带来的质量因素，是构成商品质量的基础；社会质量是商品的社会属性所要求的质量因素，是商品质量满足社会需要的具体体现；经济质量是商品消费投入时所考虑的因素，反映人们对商品质量经济方面的要求。

3. 从形成环节上看

从形成环节上看，商品质量由设计质量、制造质量和市场质量构成。

设计质量是指在生产过程之前的设计阶段，对商品品种、质地、规格、造型、花色、包装等方面要求的质量因素；制造质量是指在生产过程中形成的符合设计要求的质量因素；市场质量是指在流通过程中，对在生产环节中已形成的质量维护保证与附加质量因素。

二、商品质量的特性

质量特性是指产品、过程或体系与要求有关的固有属性，反映了顾客与其他相关方对商品的要求。商品质量特性之和就是商品的综合质量。

日本的水野良相教授把商品质量特性分成六类：

（1）性状要素：商品的静态特性和形态，是构成商品基本功能的物质基础。

（2）缺陷要素：商品的外观缺陷。

（3）性能要素：商品的动态特性，是在外力或者环境作用下表现的特性。

（4）感官要素：用人的感觉器官评价的质量特性。

（5）嗜好要素：根据人们的爱好去评价的质量特性。

（6）市场适应性要素：适应市场销售的质量特性。

如表 4 - 1 所示。

表 4 - 1　　商品质量特性内容

特性		具体内容		评价
内部要素	性状要素	尺寸重量	尺寸、重量、容积、毛重等	客观
		原料成分	有效成分、含量、辅助成分、填料、杂技、水分等	
		形态构造	品种、密度、结构、装饰、加工方法、镀层厚度等	
		其他性质	比重、黏度、折光指数、透明度、凝固点、制法等	
	缺陷要素	各种外观瑕疵、包装缺陷等		
	性能要素	强度、延伸率、硬度、弹性、耐久性、功率、传导率、营养率、吸湿性、透气性、色牢度、收缩率、耐水性、阻燃性、保存性、搬运性等		
	感官要素	色泽、手感、音色、新鲜度、外观等		准客观
	嗜好要素	图案、图样设计、式样、色调、风味、风格、流行性等		主观
外部要素	市场适应性要素	包装、商标、标签、广告、产地、价格、保管、搬运费用等		客观加主观

资料来源：张晓火，梁冰主编，商品学概论，航空工业出版社，2011。

练习

学生自己选择一件熟悉的商品，参考表4-1所示，对其质量要素进行简单分析并列表。

三、常见商品质量的基本要求

商品质量的基本要求是根据不同商品的用途、使用或食用方法以及消费者和社会需求等提出来的。由于商品种类繁多，性能各异，又有着不同的用途、特性和使用方法，因此，不同商品的质量要求也不同。在此，主要介绍对食品、纺织品和日用工业品质量的基本要求。

（一）对食品质量的基本要求

食品是指为人体提供热量和营养，维持人体生命，调节人体机能活动，形成和修补人体各组织的物质，是人们生长发育、保证健康不可缺少的生活资料。食品质量主要有三个要求：一是具有相应的营养，以满足人体维护正常生理功能的需要；二是具有较好的色、香、味、形等感官性状；三是无毒、无害、符合卫生要求。

1. 食品的营养价值

食品营养价值指食品中所含的热能和营养素能满足人体营养需要的程度，是评定食品质量的关键指标。主要通过三项指标：营养成分、可消化率以及发热量来衡量。

（1）营养成分是指食品中所含人体所必需的营养物质，如蛋白质、脂肪、碳水化合物（糖类）、维生素、矿物质及水分等。

（2）可消化率是指食品在食用后，可能消化吸收的百分率。它反映了食品中营养成分被人体消化吸收的程度。

（3）发热量是指食品的营养成分经人体消化吸收后在人体内产生的热量。它是反映食品营养价值最基本的综合性指标。

2. 食品的色、香、味、形

它是评定食品新鲜程度、成熟度、加工精度、品种特点以及质变状况等的重要外观指标。色、香、味、形优良的食品能促进人们的食欲，有助于提高食品的消化率。

奶油的质量要求

质量符合标准的奶油应呈均匀淡黄色，表面及切断面致密均匀，无霉斑，无大水珠、无异味，无杂质；允许有少量沉淀物。其各项质量指标如表 4－2 所示：

表 4－2　奶油的质量要求

项目	质量要求
风味	芳香者为最佳。单纯而无香味、平淡而无滋味者不能算为优良的奶油。有微弱的饲料味或异味，如酸味、臭腥味、陈腐味的奶油不能算为合格品
组织状态	奶油表面及切断口致密均匀者为最好，柔软而呈膏状或脆而疏松者不佳
稠度	具有一定的稠度和适当的展性者为佳，用舌尖和上颚顶压时应不感觉粗硬或黏软，如果脆硬而无弹性和展性，或者黏软而无塑性者均不佳
水分	奶油的切断面有显著的大水珠者不佳，水点呈白浊者说明酪乳洗除不充分，易变质，不耐储藏
色泽	色泽正常均匀一致者为佳，过浓、过淡者不佳
食盐	正常均匀一致者为佳，过量和分布不均匀及发生食盐结晶者不佳

资料来源：曹汝英主编，商品学概论——理论、实务、案例、实训，高等教育出版社，2010。

3. 食品的卫生质量

即食品的安全性，是指食品中不应含有（或含有但不超过允许限量的）有害物质和微生物，这是作为食品商品的起码条件。

影响食品卫生性的有害物质和微生物来源主要有以下五个方面：

第一，食品本身含有或在一定条件下产生的毒害物质。如河豚、毒蘑菇等。

第二，生物对食品的污染。包括微生物、寄生虫及虫卵和昆虫污染等。

第三，加工中混入的毒素。如甘油醛、添加剂、色素等。

第四，保管不善产生的毒素。指食品因保管不当有可能感染微生物而变质。如仓库温度过高、海产品变质等。

第五，环境或化学药品造成的污染。

（二）对纺织品商品质量的基本要求

纺织品商品是人们日常穿着的必需品，既起到遮体防寒、保护身体的作用，又对生活起着美化作用。纺织品商品包括纺织品和针织品两大类，对纺织品商品质量的基本要求包括以下几方面。

1. 材料选择适宜性

纺织品商品的基本性能及其外观特征主要由其所用的纤维材料决定，纱线的种类和质量好坏同样直接影响织物的美观和使用价值，反映纱线质量优劣的指标主要有捻度、细度、匀度、强度等物理指标和外观疵点两个方面。

2. 组织结构合理性

主要包括织纹组织、织品的重量和厚度、紧度和密度、幅宽、匹长及织物歪斜等。造成不合理的原因，主要是产品设计不合理、生产过程中其他因素及流通过程中保管和销售不当。

3. 良好的机械性

在外力作用下，织物产生的应力与形变之间的关系，统称为织物的机械性能。主要包括断裂强度、断裂伸长率、抗顶、抗磨、抗皱、抗疲劳强度等。摩擦是织物穿着过程中被破坏的主要原因。

4. 适宜的服用性

主要指纺织品在穿用过程中舒适、美观、大方。包括缩水率、刚挺度、悬垂系数、吸湿性、透气性、花型、色泽、色牢度等。

说明羽绒制品面料、里料及填充料质量的基本要求，如表4-3所示：

表4-3　面料、里料及填充料

品种	质量要求
面料	按有关纺织面料标准选用适合于羽绒服的面料
里料	1. 采用与所有面料的性能、色泽相适宜的里料（特殊设计除外） 2. 不允许使用不透气的薄膜 3. 与羽绒直接接触的织物必须有防钻绒性能

续 表

品种	质量要求
填充料	1. 成品的含绒量不低于50%，其偏差比FZ/T 81002规定的指标增加一个百分点 2. 成品的充绒量允许偏差为－5% 3. 羽绒品质中的含绒量、蓬松度、耗氧量、清洁度、异味及微生物（嗜温性需氧菌、粪链球菌、亚硫酸还原的梭状芽孢杆菌、沙门氏菌）的指标按FZ/T 81002的规定执行
色差	1. 领面、袋与大身色差要高于4级，其他表面部位不低于4级 2. 衬布影响或多层料造成的色差不低于3～4级 3. 套装上装与下装的色差不低于4级

（三）对日用工业品质量的基本要求

日用工业品是满足人们日常使用和美化生活需要的工业品，主要包括日用化学品、玻璃制品、日用塑料制品、日用小五金等，如洗涤剂、化妆品、钟表、电器等。日用工业品质量的基本要求是：适用性、耐用性、安全卫生性、结构合理性和外观美观性等。

1. 适用性

是指某种商品满足其主要用途所必须具备的性能，它是构成这种商品使用价值的基本条件。不同商品的适用性有不同要求，如保温瓶要求保温，电冰箱要求制冷，铅笔要求书写流利等。

2. 安全卫生性

是指商品在使用时，有关保护人身安全和人体健康所需要的各种性质。如各种家用电器不漏电、无辐射、安全可靠等。

3. 耐用性

是指商品在使用时，抵抗各种外界因素对其破坏的性能。它反映了某一商品的使用寿命和次数。例如，用皮革、橡胶制品和纸张常用强度、耐磨耗等指标来评定其耐用性。

提高日用工业品的坚固耐用性，就能延长商品的使用寿命，减少消耗原料和劳动量，而提高了产品的质量。所以耐用性是评价绝大多数日用工业品质量的主要依据。

4. 结构合理性

是指其形状、大小和部件的装配合理。若结构不合理，不仅影响其外观，

而且直接影响其适用性和耐用性。例如，家用电器等结构不当，不方便使用，使其适用性能大打折扣。

5. 外观美观性

日用工业品的外观是指其表面特征，一方面指商品的表面装饰，如造型、款式、色彩、花纹、图案等；另一方面包括商品的外观疵点，即影响商品外观或影响质量的表面缺陷。对商品外观总的要求是式样大方新颖、造型美观、色彩适宜，具有艺术感和时代风格，并且无严重影响外观质量的疵点等。

自行车质量的一般要求各项指标如表 4－4 所示：

表 4－4　自行车质量的一般要求

项目	质量要求
外形	质量好的自行车美观大方，式样新颖，烤漆喷漆平整明亮，无碰伤、生锈、起泡和脱落现象，电镀件光亮洁净，无裂纹
车头	质量好的自行车车头稳正坚实，转动自如，无歪斜、松动，向正常方向转动后轮时摇柄不随之旋转。手闸轻便，刹车制动灵活、有效，前后闸皮圈均匀。铃铛安放稳正，能响能止。如有车灯，应能亮能熄
车轮	质量好的自行车车轮安装稳固。轮胎无破损，钢丝松紧均匀，无松动。中轴坚牢，无松脱现象。气门嘴严实。前后挡泥板正常
链条	链条与轮胎吻合，不紧不卡，不松动脱链。脚蹬轴要与中轴平等，装合紧密，无前后左右松动现象
座	质量好的自行车座在骨架上端正牢固，骑动时踏动脚蹬舒适
外胎	软边胎的胎耳和硬边胎的钢丝无变形、裂痕、弯曲和缺胶；胎里帘线无、稀缝、杂物。胎面与帘线结合牢固，无脱落，无气泡。胎里要新，无龟裂、老化现象
内胎	外观平整光滑，色泽新，无气泡、疵点和裂痕，耐热性和气密性好

资料来源：曹汝英主编，商品学概论——理论、实务、案例、实训，高等教育出版社，2010。

任务二　了解影响商品质量的主要因素

商品质量受多方面因素的制约，因此，影响商品质量的因素也是多方面的。在通常情况下，影响商品质量的主要因素是生产过程中的原材料和生产工艺，其次是流通过程和使用过程的诸因素，其中生产属于内部因素，流通和消费则属于企业外部因素。

一、生产过程中影响商品质量的因素

农业、林业、牧业、渔业等产业生产的天然产品，其质量主要取决于生产环境、动植物品种、栽培技术或饲养方法和收获季节及方法等因素。

工业生产的商品，影响其质量的因素很多，包括原材料、商品设计、制造工艺、设备和操作方法、标准水平和检验以及包装质量等。

1. 市场调研与开发设计

市场调研是商品开发设计的基础。在开发设计商品之前，要充分研究商品消费需求，因为满足消费需求是商品质量的出发点和归宿。此外，还要收集、分析与比较国内外同行业不同生产者的商品质量、品种信息，通过市场预测来确定何种质量等级、品种规格、价格、数量的商品才能适应目标市场需要。

商品的设计是形成商品质量的前提，如果产品在设计时存在某些本质性的质量缺陷，就不可能生产出高质量的商品。例如，空调的制冷量设计不足必然会影响其制冷效果，从而影响其质量。

2. 原材料

原材料是构成商品的原始物质，其质量是决定商品质量的重要因素。原材料的成分、性质、结构及质量等直接影响商品的质量等级。例如，绿茶如用茶树鲜嫩芽制成，则颜色、气味和口味较好；如用茶树老叶制成，则颜色、气味和口味较差。

3. 生产工艺和设备

生产工艺主要指产品在加工制造过程中的配方、操作规程、设备条件以及技术水平等。生产工艺的制定和设备的加工性能，影响到商品的内在质量和外观质量的形成和固定，同样的原材料会因工艺的不同而产生不同品质的商品，也会因设备加工精度的不同而产生不同等级的商品。通过生产工艺的改进和设备的更新，能不断提高商品质量。

4. 标准水平和质量检验

商品质量问题，也与标准水平有关。在制定商品质量标准时要遵循经济合理的原则，但不能迁就落后，相反，商品质量标准的水平应该适当高一些。有

了较高水平的质量标准，又能真正地加以贯彻，那么就可以从准则上保证商品质量。

质量检验是保证商品质量的重要手段。对生产出的成品进行质检属于事后把关。对生产的原材料、半成品进行质检属于事前控制。把事前控制和事后把关处理好了，商品质量就有了可靠的保证。

5. 商品包装

商品包装可以减少和防止外界因素对商品内在质量的影响，并装饰、美化商品，以便于商品的储运、销售和使用。适宜的商品包装能够保证商品质量的完好，有的商品还因有了良好的包装而身价倍增。

二、流通过程中影响商品质量的因素

流通过程是指商品离开生产过程进入消费过程前的整个区间。因此商品流通过程中的运输、储存、销售等环节对商品质量也有影响。

1. 商品的运输与装卸

商品运输与装卸是商品流通的必要条件。商品在运输和装卸过程中，由于外界的自然条件、物理机械作用及商品变质等化学因素的影响，降低了商品的效能。

2. 商品储存与养护

商品的储存期间的质量变化与商品的特性、仓库内外环境条件、储存场所的适宜性、养护技术与措施、储存期的长短等因素有关。商品本身的性质是商品质量发生变化的内因，仓储环境是商品储存期间发生质量变化的外因，通过一系列保养和维护仓储商品质量的技术与措施，有效地控制适宜储存商品的环境因素，可以减少或减缓外界因素对仓储商品质量的不良影响。某些食品经过适宜的储藏，还能改善其品质。

3. 商品的销售服务

商品的销售服务主要包括商品的进货验收、入库短期存放、商品陈列、提货搬运、装配调试、包装服务、送货服务、技术咨询、维修和退换等。这些服务质量的高低都会对消费者购买的商品质量产生影响。商品良好的售前、售中、售后服务质量已逐渐被消费者视为商品质量的重要组成部分。

三、使用过程中影响商品质量的因素

商品使用过程中影响商品质量的诸因素，是指商品的使用条件、安装、使用和保养。商品都有一定的使用条件，使用时只有遵从其使用条件，才能发挥产品的正常功能。商品的合理安装和使用方法对商品质量的影响也很大，如果安装和使用方法不当，会损坏商品体，降低其使用价值，有时甚至会直接危害消费者人身安全。为了保证产品质量和延长产品使用寿命，使用中消费者还应在了解产品结构、性能特点的基础上，掌握正确的使用方法，还需具备一定的日常维修保养知识。

任务三　熟悉商品质量管理

质量管理是企业全部管理职能的一个重要组成部分，应该由企业最高管理者领导，由企业所有员工去实施。质量管理是企业为了使其产品、服务能更好地满足不断变化的顾客要求而开展的计划、实施、检查和审核等管理活动的总和。为了实施质量管理，通常企业要建立质量管理体系（简称质量体系）。质量体系是指在质量方面指挥和控制组织的管理体系。

一、商品质量管理的概念

质量管理是指在质量方面指挥和控制组织的协调活动。质量管理是组织活动的重要组成部分，是组织围绕质量而开展的各种计划、组织、指挥、控制和协调等所有管理活动的总和。质量管理必须和组织其他方面的管理如生产管理、财务管理、人力资源管理等紧密结合，才能在实现组织经营目标的同时实现质量目标。

质量管理通常包括制定质量方针和质量目标，以及质量策划、质量控制、质量保证和质量改进等活动。质量管理涉及组织各个方面，是否有效实施质量管理关系到组织的兴衰。

二、商品质量管理的发展

质量管理的概念是在20世纪初提出来的，经过100多年的发展，大致经历了三个阶段。第二次世界大战以前可以看做是一个阶段，人们通常称之为质量检验阶段。第二阶段是从第二次世界大战开始到20世纪50年代的统计质量控制阶段。第三阶段是从20世纪60年代开始的全面质量管理阶段。

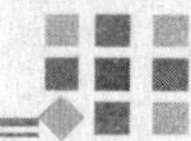

（一）质量检验阶段

20世纪20年代至40年代的质量管理只限于产品的质量检验。由于单纯依靠检验找出废品或返修品来保证产品质量，因此人们也称这种检验方法为“事后检验”。其缺点是不能事先预防。

（二）统计质量控制阶段

从20世纪四五十年代末，主要是按照商品标准，运用数理统计在从设计到制造的生产工序间进行质量控制，预防产生不合格产品。管理对象包括产品质量和工序，管理领域从生产制造过程扩大到设计过程。1924年，美国数理统计学家W. A. 休哈特提出控制和预防缺陷的概念。他运用数理统计的原理提出在生产过程中控制产品质量的六西格玛法，绘制出第一控制图并建立了一套统计卡片。与此同时，美国贝尔研究所提出关于抽样检验的概念及其实施方案，成为运用数理统计理论解决质量问题的先驱，但当时并未被普遍接受。以数理统计理论为基础的统计质量控制的推广应用始自第二次世界大战。

统计质量管理是一种预防型（事先监控型）管理，依靠生产过程的质量控制，把质量问题消灭在生产过程中。

（三）全面质量管理阶段

这一阶段是从20世纪60年代开始的。1961年，美国通用公司质量经理菲根堡姆出版了《全面质量管理》一册，明确指出：“全面质量管理是为了能够在最经济的水平上，在充分满足用户要求的条件下进行市场研究、设计、生产和服务，应该把企业各部门的研制质量、维持质量和提高质量的活动有效结合。”

20世纪60年代以来，全面质量管理理论已被世界各国广泛接受，并得到了不断完善和提高，其理论也日渐丰富和成熟，已经逐渐成为一门单独的学科。

全面质量管理是一种积极进取型管理，其特点是：

1. 全面质量的管理

全面质量管理既管产品质量，又管工作质量和工序质量。不仅要保证产品质量，还要做到成本低廉、供货及时以及服务周到，追求价值和使用价值的统一，质量和效益的统一，用最经济的手段生产用户满意的产品。

2. 全过程的管理

产品质量首先在设计过程中形成，并通过生产工序制造出来，最后通过销售和服务传递到用户手中。在这里，产品质量产生、形成和实现的全过程，已从原来的制造和检验过程向前延伸到市场调研、设计、采购、生产准备等过程，向后延伸到包装、发运、使用、用后处理、售前售后服务等环节，向上延伸到经营管理，向下延伸到辅助生产过程，从而形成一个从市场调查、设计、生产、销售直至售后服务的寿命循环周期全过程。

3. 全员的管理

所谓全员管理，就是组织内部所有部门、所有人员，人人做好本职工作，个个关心工作质量，全体人员都参加质量管理活动，从而形成一个质量管理的有机整体。

（四）质量管理的新发展

随着时间的进步，在质量管理的实践活动中以及质量管理专家的积极作用下，出现了一些对质量管理的发展和进步产生巨大作用的管理方法。

1. 零缺陷理论

1979 年，美国质量管理专家克劳斯比在《质量免费——确定质量的艺术》一书中提出并确立了“第一次就把事情做对”和“零缺陷”理论。“零缺陷”的四项基本原则是：

第一，明确需求。要了解顾客群体的需求，动态跟进，及时调整，全面分析，及早预测等；

第二，做好预防。预防是严密的策划与实践的互动过程，以顾客需求为目标缩短供给距离；

第三，管理到位和员工到位的结合。管理到位要求各类管理人员抓住重点。消除弱点、疑点、盲点，做好指导性工作；员工到位指员工应该做到明确标准、条件齐备、动作有序、控制关键、不留隐患。两者结合，做到全过程受控、全方位达标，以消除问题的出现；

第四，科学衡量。选择合适的衡量标准计算因质量问题的出现而造成的损失及浪费，帮助各级人员从教训中查出问题根源以从根本上解决问题，改善分析思路及管理方法等。

2. ISO 9000 族标准

ISO 9000 族标准是国际标准化组织颁布的在全世界范围内通用的关于质量管理和质量保证方面的系列标准，主要是为了促进国际贸易而发布的，是买卖双方对质量的一种认可，是贸易活动中建立相互信任关系的基石。现在许多国家把 ISO 9000 族标准转换为自己国家的标准，鼓励、支持企业按照这个标准来组织生产，进行销售。符合 ISO 9000 族标准已经成为在国际贸易上需方对卖方的一种最低限度的要求，其基本管理思想包括：强调领导在质量管理和质量保证中的作用；强调各级人员责任落实、分工明确、职位统一、协调一致；强调过程因素的控制；强调预防为主；强调质量和效益的统一；强调满足顾客对产品的需求。

3. 六西格玛管理

六西格玛管理是 20 世纪 80 年代由美国摩托罗拉公司为了应对自己的市场被同类日本企业蚕食而创立的一种质量改进方法，在通用电器、联合信号等一些世界级企业中实施并取得了令人瞩目的成就后，广泛被人们接受并应用于实际。六西格玛管理是通过对流程的持续改进，以提高质量水平，提高顾客满意度，降低风险和成本的一种质量改进方法，其目标就是追求完美。

六西格玛管理总结了二十多年来全面质量管理的成功经验，吸纳了近十年来提高顾客满意度以及企业经营绩效方面新的管理理论和方法，将质量与生产力改进的原则有机地贯穿于提高企业核心竞争力的管理体系中，极大地推进了质量管理模式的创新和质量管理水平的提高。六西格玛管理是全面质量管理在质量改进方面的新发展，是对近百年来质量管理特别是质量改进理论的继承性发展。

4. 卓越绩效模式

这是 20 世纪 80 年代后期美国创建的一种世界级企业成功的管理模式，其核心是强化组织的顾客满意意识和创新活动，追求卓越的经济绩效。“卓越绩效模式”得到了企业界和管理界的公认，几乎所有经济发达和强劲发展的国家和地区均建立了各自的卓越绩效（质量奖）模式，以推动所在国家、地区的经营管理进步和核心竞争力提升。最经典的卓越绩效模式是三大质量奖：美国波多里奇国家质量奖、欧洲质量奖和日本戴明奖。其中波多里奇国家质量奖的影响最广泛。

三、全面质量管理的 PDCA 循环法

（一）全面质量管理的含义

国际标准 ISO 8402—1994 关于全面质量管理的定义是“一个组织以质量为中心，以全员参与为基础，目的在于通过让顾客满意和本组织所有成员及社会受益而达到长期成功的管理途径。”

全面质量管理并不等同于质量管理，质量管理只是组织中所有管理活动之一，与其他管理活动，如生产管理、计划管理、财务管理、人事管理等并存。而全面质量管理则适用于组织的所有管理活动和所有相关方，全面质量管理被称为质量管理的最高境界。

（二）全面质量管理的基本方法——PDCA 循环

1. PDCA 循环的含义

PDCA 循环是全面质量管理的基本方法，最早是由美国质量管理专家戴明提出来的，所以又称为“戴明环”。PDCA 四个字母及其在 PDCA 循环中所代表的含义如下：

P（Plan）——计划。确定方针和目标，确定活动计划。

D（Do）——执行。实地去做，实现计划中的内容。

C（Check）——检查。总结执行计划的结果，注意效果，找出问题。

A（Action）——处理。总结处理检查的结果，肯定成功经验并加以推广、标准化，总结失败的教训，避免再出现，未解决问题进入下一循环。

PDCA 循环的基本模型如图 4－1 所示：

PDCA 循环就是按照计划、执行、检查和处理的顺序进行质量管理，并且循环不止地进行下去的科学程序。

全面质量管理活动的进行，离不开管理循环的转动，也就是说，改进与解决质量问题，赶超先进水平的各项工作，都需要 PDCA 循环的科学程序。

2. PDCA 循环的特点

（1）大环套小环。如果把整个组织的工作作为大的 PDCA 循环，那么各个部门、小组还有各自小的 PDCA 循环，上一级 PDCA 循环是下一级 PDCA 循环的根据，反过来下一级 PDCA 循环是上一级 PDCA 循环的贯彻落实和具体表

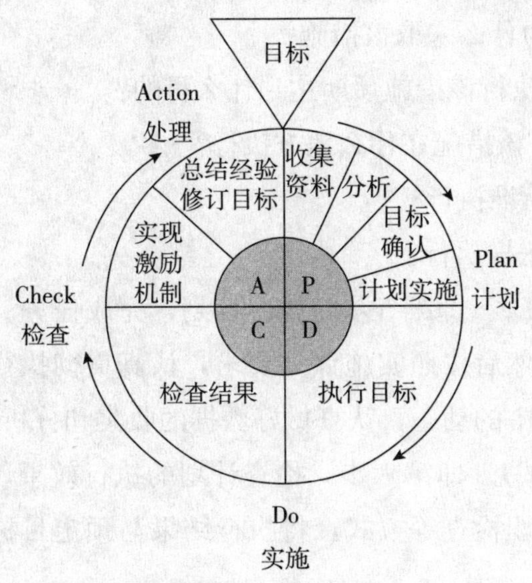

图 4－1　PDCA 循环图

现，通过循环把组织各项工作有机联系起来，共同促进。

（2）阶梯式上升。PDCA 循环不在同一水平上循环，每循环一次，就解决一部分问题，取得一部分成果，质量水平就提高一步。到了下一次循环，又有了新的目标，从而不断阶梯上升。

（3）科学管理方法的综合应用。PDCA 循环应用以 QC 七种工具为主的统计处理方法以及工业工程（IE）中工作研究的方法作为进行工作和发现、解决问题的工具。

3. PDCA 循环的基本内容

这个循环主要包括四个阶段——计划（Plan）、实施（Do）、检查（Check）和处理（Action）及八个步骤。八个步骤是四个阶段的具体化。

（1）计划阶段（P）。本阶段的任务是制订计划，根据存在的问题或用户对产品质量的要求，找出问题存在的原因和影响产品质量的主要因素，以此为依据制订出具体的活动计划并提出有效措施。计划阶段包括以下四个步骤：

第一步，分析现状，找出存在的质量问题。

第二步，分析原因和影响因素。针对找出的质量问题，分析产生的原因和影响因素。

第三步，找出主要的影响因素。

第四步，制定改善质量的措施，提出行动计划，并预计效果。

同时，所提出的措施、计划需要明确一些必要的问题，即“4W1H”问题：

Why（原因）：为什么采取该措施？

What（目的）：执行该措施预期达到什么目的？

Where（地点）：该措施在什么地方执行？

Who（人员）：由谁执行？

How（方法）：怎样执行？

(2) 执行阶段（D）。即第五步，执行计划，完成任务。在实施前要正确理解和传达计划内容，然后按照实施计划要求，认真贯彻执行。在实施过程中要注意观察和记录执行中的动态，认真做好数据的收集和分析。

(3) 检查阶段（C）。即第六步，检查计划的执行效果。通过做好自检、互检、工序交接检、专职检查等方式，将执行结果与预定目标相对比，认真检查计划的执行结果。

(4) 处理阶段（A）。包括两个具体步骤。

第七步，总结经验。对检查出来的各种问题进行处理，正确的加以肯定，总结成文，制定标准。

第八步，提出尚未解决的问题。通过检查，对效果还不显著或者效果还不符合要求的一些措施以及没有得到解决的质量问题，不要回避，应本着实事求是的精神，把其列为遗留问题，反映到下一个循环中去。

处理阶段是PDCA循环的关键。因为处理阶段就是解决存在问题，总结经验和吸取教训的阶段。该阶段的重点又在于修订标准，包括技术标准和管理制度。没有标准化和制度化，就不可能使PDCA循环转动向前。

任务四　熟悉商品标准的概念和分级

商品检验的主要依据是商品标准，商品标准是标准体系中的一个重要组成部分，是社会化工业大生产的一个必然产物。

一、商品标准的概念与构成

（一）标准的概念及其含义

我国的国家标准《标准化工作指南　第1部分：标准化和相关活动的通用

词汇》（GB/T 20000.1—2002）中对标准的定义为：“为了在一定范围内获得最佳秩序，经协商一致制定并由公认机构批准，共同使用的和重复使用的一种规范性文件。”同时还进一步注明：“标准宜以科学、技术的综合成果为基础，以促进最佳的共同效益为目的。”

标准的这一定义揭示了如下含义：

第一，标准是针对某类事物所作的一种技术规范，规范人们的行为并使之尽量符合客观的自然规律和技术法则。标准通常是以科学合理的规定，为人们提供一种最佳选择。标准的表现形式一般为具有特定制定程序、编写原则和体例格式的文件。

第二，标准的对象是重复性的事物，只有当它们反复出现和应用时，对该事物才有制定标准的必要。

第三，标准产生的基础是科学技术和实践经验的综合成果。一方面标准是新技术、新工艺、新材料等科学技术进步创新的结果；另一方面标准又是人们在实践中不断总结和吸收带普遍性和规律性经验的结果。

第四，标准形成的程序是体现上述成果的标准，需经有关各利益方共同协商一致。再由公认的标准化机构或团体批准，最后以特定文件形式（有时辅之以特定实物形式）公开发布。

第五，标准的目的是在一定范围内，通过技术规范建立起有利于社会经济发展的最佳生产秩序、技术秩序和市场秩序，从而促进最佳社会效益的形成。

（二）商品标准的含义

商品标准是指为保证商品能满足人们的基本需要，对商品必须达到的某些或全部要求所制定的标准，包括品种、技术要求、试验方法、检验规则、包装、标志、运输和储存条件等。商品标准是商品出产、质量验收、监督检验、贸易洽谈、储存运输等的依据和准则，也是对商品质量争议做了仲裁的依据。

（三）商品标准的构成

构成商品标准的全部要素可分为概述要素、标准要素和补充要素三类。概述要素包括识别标准、介绍标准内容、说明标准背景、标准的制定及与其他标准的关系等内容；标准要素规定了标准的要求和必须遵守的条文；补充要素提供有助于理解标准或使用标准的补充信息。商品标准常见的编排如表 4－5 所示，一个标准不需要包括表中所有的要素，但可以包括表中所示之外的其他要素。

表 4－5　　商品标准要素的编排

要素的类型		要素	
概述要素		封面 目次 前言	引言 首页
标准要素	一般要素	标准名称 范围 引用标准	
	技术要素	定义 名词术语和符号代号 技术要求 抽样	试验方法 分类与命名 标志、标签和包装 标准的附录
补充要素		提示的附录 脚注、采用说明的注释	

资料来源：汪永太主编，商品学（第 2 版），电子工业出版社，2011 年 2 月。

（四）商品标准的内容

我国商品标准由概述部分、正文部分和补充部分三个部分组成。

1. 概述部分

商品标准的概述部分概括地阐明标准的主题、内容目录、适用对象和适用范围。主要包括：

（1）封面。封面列有标准的名称、编号、分类号、批准发布单位、发布和实施日期等。

（2）目录。当标准内容结构复杂时才编写目录，否则可仅用文字加以概述。

（3）标准名称。标准名称应简单明确地表明标准的主题、对象和内容，以与其他标准相区别。一般由标准化对象的名称和标准所规定的技术特征两部分组成。可用商品名称作为标准名称，如大米标准等。

（4）引言。引言主要阐述制定标准的必要性和主要依据、历次复审和修订的日期、修订的主要内容、废除和被代替的标准以及采用国际标准的程度等。

2. 正文部分

商品标准的正文部分是商品标准的实质性内容，包括主题内容、适用范围、引用标准、术语、符号、代号、商品分类、技术要求、试验方法、检验规则、标志、包装、运输和储存等方面的内容。

(1) 主题内容与适用范围。主题内容是指标准统一规定的项目，即标准化的对象。适用范围是指标准适用于何种原料、工艺，作何用途及何种商品。

(2) 引用标准。主要是说明标准中直接引用的标准，以及本标准必须配套使用的标准等，并列出标准的编号和名称。

(3) 名词、术语、符号、代号。凡在国家基础标准中未作统一规定的有关商品的名词、术语、符号、代号，都应在标准中作出规定。

(4) 商品分类（产品品种、规格）。是商品标准内容的重要组成部分，一般是指商品分类原则和分类表示方法。分类的目的在于合理规定商品品种、型号和规格，以便用户选择和组织生产与经营。该部分内容包括商品的种类、结构、尺寸、基本参数、工艺特征、型号、标记、命名和型号编制方法等。

(5) 技术要求。是指为保证产品的使用性能而对制造质量所作的规定。它是指导生产、使用及对产品质量进行检验的依据。技术要求内容很多，其主要内容有：产品理化性能、使用性能、稳定性、质量等级及质量指标，防护、卫生和安全要求，环境条件，工艺要求，质量保证等。列入标准的技术要求，应是对产品质量有重大影响，而且必须是可以测定或鉴定的关键性指标。

(6) 试验方法。试验方法是评定商品质量的具体做法，是为检测商品质量是否符合标准而统一规定的方法、程序和手段。试验方法包括试验原理、试样的采取或制备、所用试剂或标样、试验用仪器和设备、试验条件、试验步骤、试验结果的计算、分析评定、试验记录和试验报告等内容。

(7) 检验规则。是指产品提交产品质量检验部门或收购部门进行质量验收的有关技术规定。主要包括：检验项目、抽样方法及数量、复验抽样规定；检验方法、检验结果的评定及复验规则；检验方式。

(8) 标志、包装、运输和储存。标志、包装、运输和储存是为了保障商品从出厂到交付使用的过程中不受损变质所做的规定。

标志是指对产品标志和外包装标志的内容和标志位置等方面的规定。

包装是指为保证商品在运输、储存过程中，不受损失所作的要求。包括包装材料、包装容器、包装方式及包装中内容物的数量、质量和体积等方面的要求。

运输和储存主要是规定该商品在运输和储存时的特殊要求。例如：对运输工具、条件和注意事项的特殊要求；对储存地点和条件、放置方法、储存期限及储存中应检查项目等方面的要求。

3. 补充部分

商品标准的补充部分是对标准条文所作的必要补充说明，以及提供使用的参考资料，包括附录、附加说明两部分。

（1）附录。根据需要，一个标准可以有若干个附录。附录按其性质分为补充件和参考件两种。

补充件是标准部分的补充，与标准条文具有同等效力。

参考件是用来帮助使用者理解标准的内容，不是标准条文的组成部分，仅供参考，如某些条文的参考资料或推荐性方法，标准中重要规定的依据等。

（2）附加说明。指制定、修订标准中的一些说明事项。如标准的提出部门、起草单位、负责起草人、负责解释单位；首次发布、历次修订和复审确认的时间；其他需要加以说明的问题等。

练习

选择自己熟悉的一种商品，你认为商品标准的正文部分应规定哪些内容？

二、商品标准的分类

标准的分类方法很多，也不统一。常见的分类方法可按表达形式、约束程度、成熟程度和对象特征等进行分类。

1. 按照商品标准的表达形式分类

按标准的表达形式不同分文件标准和实物标准。

（1）文件标准是指特定格式的文件，通过文字、表格、图样等形式，全面地或部分地表述商品规格、质量、检验等有关方面技术内容的统一规定。目前，绝大多数商品标准都是文件标准。

（2）实物标准是对难以用文字准确表达的质量要求（如色、香、味、手感、质感等），由标准化主管机构或指定部门用实物制成与文件标准规定的质量要求完全或部分相同的标准样（标样），按一定程序颁布，用以鉴别商品质量和评定商品等级，称为实物标准或标准物质。例如，粮食、茶叶、棉花、羊毛等农畜产品都有分等级的实物标准。实物标准是作为文件标准的补充部分，没有单独颁发的。

安徽黄山建立茶叶实物标准

近日，黄山市质监局和国家农业标准化与监测中心在屯溪正式签订《实施标准化战略，提高农产品质量，合作促进黄山市农业经济又好又快发展备忘录》，标志着由质监部门主导、相关行业部门及茶叶龙头企业共同参与的黄山茶叶实物标准项目实施工作正式拉开序幕。

这次茶叶实物标准的建立，主要是针对“黄山毛峰”和“太平猴魁”两种名茶。目前，这两种名茶都有国家标准，但这些标准仅是文字标准，不同企业依照这些文字标准，生产出来的茶叶质量参差不齐，制作一种与文字标准相对应的实物标准，成为黄山茶叶经济发展的现实需要。

据介绍，首批黄山茶叶实物标样，将基本涵盖“黄山毛峰”和“太平猴魁”茶叶所有品种。样品采用低温冷藏保存，每两年更新一次，市内规模较大的茶叶企业都将采用这一标准样品。根据实施方案的要求，在2008年6月底前，黄山市将完成“黄山毛峰”和“太平猴魁”实物标准样的采集和分类储存工作，2009年6月底前将完成对茶叶实物样品标准的审定，并以安徽省地方标准的形式发布。

资料来源：新农村商网．安徽黄山建立茶叶实物标准．中国农业信息网，www.agri.gov.cn，2008-04-19。

思考题：

实物标准有什么特点？为什么要制定茶叶的实物标准？

2. 按照商品标准的约束程度分类

（1）强制性标准。强制性标准又称法规性标准，属于保障人体健康、人身及财产安全的标准和法律、行政法规规定强制执行的标准都是强制性标准。它一经批准发布，在其规定的范围内都必须严格贯彻执行，并受国家有关监督机构的监督。不执行的要承担法律和行政责任。我国绝大多数标准是强制性标准。

（2）推荐性标准。推荐性标准又称自愿性标准，具有指导生产和流通的作用，也要积极加以推行，但不具有法律约束力。国家鼓励企业自愿采用。强制性标准以外的其他标准则是推荐性标准。国际标准和世界上一些先进国家的标准，都可视为推荐性标准。由于推荐性标准大多具有先进性的特点，所以很多企业也愿意采用。在我国现行体制中，国家标准、行业标准、地方标准都可制定推荐性标准。

3. 按照商品标准的成熟程度分类

按照标准的成熟程度不同分为正式标准和试行标准。

绝大多数标准都是正式标准。

试行标准标准号与正式标准标准号表示方法相同，但在其封面右下角要注明“试行年、月、日”。试行标准同样具有法律效力，一般在试行2～3年后，经过讨论修订，再作为正式标准发布。

4. 按照商品标准化对象分类

按照标准化对象通常把标准分为技术标准、管理标准和工作标准三大类。

（1）技术标准。技术标准是指对标准化领域中需要协调统一的技术事项所制定的标准。技术标准包括基础技术标准、产品标准、工艺标准、检测试验方法标准，及安全、卫生、环保标准等。

（2）管理标准。管理标准是指对标准化领域中需要协调统一的管理事项所制定的标准。管理标准包括管理基础标准、技术管理标准、行政管理标准、生产经营管理标准等。

（3）工作标准。工作标准是指对工作的责任、权利、范围、质量要求、程序、效果、检查方法、考核办法所制定的标准。工作标准一般包括部门工作标准和岗位（个人）工作标准。

在这三类标准中，数量最多的是技术标准。

三、商品标准分级

商品标准按照其适用领域和有效范围的不同，可分为不同层次、级别。其目的是为了适应不同的生产技术水平、不同的管理水平以及满足各种不同的经济技术要求。各国由于经济社会条件不同，有不同的分级方法。

根据《标准化法》，我国的标准划分为国家标准、行业标准、地方标准、企业标准四级。从世界范围来说，标准通常被分为国际标准、区域标准、国家标准、行业或专业团体标准、地方标准及公司（企业）标准六级。

（一）中国商品标准的分级

1. 国家标准

指对需要在全国范围内统一的技术要求所制定的标准。如影响国家经济、

技术发展的重要工农业产品的标准；可能危及人体健康和人身、财产安全的产品的标准；配合通用技术的术语标准等。如《污水排放标准》（GB 8978—2008)、《有机产品国家标准》(GB/T 19630—2005）等。

国家标准的编号由国家标准代号、标准顺序号和发布年号组成。国家标准代号由大写汉语拼音字母构成，强制性国家标准代号是“GB”，推荐性国家标准代号是“GB/T”，国家标准经指导性技术文件代号为“GB/Z”。国家标准顺序号是指国家标准的顺序排号，号码位数并不统一；国家标准发布年号用 2 位或 4 位数字表示。国家标准顺序号和发布年号之间用“—”分开，如图 4－2 所示：

GB或GB/T　　××××　—　××××

国家标准代号　　标准顺序号　　发布年号

图 4－2　国家标准的编号组成

国家标准代号见表 4－6。

表 4－6　国家标准代号

序号	代号	含义	管理部门
1	GB	中华人民共和国强制性国家标准	国家标准化管理委员会
2	GB/T	中华人民共和国推荐性国家标准	国家标准化管理委员会
3	GB/Z	中华人民共和国国家标准化指导性技术文件	国家标准化管理委员会

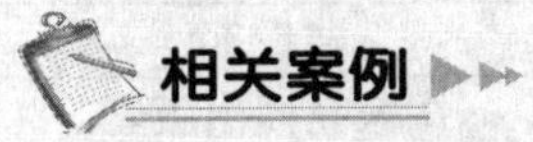

GB/T 12113—1996 表示于 1996 年发布的第 12113 号推荐性国家标准。

2. 行业标准

指对没有国家标准而又需要在全国某个行业范围内统一的技术要求所制定的标准。主要包括工农业产品标准；技术术语、符号、代号等通用技术语言标准；通用零部件和互换性要求标准等。如农业的强制性标准《油菜产地环境条件》(NY 846—2004）和推荐性标准《绿色食品：乳制品》(NY/T 657—2007)。

行业标准是对国家标准的补充，当相应的国家标准实施后，该行业标准应自行废止。行业标准不得与国家标准相抵触，相关行业之间的标准要相互协调，保持统一。

行业标准的编号由行业标准代号、标准顺序号和发布年号组成。行业标准代号由国务院标准化行政主管部门规定，如图 4－3 所示。

--或--/T　××××—××××

行业标准代号　标准顺序号　发布年号

图 4－3　行业标准的编号组成

行业标准顺序号和发布年号结构与国家标准顺序号和发布年号结构大致相同，如表 4－7 所示。

表 4－7　我国部分行业标准代号

行业标准名称	代号	主管部门	行业标准名称	代号	主管部门
农业	NY	农业部	劳动和劳动安全	LD	劳动和社会保障部
水产	SC	农业部	电子	SJ	信息产业部
水利	SL	水利部	通信	YD	信息产业部
林业	LY	国家林业局	广播电影电视	GY	国家广播电影电视总局
轻工	QB	国家轻工业局	电力	DL	国家经贸委
纺织	FZ	国家纺织工业局	金融	JR	中国人民银行
医药	YY	国家药品监督管理局	海洋	HY	国家海洋局
民政	MZ	民政部	档案	DA	国家档案局
教育	JY	教育部	商检	SN	国家出入境检验检疫局
烟草	YC	国家烟草专卖局	文化	WH	文化部
黑色冶金	YB	国家冶金工业局	体育	TY	国家体育总局
有色冶金	YS	国家有色金属工业局	商业	SB	国家国内贸易局
石油天然气	SY	国家石油和化学工业局	物资管理	WB	国家国内贸易局
化工	HG	国家石油和化学工业局	环境保护	HJ	国家环境保护总局
石油化工	SH	国家石油和化学工业局	稀土	XB	国家计发委稀土办公室
建材	JC	国家建筑材料工业局	城镇建设	CJ	建设部
地质矿产	DZ	国土资源部	建筑工业	JG	建设部
土地管理	TD	国土资源部	新闻出版	CY	国家新闻出版署
测绘	CH	国家测绘局	煤炭	MT	国家煤炭工业局
机械	JB	国家机械工业局	卫生	WS	卫生部
汽车	QC	国家机械工业局	公共安全	GA	公安部
民用航空	MH	中国民航管理总局	包装	BB	中国包装工业总公司
兵工民品	WJ	国防科工委	地震	DB	国家地震局
船舶	CB	国防科工委	旅游	LB	国家旅游局
航空	HB	国防科工委	气象	QX	中国气象局
航天	QJ	国防科工委	外经贸	WM	对外经济贸易合作部
核工业	EJ	国防科工委	海关	HS	海关总署
铁路运输	TB	铁道部	邮政	YZ	国家邮政局
交通	JT	交通部			

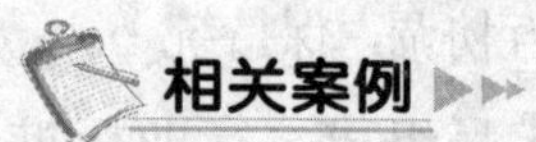

相关案例

JB/T 4192—1996 表示于 1996 年发布的第 4192 号推荐性机械行业标准。

3. 地方标准

地方标准又称为区域标准，对没有国家标准和行业标准而又需要在省、自治区、直辖市范围内统一的工业产品的安全、卫生要求，可以制定地方标准。地方标准由省、自治区、直辖市标准化行政主管部门制定，并报国务院标准化行政主管部门和国务院有关行政主管部门备案，在公布国家标准或者行业标准之后，该地方标准即应废止。如强制性北京市标准《车用柴油》(DB11 239—2007)、推荐性安徽省地方标准《地理标志产品天山真香茶》(DB34/T 894—2009)。

一般来说，地方标准所涉及的内容较少，主要包括：工业产品的安全与卫生要求；药品、兽药、食品卫生、环境保护、节约能源和种子等法律法规规定的要求；其他法律法规规定的要求。

我国的地方标准的代号是“DB”加上省、自治区、直辖市行政区划代码的前两位数再加斜线所组成。若斜线后再加“T”，则表示推荐性地方标准。如“DB11/”为北京市强制性地方标准；“DB42/T”为湖北省推荐性地方标准。其顺序号和年号与国家标准、行业标准相同。我国的省、自治区、直辖市编号、代码，参见图 4-4 和表 4-8。

DB××/T　　××××　—　××××

地方标准代号　　标准顺序号　　发布年号

图 4-4　地方标准的编号组成

表 4-8　　省、自治区、直辖市代码

名称	代码	名称	代码
北京市	110000	湖北省	420000
天津市	120000	湖南省	430000
河北省	130000	广东省	440000
山西省	140000	广西壮族自治区	450000
内蒙古自治区	150000	海南省	460000
辽宁省	210000	四川省	510000
吉林省	220000	贵州省	520000
黑龙江省	230000	云南省	530000
上海市	310000	西藏自治区	540000
江苏省	320000	重庆市	550000
浙江省	330000	陕西省	610000
安徽省	340000	甘肃省	620000
福建省	350000	青海省	630000
江西省	360000	宁夏回族自治区	640000
山东省	370000	新疆维吾尔自治区	650000
河南省	410000	台湾省	710000

相关案例

例 1：DB11/068—2006 表示于 2006 年发布的第 068 号强制性北京市地方标准。

例 2：DB14/T123—2007 表示于 2007 年发布的第 123 号推荐性山西省地方标准。

4. 企业标准

指对企业生产的产品没有相应国家标准和行业标准时所制定的标准。任何标准不得与有关法律法规或上一级标准相抵触。

企业标准的代号由汉字“企”大写拼音字母“Q”加斜线再加企业代号组成，企业标准代号可用大写拼音字母或阿拉伯数字或两者兼用所组成。企业代号按中央所属企业和地方企业分别由国务院有关行政主管部门或省、自治区、直辖市政府标准化行政主管部门会同同级有关行政主管部门加以规定。

企业标准的编号由企业标准代号，标准发布顺序号和标准发布年号（四位数）组成，如图 4－5 所示。

Q/×××	××××	—	××××
企业标准代号	标准顺序号		发布年号

图 4－5　企业标准的编号组成

相关案例

例 1：Q/EGF 024—1997 表示于 1997 年发布的北京市聚庆斋食品厂第 024 号企业标准。

例 2：Q/ZDS 014—1994 表示于 1994 年发布的山东淄博大川食品有限公司第 014 号企业标准。

（二）国际商品标准的级别

1. 国际标准

国际标准是指由国际上有权威的专业组织制定，并为世界上大多数国家承

认和通用的标准。通常指国际标准化组织（ISO）、国际电工委员会（IEC）和国际电信联盟（ITU）制定的标准，以及国际标准化组织确认并公布的其他国际组织制定的标准。国际标准在世界范围内统一使用。

相关链接

目前被国标组织确认并公布的其他国际组织有：

国际计量局（BIPM）、国际人造纤维标准化局（BISFA）、食品法典委员会（CAC）、时空系统咨询委员会（CCSDS）、国际建筑研究实验与文献委员会（CIB）、国际照明委员会（CIE）、国际内燃机会议（CIMAC）、国际牙科联盟会（FDI）、国际信息与文献联合会（FID）、国际原子能机构（IAEA）、国际航空运输协会（IATA）、国际民航组织（ICAO）、国际谷类加工食品科学技术协会（ICC）、国际排灌研究委员会（ICID）、国际辐射防护委员会（ICRP）、国际辐射单位和测试委员会（ICRU）、国际制酪业联合会（IDF）、万围网工程特别工作组（IETF）、国际图书馆协会与学会联合会（IFTA）、国际有机农业运动联合会（IFOAM）、国际煤气工业联合会（IGU）、国际制冷学会（IIR）、国际劳工组织（ILO）、国际海底组织（IMO）、国际种子检验协会（ISTA）、国际理论与应用化学联合会（IUPAC）、国际毛纺组织（IWTO）、国际动物流行病学局（OIE）、国际法制计量组织（OIML）、国际葡萄与葡萄酒局（OIV）、材料与结构研究实验所国际联合会（RILEM）、贸易信息交流促进委员会（TarFIX）、国际铁路联盟（UIC）、经营交易和运输程序和实施促进中心（UN/CEFACT）、联合国教科文组织（UNESCO）、国际海关组织（WCO）、国际卫生组织（WHO）、世界知识产权组织（WIPO）、世界气象组织（WMO）。

国际标准化组织成立于1947年，主要任务是制定国际标准，协调世界范围内的标准化工作，与其他国际性组织合作研究有关标准化问题。

国际标准都为推荐性标准，但由于其具有较高的权威性和科学性，为大多数国家自愿采用。国际标准编号的组成包括国际标准化组织的标准代号、标准顺序号和发布年号三部分，如图4－6所示。

2. 区域标准

区域标准是由世界某一区域性标准化组织制定的标准。区域标准的目的在于促进区域性标准化组织成员进行贸易，便于该地区的技术合作和技术交流，

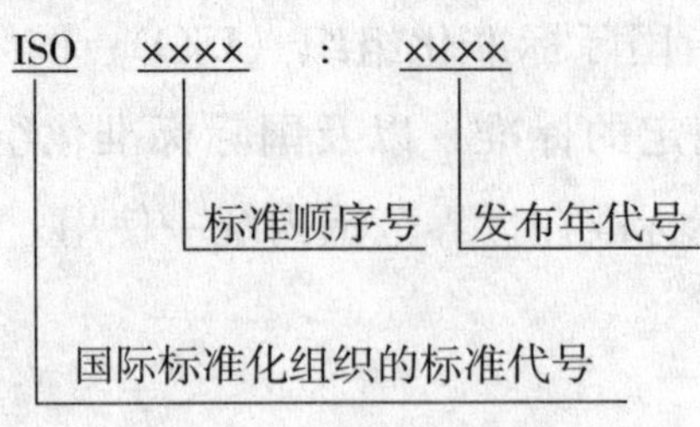

图 4－6 国际标准编号

协调该地区与国际标准化组织的关系。国际上较为重要的区域标准有：欧洲标准化委员会（CEN）制定的欧洲标准（EN）、欧洲电工标准化委员会（CENELEC）制定的标准、亚洲标准咨询委员会（ASAC）制定的标准、泛美技术标准委员会（COPANT）制定的标准、非洲地区标准化组织（ARSO）制定的标准等。

（三）我国采用国际标准状况

采用国际标准包括采用国际标准和国外先进标准。采用国际标准和国外先进标准是我国一项重大的技术经济政策，是促进技术进步、提高产品质量、扩大对外开放、加快与国际惯例接轨的重要措施。

1. 采用国际标准的含义

我国颁布的《采用国际标准和国外先进标准管理办法》规定：采用国际标准和国外先进标准，是指将国际标准或国外先进标准的内容，经过分析研究，不同程度地转化为我国标准（包括国家标准、行业标准、地方标准和企业标准），并贯彻实施。

2. 我国采用国际标准的程度

在采用国际标准中，根据我国标准与被采用的国际标准之间技术内容和编写方法差异的大小，采用程度分为等同采用、等效采用和非等效采用三种。

等同采用，指技术内容相同，没有或仅有编辑性修改，编写方法完全相对应。表示方法为：

GB（或 GB/T）×××××－××××/ISO ×××××：××××

GB（或 GB/T）×××××－×××× IDT（或 idt）ISO ×××××：××××

等效采用，指主要技术内容相同，技术上只有很小差异，编写方法不完全相对应。

非等效采用，指技术内容有重大差异。严格地说，非等效采用不属于采用国际标准，只表明我国标准与相应国际标准有对应关系。

典型案例

实施包装标准，建设低碳经济

早在2005年9月2日，国家质检总局与国家标准委就发布了月饼的国家强制性标准——《月饼》（GB 19855—2005）。标准中明确规定：月饼包装要求选择可降解或易回收，符合安全、卫生、环保要求的材料；包装成本应不超过月饼出厂价格的25%，单粒包装的空位应不超过单粒总体容积的35%，单粒包装与外盒包装内壁及单粒包装间的平均距离应不超过2.5cm等。

标准实施以来，收到了很好的效果，过度包装的月饼已基本不见了踪影。但是，其他商品，尤其是食品与化妆品的过度包装问题，也渐渐显现出来。

为推进资源节约型和环境友好型社会建设，减少我国食品及化妆品企业在商品生产中的消耗，由国家质检总局与国家标准委共同发布的国家强制性标准《限制商品过度包装要求：食品和化妆品》（GB 23350—2009）于2009年3月31日发布，并于2010年4月1日起正式实施。该标准对于饮料、酒、糕点、粮食、保健品、化妆品及其他食品的包装层数、成本及空隙率等分别做出了明确的限制说明。

包装层数。包装层数统一要求不可超过3层，粮食的包装不得超过2层。

包装成本。规定除初始包装之外的所有包装成本的总和不应超过商品销售价格的20%。

商品销售价格。商品销售价格的规定以商品制造商与销售商签订的合同销售价格或以该商品的市场正常销售价格计算。

空隙率。由于商品种类的不同，空隙率的要求略有不同，如饮料和酒的最大空隙率为55%，糕点的最大空隙率为60%，化妆品的最大空隙率为50%，粮食的最大空隙率为10%等，但是所有食品和化妆品的最高空隙率不得超过60%。

该标准对抑制商品的过度包装所造成的资源浪费与环境污染产生积极的作用，体现了促进经济增长、提高资源利用效率以及保护和发展环境的目的，是我国推动循环经济发展，建设低碳经济的重要举措。

资料来源：中国国门时报，2010-04-19。

思考与练习

第一部分　案例讨论

有人说21世纪是方便化食品的时代，作为主食的方便面更是占首位。有资料表明，中国已成为世界上最大的方便面生产和销售国，2012年销量达到1014.2亿包。一些在校大学生、单身上班族更是把方便面当成了每日一餐，但有关专家提醒消费者，方便面只宜当做救急食品，而不应充当日常餐桌上的主角。

资料来源：央视网，2013-04-28。

思考题：

方便面符合食品质量的基本要求吗？为什么说方便面只宜当做救急食品，而不应充当日常餐桌上的主角？

第二部分　理论测试

一、选择题

1. ISO 9000质量管理和质量保证系列标准是由（　　）发布的。

A. 中国国家标准计量局　　B. 世界质量管理协会

C. 联合国际标准化局　　D. 国际标准化组织

2. 在已有国家标准、行业标准或地方标准的情况下，国家（　　）企业在不违反相应强制性标准的前提下，制定严于国家标准、行业标准或地方标准的企业标准，在企业内部适用。

A. 严格控制　　B. 仍禁止　　C. 要求　　D. 鼓励

3. 国家标准的代号是（　　）。

A. ISO　　B. GB　　C. DB　　D. QB

4. 下列属于行业推荐标准的符号为（　　）。

A. GB/T　　B. DB/T　　C. TY/T　　D. ISO

5. “DB/T”表示（　　）。

A. 推荐性地方标准代号　　B. 强制性地方标准代号

C. 推荐性行业标准代号　　D. 推荐性国际标准代号

6. （　　）是食品质量最起码的要求。

A. 安全卫生　　B. 营养成分　　C. 可消化吸收率　　D. 发热量

7. 国家标准的编号由下列几部分构成（　　）。

A. 国家标准的代号　　B. 文献分类号　　C. 发布的顺序号

D. 发布的年代号　　E. 修订的顺序号

8. 我国企业在实践中将全面质量管理特点的“三全”包括（　　）。

A. 全过程的质量管理　　B. 全员的质量管理

C. 全组织的质量管理　　D. 全方位的质量管理

9. 按照商品标准发生作用的范围或审批权限，我国商品标准可分为（　　）。

A. 国家标准　　B. 行业标准　　C. 地方标准　　D. 企业标准

二、判断题

1. 使用过程是商品质量产生和形成的阶段，是影响商品质量的根本因素。（　　）

2. 全面质量管理是一种积极进取型管理。（　　）

3. 有了商品标准，商品质量就完全有了依据。（　　）

4. 设计质量是商品质量形成的前提和基础。（　　）

5. 标准一旦制定就永远不会改变。（　　）

6. 根据采用程度不同，我国采用国际标准的形式有等同采用、等效采用和非等效采用。（　　）

三、简答题

1. 纺织品商品质量的基本要求有哪些方面？

2. 简述影响商品质量的主要因素？

3. 戴明循环对质量管理有何作用？PDCA循环的特点是什么？

4. 什么是标准？标准的含义有哪些？

5. 我国的商品标准是如何分类和分级的？各级商品标准之间有何关系？

实训一：调查企业质量管理

一、实训目标

选择本地区某生产企业或商业经营企业为调研对象，联系课堂上所学理论，采用实地考察的方式，了解企业生产经营质量管理情况。通过该活动培养学生实际调研能力，检验对所学知识的理解和运用，并对其进行分析，提出自己的意见。

二、实训内容

以小组为单位，采用实地调研的方式，具体可进行面对面的访谈了解、有关规章制度的了解和学习、业务经营过程跟踪调查和侧面行为观察的方式，并进行总结，撰写调查报告。

1. 本地区某家生产企业或商业经营企业的质量管理工作情况；

2. 该企业有关质量方面情况考察和分析，如生产经营环境实地考察，有关质量管理的规章制度了解分析，部门岗位职责分析、工作业务流程分析等。

三、实训步骤

1. 各小组按计划进行前期调研，收集和整理相关资料，如通过网络、报纸等调查、收集和整理涉及该企业的各种内外部信息；

2. 实地考察了解该企业的生产经营环境、有关质量管理的规章制度、具体实施质量管理的措施、实际业务流程中的质量管理等情况；

3. 在充分掌握有关信息的基础上，小组成员集中分析讨论，撰写调研报告提纲；

4. 各小组完成调研报告；

5. 由各小组选派一名代表讲述本小组调研报告情况；

6. 老师作为整个调研活动的组织者、观察者、记录者，对各小组表现进行总结。

资源改编自：郑金花主编，商品学知识与实践教程，人民邮电出版社，2011。

实训二："某商品标准模拟执行情况"训练

一、实训目标

引导学生参加"某商品标准模拟执行情况"的实践训练；在本活动中切实体验自身作为一个商品生产者或经营者，培养相应专业能力与职业核心能力；通过践行职业规范，促进健全职业人格的塑造。

二、实训内容

选择某一商品的标准，分析该商品的质量要求，列出该商品的质量指标，制定对该标准的实施方案。

三、实训步骤

1. 将班级每10位同学分成一组，每组确定1～2人负责；
2. 学生按组进行讨论，并将讨论情况进行详细记录；
3. 对讨论的资料进行整理分析；
4. 依据相关理论，制订标准的实施计划与措施；
5. 写出标准的实施方案；
6. 各组在班级进行交流、讨论并撰写“某商品标准模拟实施方案”。

模块五　商品检验

通过本模块的学习与练习，你应该能够：

1. 了解商品检验的基本内容
2. 熟悉商品检验的程序和基本方法
3. 熟悉商品品级和商品分级

A公司某年8月向美国某B公司以T/T付款方式出口医疗设备用微型轴承，累计金额达28万美元。合同品质条款对微型轴承规格进行了明确规定，但是没有明确检验方法和标准，且买方复验的时限只按照合同格式条款中的一般规定为买方有复验权，并应在合理时间内提出质量异议，否则无权就质量问题向卖方提出索赔。B公司在收到货物后迟迟没有汇付货款，A公司经函询B公司得知该商品的最终用户声称收到的产品存在质量问题。A公司向B公司交涉并说明产品系根据国际标准ISO进行检验证明合格。经几次交涉未果，至第二年11月，A公司在久未能收到货款的情况下，在美国对B公司提出起诉，要求对方付款。B公司在收到起诉书后随即对A公司提出反诉，理由是经检验发现其中价值2万美元的商品规格与标准的规定误差较大，不符合合同规定。经法院审理作出判决：认定A公司提供的价值2万美元产品存在质量问题，因而货款中应扣除该金额，同时支持B公司的反诉中提出的索赔要求，要求A公司支付因质量问题而导致B公司蒙受的经济损失16万美元。最终判决A公司向B公司支付5万美元。

案例点评：

商品检验的任务之一：拟定商品质量指标和检验方法，运用各种科学的检测手段评定商品质量，并确定是否符合规定标准的要求。

任务一　了解商品检验的基本内容

一、商品检验的含义、目的与任务

商品检验是指商品的生产方、销售方或者第三方在一定条件下，借助一定的仪器、器具、试剂或检验者的感觉器官等手段和方法，按照合同、标准以及国内国际法律法规，对商品的质量、规格、重量、数量以及包装等方面进行检验，并做出合格与否和等级判定的业务活动。

商品检验是伴随着商品经济的产生发展而逐渐形成的一门应用技术学科，但商品检验正式成为一门科学，正式成立商品检验机构，则是在商品经济高度发达的现代社会。

商品检验运用科学的检验技术和方法，正确地评定商品质量。是判定质量责任的依据；是保障人民群众安全消费的重要手段；是促使企业保证和不断提高商品质量的重要手段；是对外贸易中维护国家信誉的保障；是制定商品标准、实行商品标准化的科学依据。

商品检验的任务是从商品的用途和使用条件出发，分析和研究商品的成分、结构、性质及其对商品质量影响，确定商品的使用价值；拟定商品质量指标和检验方法，运用各种科学的检测手段评定商品质量，并确定是否符合规定标准的要求；研究商品检验的科学方法和条件，不断提高商品检验的科学性、精确性、可靠性，使商品检验工作更科学化、现代化；探讨提高商品质量的途径和方向，促进商品质量的提高，并为选择适宜的包装、保管和运输方法提供依据。在进出口贸易中尤为重要。

二、商品检验的分类

一般来说，商品检验可按商品检验的目的、商品检验是否具有破坏性、被检商品的数量等进行分类。

1. 按检验目的不同，可分为生产检验、验收检验和第三方检验

（1）生产检验。又称第一方检验、卖方检验。生产企业或其主管部门自行设立的检验机构，对所属企业进行原材料、半成品和成品产品的自检活动。目

的是及时发现不合格产品，保证质量，维护企业信誉。经检验合格的商品应有“检验合格证”标志。

（2）验收检验。又称第二方检验、买方检验。商品的买方为了维护自身及其顾客利益，保证所购商品符合标准或合同要求所进行的检验活动。目的是及时发现问题，反馈质量信息，促使卖方纠正或改进商品质量。在实践中，商业或外贸企业还常派“驻厂员”，对商品质量形成的全过程进行监控，对发现的问题，及时要求产方解决。

（3）第三方检验。又称公正检验、法定检验。处于买卖利益之外的第三方（如专职监督检验机构），以公正、权威的非当事人身份，根据有关法律、标准或合同所进行的商品检验活动。如公证鉴定、仲裁检验、国家质量监督检验等。目的是维护各方面合法权益和国家权益，协调矛盾，促使商品交换活动的正常进行。

2. 接受检验商品的数量不同，可分为全数检验、抽样检验和免于检验

（1）全数检验。又称全额检验、百分之百检验，是对整批商品逐个（件）地进行的检验。其特点是能提供较多的质量信息，给人一种心理上的放心感。缺点是由于检验量大，其费用高，易造成检验人员疲劳而导致漏检或错检。

（2）抽样检验。是按照已确定的抽样方案，从整批商品中随机抽取少量商品用作逐一测试的样品，并依据测试结果去推断整批商品质量合格与否的检验。它具有占用人力、物力和时间少的优点，具有一定的科学性和准确性，是比较经济的检验方式。但检验结果相对于整批商品实际质量水平，总会有一定误差。

（3）免于检验。即对于生产技术水平高和检验条件好、质量管理严格、成品质量长期稳定的企业生产出来的商品，在企业自检合格后，商业和外贸部门可以直接收货，免于检验。

3. 按商品内、外销售情况，有内销商品检验和进出口商品检验

（1）工厂签证，商业免检。工厂生产出来的产品，经工厂检验部门检验签证后，销售企业可以直接进货，免于检验程序。该形式多适用于生产技术条件好，工厂检测手段完善、产品质量管理制度健全的生产企业。

（2）商业监检，凭工厂签证收货。商品监检是指销售企业的检验人员对工厂生产的半成品、成品及包装，甚至原材料等，在工厂生产全过程中进行监督检验，销售企业可凭工厂检验签证验收。该形式适用于比较高档的商品质量检验。

（3）工厂签证交货，商业定期不定期抽验。对于某些工厂生产的质量稳定的产品，质量信得过的产品或优质产品，一般是工厂签证后便可交货，但为确保商品质量，销售企业可采取定期不定期抽验的方法。

（4）商业批检。商业批检是指销售企业对厂方的每批产品都进行检验，否则不予收货。此种检验形式适用于质量不稳定的产品。

（5）行业会检。对于多个厂家生产同一种产品，在同行业中由工商联合组织行业会检。一般是联合组成产品质量评比小组，定期或不定期地对行业产品进行检验。

（6）库存商品检验。仓储部门对储存期内易发生质量变化的商品所进行的定期检验，目的是及时掌握库存商品的质量变化状况，达到安全储存目的。

（7）法定检验。是根据国家法令规定，对指定的重要进出口商品执行强制性检验。其方法是根据买卖双方签订的经济合同或标准进行检验，对合格商品签发检验证书，作为海关放行凭证。未经检验或检验不合格的商品，不准出口或进口。

（8）公主检验。公主检验是不带强制性的，完全根据对外贸易关系人的申请，接受办理的各项鉴定业务检验。商品检验机构以非当事人的身份和科学公正的态度，通过各种手段，来检验与鉴定各种进出口商品是否符合贸易双方签订的合同要求或国际上有关规定，得出检验与鉴定结果、结论，或是提供有关数据，以便签发证书或其他有关证明等。

（9）委托业务检验。委托业务检验是我国商检机构与其他国家商检机构，开展相互委托检验业务和公主检验工作。目前，各国质量认证机构实行相互认证，大大方便了进出口贸易。

4. 根据商品检验有无破坏性，分为破坏性检验和非破坏性检验

（1）破坏性检验。是指只有将受检验样品破坏后才能进行检验，或者在检验过程中受检验样品被破坏或消耗的检验。进行破坏性检验后被检验样品完全丧失了原有的使用价值。如金属材料的拉伸试验，电子设备的加速恶化试验均属破坏性试验。破坏性检验只能采用抽检形式，其主要矛盾是如何实现可靠性和经济性的统一，也就是要寻求既保证一定的可靠性又使检验数量最少的抽检方案。破坏性检验只能采用抽样检验方式。

（2）非破坏性检验。是检验时产品不受到破坏，或虽然有损耗但对产品质量不发生实质性影响的检验。随着检验技术的发展，破坏性检验日益减少，非

破坏性检验的使用范围在不断扩大。

三、商品检验的依据与内容

为使检验结果更具有公正性和权威性，必须根据具有法律效力的质量法规、标准及合同等开展商品检验工作。

（一）商品检验的依据

1. 进出口商品检验的依据

（1）依据法律法规和检验标准检验。法律、行政法规规定有强制性标准或者其他必须执行的检验标准的，按照法律、行政法规规定的检验标准检验。

法律、行政法规未规定有强制性标准或者其他必须执行的检验标准的，按照对外贸易合同约定的检验标准检验；凭样成交的，应当按照样品检验。

法律、行政法规未规定有强制性标准或者其他必须执行的检验标准的，对外贸易合同又未约定检验标准或者约定检验标准不明确的，按照生产国标准、有关国际标准或者出入境检验检疫局指定的标准检验。

（2）检验检疫商品目录。2000 年 1 月 1 日，我国国家出入境检验检疫局与海关总署联合发布了 2000 年第一号公告，公布《出入境检验检疫机构实施检疫的进出境商品目录》（简称《检验检疫商品目录》）也称为《进出口商品检验种类表》并于当年 2 月 1 日起实行。凡列入该目录的进出境商品，必须经出入境检验检疫机构签发的《入境货物通关单》或《出境货物通关单》验放。

在国际贸易中表明商品品质的方式

明确技术标准。选择双方满意的技术标准（国际标准、各国的国家标准、行业标准、企业标准等），并在合同中加以明确，就能准确表明商品质量要求，商检部门易于掌握。

样品表示商品质量。样品代表一批商品品质极少量实物，实际到货质量应与样品完全一致。样品可以是表明货物质量的唯一依据，也可以是合同条款中的一部分。

明确商品规格。商品规格是用来反映商品质量的主要指标，如成分、含量、纯度、尺寸等。根据商品不同的特性可以在合同中具体规定其规格，用来表明商品应具备的质量水平。

凭牌证买卖。在国际贸易中采用牌名或商标表示品质的方法，称为凭牌证买卖。凭牌证买卖一般是指某些质量稳定可靠、信誉良好的商品。他们的牌名或商标代表了一定的质量和规格，因此在合同中有时可以仅明确其牌名或商标即可，为了使质量指标更加无误，有时也可在明确牌名、商标的同时，标明型号、规格或规定清楚质量指标，如：丰田汽车、海尔电器、梅林罐头。

表述商品品质的商业文件

合同。合同中有关商品品质和检验的规定，诸如质量、规格、包装、数量、重量、装运条件、检疫、索赔等条款，合同当事人必须遵照执行，也是第三方检验机构进行检验、鉴定的基本依据。

商业合同是表述该合同项下商品质量的最重要的文件，是执行检验、鉴定工作的基本文件，买卖双方在签订合约时一定要详细列明商品品质和检验要求，以利检验工作正常进行，保证货物顺利交接。

信用证。以信用证为结算方式的贸易合同要求买方不但要按时开出信用证，而且还要求信誉证的各项条款与合同的规定相符合。否则卖方便无法按照信用证的规定执行，或者虽然按照信用证的规定办理了，但可能会使卖方遭受经济损失，从而使合同中确定的买卖双方的权利和义务无法实现。

对买卖双方来说，它又要求信用证内容与合同相符。对于检验机构来说，合同、信用证都是检验、鉴定的依据。检验时则以信用证规定的条件作为依据，以便安全、迅速地结汇。

运输单证。提单是货物的承运人及其代理人收到货物之后，签发给托运人的凭证，也是货物所有权的凭证。

其他凭证。包括商业发票、装箱单、重量单。

商业发票：是出口商开列的出口货物清单，主要用于进出口报关完税和记账。

装箱单（包装单）：是出口商编制的记载一批货物每一件包装内容的清单，是发票内容的评述与补充。

重量单（磅码单）：是卖方编制的一种单据，详细记载各种毛重、皮重、净重，是发票内容的评述与补充，供买方、有关部门检验、核对货物重量之用。

2. 内贸商品检验的依据

（1）质量标准。质量标准是监督检验商品质量的主要依据，是生产、经营企业必须执行的技术法规。具有法律效力的重量标准有国家标准、行业标准和企业标准。

（2）统检细则。国家和地方监督部门出于对某一产品主要项目进行全面监督抽查的需要，根据国家标准、行业标准或地方标准制定统一经营项目、特有经验方法、统一技术指标和统一判据的统检细则。

（3）检验细则（检验规则）。当没有国家标准、行业标准及地方标准时，政府质量监督部门网络阶段九元的协议指定临时检验项目、检验方法、技术指标和判据的检验细则（检验规则）。

（4）购销合同。供需双方约定的质量要求，必须共同遵守，一旦发生质量纠纷时，购销合同的质量要求，即为仲裁的法律依据。

（5）名优产品技术条件。获得中国名牌产品或免检产品的商品，产品的质量除了符合质量标准外，还应获得名优产品技术条件规定的指标。

（二）商品检验的内容

1. 品质检验

根据合同和有关检验标准规定或申请人的要求对商品的使用价值所表现出来的各种特性，运用人的感官或化学、物理的等各种手段进行测试、鉴别。其目的就是判别、确定该商品的质量是否符合合同中规定的商品质量条件。包括外观品质和内在品质的检验。

（1）外观品质检验。指对商品外观尺寸、造型、结构、款式、表面色彩、表面精度、软硬度、光泽度、新鲜度、成熟度、气味等的检验。

（2）内在品质检验。指对商品的化学组成、性质和等级等技术指标的检验。

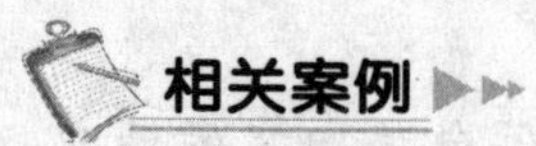

我国某外贸公司与欧洲F国签订了出口半漂布合同。根据协定，凡从F

国进口货物，均按F国国家标准进行验收，我方出口到对方的货物按我国的国家标准验收。但是这批出口漂布合同的品质条款规定交货品为一等品，每100米允许10个疵点，每个疵点让码10厘米。我国出口后即遭对方索赔。F国对我国出口的500多万米半漂布，认为不符合合同品质条款，提出高达1100万美元的索赔要求。F国方也承认，这个合同的品质要求实际做不到，但已签订了合同，就要赔偿，最后我方公司赔偿相当金额后了结此案。

问题：出现上述问题的主要原因有哪些？对方也承认，这个合同的品质要求实际做不到，我们为什么还要赔偿？

案例改编自：汪永太主编．《商品学（第二版）》．电子工业出版社，2011.2。

2. 规格检验

规格表示同类商品在量（如体积、容积、面积、粗细、长度、宽度、厚度等）方面的差别，与商品品质优次无关。如鞋类的大小、纤维的长度和粗细、玻璃的厚度和面积等规格，只表明商品之间在量上的差别，而商品品质取决于品质条件。商品规格是确定规格差价的依据。

由于商品的品质与规格是密切相关的两个质量特征，因此，贸易合同中的品质条款中一般都包括了规格要求。

3. 数量和重量检验

是买卖双方成交商品的基本计量和计价单位，直接关系着双方的经济利益，也是对外贸易中最敏感而且容易引起争议的因素之一。

包括商品个数、件数、双数、打数、令数、长度、面积、体积、容积和重量等。

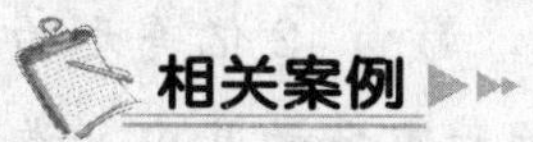

某出口公司在某次交易会上与外商当面谈妥出口大米10000公吨，每公吨275美元，FOB中国口岸。我方在签约时，合同上只笼统地写了10000吨(ton)，我方当事人主观上认为合同上的吨就是公吨（Metric ton）。后来，外商来证要求按长吨（Long ton）供货。如果我方照证办理则要多交160.5公吨，折合44137.5美元。

案例改编自：汪永太主编．《商品学（第二版）》．电子工业出版社，2011.2。

4. 包装质量检验

商品包装本身的质量和完好程度，不仅直接关系着商品的质量，还关系着商品数量和重量。一旦出现问题时，是商业部门分清责任归属、确定索赔对象的重要依据之一。如检验中发现有商品数（重）量不足情况，包装破损者，责任在运输部门；包装完好者，责任在生产部门。包装质量检验的内容主要是内外包装的质量。如包装材料、容器结构、造型和装潢等对商品储存、运输、销售的适宜性，包装体的完好程度，包装标志的正确性和清晰度，包装防护措施的牢固度等。

相关案例

我国某公司出口某种化工原料，共500公吨。合同规定以“单层新麻袋，每袋50千克”包装。我方装船发货时发现新麻袋装的货物只够450公吨，于是就将剩余50吨货物用一种更结实，价格也比麻袋贵的涂塑麻袋包装，结果被对方索赔。

案例改编自：汪永太主编.《商品学（第二版）》. 电子工业出版社，2011.2。

5. 安全、卫生检验

商品安全检验是指电子电器类商品的漏电检验、绝缘性能检验和X光辐射等。商品的卫生检验是指商品中的有毒有害物质及微生物的检验。如食品添加剂中砷、铅、镉的检验，茶叶中的农药残留量检验等。

相关案例

2003年欧盟分布了《关于在电子电气设备中禁止使用某些有害物质指令》和《报废电子电气设备指令》。两大指令所指产品范围十分广泛，对出口欧盟各国的电子电气产品带来巨大的负面影响。特别是对深圳来说，影响42亿美元的产品出口。前者要求成员国确保从2006年7月1日起，投放于市场的其中8类新电子电气设备不包含铅、汞、镉、六价铬、聚溴二苯醚和聚溴联苯六种有害物质。

对于进出口商品的检验内容除上述内容外，还包括海损鉴定、集装箱检验、进出口商品的残损检验、出口商品的装运技术条件检验、货载衡量、产地证明、价值证明以及其他业务的检验。

任务二　熟悉商品检验的程序和基本方法

一、商品检验的程序

进出口商品检验检疫可分为报验、抽样、检验鉴定和发放签证四个方面。内贸商品的检验一般有抽样、检验、判定三个基本程序。下面重点介绍进出口商品检验检疫的程序：

1. 报检

报检是进出口商品收货人或者其代理人向商检机构申报，接受商检机构对进出口商品检验的行为。中国检验检疫法律赋予代理报检单位在代理报检和配合商检机构检验检疫工作范围内，既享有一定权利，又必须承担相应的义务，如果代理报检单位违反检验检疫法律规定的义务，同样要承担相应的行政或刑事责任。

2. 抽样

商检抽样所遵循的原则随机性、代表性、可行性、先进性。抽样的形式有登轮抽样、甩包抽样、翻垛抽样、出厂、进仓时抽样、包装前抽样、装货时抽样。

3. 检验

检验时，一般会采用以下的方法进行检验：抽检、全检。

4. 发放签证

商检机构在对出口商品实施法定检验以后，对检验合格的商品，由检验检疫机构签发《检验证书》，或在《出口货物报关单》上加盖检验印章。经检验不合格的，由检验检疫机构签发《不合格通知单》。

二、商品检验的方法

进行商品检验时，必须遵守为保证检验结果准确性的各种规定，其中正确的商品抽样方法是保证获得准确检验结果的重要因素。

（一）抽样的方法

目前广泛采用随机抽样，即整批商品中的每一件商品都有同等被抽取的机会，抽样者按照随机的原则、完全偶然的方法去抽取样品，比较客观，适用于各种商品的抽样。

常用的随机抽样方法有以下几种：简单随机抽样法、分层随机抽样法、多段随机抽样法、系统随机抽样法。

（二）商品质量检验的方法

商品质量的检验方法是指获取商品质量检验结果所采取的检验器具、检验原理和检验条件的总称。商品质量检验的方法很多，通常分为感官检验、理化检验、生物学检验法等几个方面：

1. 感官检验法

感官检验法是借助人的感觉器官的功能和实践经验来检测评价商品质量的一种方法。也就是利用人的眼、鼻、舌、耳、手等感觉器官作为检验器具，结合平时积累的实践经验对商品外形结构、外观疵点、色泽、声音、气味、滋味、弹性、硬度、光滑度、包装和装潢等的质量情况，并对商品的种类品种、规格、性能等进行识别。感官检验法在商品检验中有着广泛的应用，并且任何商品对消费者来说总是先用感觉器官来进行评价质量的。

主要有：视觉检验、听觉检验、味觉检验、嗅觉检验、触觉检验。

（1）视觉检验。视觉检验是用视觉来检查商品的外形、结构、颜色、光泽以及表面状态、疵点等质量特性。由于外界条件如光线的强弱、照射方向、背景对比以及检验人员的生理、心理和专业能力，会影响视觉检验效果，因此，视觉检验必须在标准照明条件下和适宜的环境中进行，并且应对检验人员进行必要的挑选和专门的训练。

视觉检验法是一种应用极为广泛的商品检验方法。如茶叶的外形、叶底；水果的果色果型；棉花色泽的好坏，疵点粒数的多少；罐头容器外观情况和内容物的组织形态；玻璃罐的外观缺陷；食品的新鲜度、成熟度和加工水平等。

纯正的蜂蜜表面应无大量气泡，不同的蜂蜜颜色也不同，以颜色浅淡、色泽油亮、透明度好者为佳。在蜂蜜中掺入白糖，其颜色会加深；掺有淀粉的蜂蜜，显得混浊不清，透明度差。

(2) 嗅觉检验。嗅觉检验是通过嗅觉检查商品的气味，进而评价商品的质量。广泛用于食品、药品、化妆品、日用化学制品等商品质量检验，并且对于鉴别纺织纤维、塑料等燃烧后的气味差异也有重要意义。在检验中应避免检验人员的嗅觉器官长时间与强烈的挥发物质接触，检验的顺序也应从气味淡向气味浓的方向进行，并注意采取措施防止串味等现象。

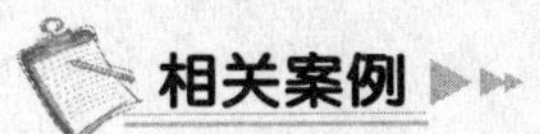

葡萄酒的嗅觉检验分两步。

初次嗅觉：缓缓地将酒杯靠近鼻子，注意不要晃动酒杯，在酒距离鼻子10厘米处吸一次气，距离5厘米时再吸一次气，然后在杯口再闻一次。通过初次嗅觉，我们可以确定酒香的品质和浓郁程度，并发觉出那些容易挥发的香芬。

第二次嗅觉：摇动酒杯，让酒与空气充分接触，重新吸气，先距10厘米处，后5厘米处，最后杯口处。通过二次嗅觉让我们加强初次嗅觉的印象，并能闻到不易挥发的芳香。

(3) 味觉检验。味觉检验是利用人的味觉来检查有一定滋味要求的商品(如食品、药品等)，通过品尝食品的滋味和风味来检验食品质量的好坏。为了顺利地进行味觉检验，一方面要求检验人员必须具备辨别基本味觉特征的能力，并且被检样品的温度要与对照样品温度一致；另一方面要采取正确的检验方法，遵循一定的规程。如检验时不能吞咽物质，应使其在口中慢慢移动，每次检验前后必须用水漱口等。

主要用来鉴定食品，如糖、茶、烟、调料等味觉食品。食品的滋味和风味是决定食品品质的重要因素。同一原料来源的食品，由于加工调制方法的不同，滋味和风味也不同。质量发生变化的食品，滋味必然变劣，产生异味。所以味觉评定是检验食品品质的重要手段之一。

(4) 触觉检验。触觉检验是指利用人的触觉感受器对于被检验商品轻轻作用的反应——触觉来评价商品质量的。触觉是皮肤感受到机械刺激而引起的感觉，包括触压觉和触摸觉，是皮肤感觉的一种。皮肤感觉除外，还有痛觉、热觉、冷觉的表面特性、强度、厚度、弹性、紧密程度等质量特性。

(5) 听觉检验。听觉检验是利用听觉器官，通过对商品发出的声音是否优美或正常来评判商品质量的检验方法。如检查玻璃制品、瓷器、金属制品有无裂纹或其内在的缺陷；评价以声音作为质量指标的乐器、家用电器等商品；评定食品成熟度、新鲜度、冷冻程度等。此外，听觉检验还广泛地用于塑料制品的鉴别、纸张的硬挺性与柔韧性、颗粒状粮食和油料的含水量及罐头食品变质的检验。

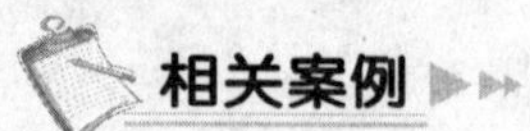

相关案例

一望、二听、三刮、四量选瓷砖

瓷砖在家装上应用普遍，如何选择瓷砖成为家装的必修课。劣质瓷砖大多颜色不一致，高低不平，易破碎。铺后由于水泥收缩易破裂，瓷面剥落，使用过程中容易吸污、刮花。劣质瓷砖铺在灶台上，因温度变化大，易爆裂，有很大的安全隐患。那怎样判断瓷砖的好坏呢？专家告诉我们挑选瓷砖也可望闻问切，即一望、二听、三刮、四量。

“望”是细看瓷砖表面。作为装饰材料，瓷砖的外观效果无疑是消费者最主要的考量因素。瓷砖的外观包括色彩、图案、光泽等方面内容，质量好的瓷砖一般色泽均匀，图案细腻、逼真，没有明显的断线、错位等。

“听”是用硬物轻击砖侧，声音越清脆，则瓷化程度越高，质量越好。声音清亮悦耳者为上品，声音沉闷浑浊者为下品。

“刮”是用小刀或硬物轻轻刮磨砖体以测试硬度。瓷砖表面的莫氏硬度大概为6～7，莫氏硬度是以世界上最硬的物体——金刚石为满分10为基础，再逐级来划分的，当硬度不同的两个物件相碰时，被摩擦掉的将是硬度较低的那一个。一般自然界中灰尘颗粒的硬度为5～6，小于瓷砖，所以正常使用的情况下瓷砖会完好无损。有些石英沙砾硬度却大于7，两者相摩擦，瓷砖表现就会被其划伤。瓷砖的硬度受原料的影响，也与烧结的工艺和技术有关。

“量”则是以瓷砖的规格差异大小来衡量优劣。边长是瓷砖的长度和宽度的尺寸指标。用卷尺测量每片瓷砖的大小周边有无差异，精确度高的为上品。瓷砖边长的精确度越高，铺贴后的效果越好，买优质瓷砖不但容易施工，而且能节约工时和辅料。

感官检验法的特点：方法简单，快速易行；不需复杂、特殊的仪器设备和试剂或特定场所，不受条件限制；一般不易损坏商品；成本较低。

感官检验法的局限性有：

第一，不能检验商品的内在质量，如成分、结构、性质等。

第二，检验的结果不精确，不能用准确的数字来表示，是一种定性的方法，结果只能用专业术语或记分法表示商品质量的高低。

第三，检验结果易带有主观片面性，常受检验人员知识、技术水平、工作经验、感官的敏锐程度等因素的影响，再加上审美观不同以及检验时心理状态，影响结果的准确性，故使检验的结果有时带有一定的主观性，科学性不强。

肉类食品的感官鉴定方法

肉类食品的感官鉴定方法如表 5－1 所示：

表 5－1　　鲜猪肉的感官鉴定

鉴定项目	新鲜	鲜度较差	劣质（不能食用）
色泽	肌肉有光泽，鲜红色均匀，脂肪洁白或微红	肌肉色泽暗红，脂肪缺乏弹性	肌肉无光泽，脂肪灰绿色
弹性	手指按压后，凹陷立即复原	凹陷复原慢，且难以完全复原	凹陷不能复原，留有明显痕迹
黏性	外表微干或湿润，不黏手	外表潮湿，有黏性	外表很潮湿（或很干燥，呈灰色），很黏手
气味	具有鲜猪肉特有的气味	有发霉气味	腐败气味
腱	腱坚硬有弹力，色白，有绸缎光泽	腱略软，弹力小，呈灰色或浅灰色	腱弹力很小，呈脏灰色
关节	表面光滑、清洁、无黏液	表面覆有黏液，且浑浊	表面极黏，关节液呈血浆状
煮沸后肉汤	透明芳香，脂肪团聚于表面，有鲜味	浑浊，脂肪呈小滴浮于表面，无香气，无鲜味	极浑浊，表面无油，有酸臭味

表 5-2　　　　冻肉的感官鉴定

种类	鉴定项目	新鲜	鲜度较差
冻猪肉	色泽	肌肉有光泽，色红均匀，脂肪洁白，无霉点	肌肉色稍暗红，缺乏光泽，脂肪微黄或有少量霉点
	组织状态	肉质紧密，有坚实感	肉质软化或松弛
	黏度	外表及切面微湿润，不黏手	外表湿润，微黏手；切面有渗出液，不黏手
	气味	无异味	稍有氨气味或酸味
	煮沸后肉汤	澄清透明，脂肪团聚于表面，具有鲜猪肉应有的香味和鲜味	稍有混浊，脂肪呈小滴浮于表面，香味和鲜味较差
冻牛肉	色泽	肌肉有光泽，色红均匀，脂肪白色或微黄色	肉色稍暗，肉与脂肪缺乏光泽，但切面尚有光泽
	组织状态	肌肉结构紧密，有紧实感，肌纤维韧性强	肌肉组织松弛，肌纤维有韧性
	黏度	肌肉外表微干，或湿润，但不黏手	外表干燥或轻度黏手，切面湿润黏手
	气味	具有牛肉正常气味	稍有氨气味或酸味
	煮沸后肉汤	澄清透明，脂肪团聚于表面，具有鲜牛肉固有的香味和鲜味	稍有混浊，脂肪呈小滴浮于表面，香味和鲜味较差
冻羊肉	色泽	肌肉色鲜艳，有光泽，脂肪白色	肉色稍暗，肉与脂肪缺乏光泽，但切面尚有光泽，脂肪稍发黄
	组织状态	肌肉紧密，有紧实感，肌纤维韧性强	肌肉组织松弛，肌纤维有韧性
	黏度	外表微干或有风干，或湿润不黏手	外表干燥或轻度黏手，切面湿润黏手
	气味	具有鲜羊肉正常气味	稍有氨气味或酸味
	煮沸后肉汤	澄清透明，脂肪团聚于表面，具有鲜羊肉固有的香味和鲜味	稍有混浊，脂肪呈小滴浮于表面，香味和鲜味较差

2. 理化检验法

理化检验法是在实验室的一定环境条件下，借助各种仪器、设备和试剂，运用物理、化学的方法来检测评价商品质量的一种方法。它主要用于检验商品的成分、结构、物理性质、化学性质、安全性、卫生性以及对环境的污染

和破坏性等。理化检验方法可以分为物理检验法、化学检验法和生物学检验法。

（1）物理检验法。物理检验法因其检验商品的性质和要求不同、采用的仪器设备不同可以分为一般物理检验法、力学检验法、光学检验法、电学检验法、热学检验法等。

一般物理检验法主要是通过各种量具、量仪、天平、秤或专业仪器来测定商品的一些基本物理量。如长度、细度、面积、体积、厚度、重量、密度、容重、表面光洁度等。这些基本的物理量指标往往是商品贸易中的重要交易条件。

力学检验法是通过各种力学仪器测定商品的力学性能的检验方法。这些性能主要包括商品的抗拉强度、抗压强度、抗弯曲强度、抗冲击强度、抗疲劳强度、硬度、弹性、耐磨性等各方面的力学性能。

光学检验法是通过各种力学仪器如显微镜、折光仪等，检验商品光学性能方面质量指标的方法。

电学检验法是利用电学仪器测定商品的电学方面质量特性的检验方法。检验的项目通常有电阻、介电系数、电容、电压、电流强度、静电性等。通过有些电学性能的测定也可以测定商品的材质、含水等多方面性能。

热学检验法是利用热学仪器测定商品的热学质量特性、检验商品质量的方法。商品的热学特性主要包括熔点、凝固点、沸点、耐热性、导热性、热稳定性等。商品的很多热学质与商品的使用条件及使用性能有很大的关系。

（2）化学检验法。化学检验法是用化学试剂或化学仪器对商品的化学成分及其含量进行测定，进而判定商品是否符合规定的质量要求的方法。依据操作方法的不同，化学检验法可分为化学分析法和仪器分析法。

化学分析法是根据检验过程中商品再加入某种化学试样和试剂后所发生的化学反应来测定商品的化学组成成分及含量的一种检验方法。该方法不仅设备简单，经济易行，而且结果也准确，是其他化学分析方法的基础。适用于食品检验，包括营养素、食品添加剂、有毒有害物质及发酵、酸败、腐败等食品变质的成分变化指标测定；纺织品与工业品主要有效成分、杂质成分、有害成分的含量，以及耐水、耐酸碱、耐腐蚀等化学稳定性质方面的测定。化学分析法分为定性分析法和定量分析法两种：

定性分析法。这是根据反应结果所呈现的特殊颜色或组合，在化学反应中生成的沉淀、气体等来判定商品成分的种类及其性质的一种方法。在定性分析中，多使用灵敏度高的鉴定反应。为了能正确判断结果，往往还要做空白试验和对照试验；同时还应注意反应溶液的温度、浓度、酸度干扰物质等影响。

定量分析法。定量分析法是在定性分析的基础上，准确测定试样中商品的成分含量的分析方法。按测定方法的不同，定量分析分为容量分析和重量分析。重量分析是根据一定量的试样，利用相应的化学反应，使被测的成分析出或转化为难溶的沉淀物，再将沉淀物滤出，经洗涤、干燥或灼烧后，准确地称出其重量而计算出试样中某成分含量的分析方法。容量分析即用一种已知精确浓度的标准溶液与被测试样发生作用，由滴定终点测出某一种组分含量的分析方法。常用的分析方法有：氧化还原法、综合滴定法、沉淀法、酸碱滴定法等。

仪器分析法是采用光、电等方面比较特殊或复杂的仪器，通过测量商品的物理性质或物理化学性质来确定商品的化学成分的种类、含量和化学结构以判断商品质量的检验方法。它包括光学分析法和电学分析法。光学分析法是通过被测成分吸收或发射电磁辐射的特性差异来进行化学鉴定的。常见的方法有：比色法、分光光度法、发射光谱法、色谱分析法等。电学分析法是利用被测物的化学组成与电物理量（电极电位、电流等）之间的关系来确定被测物的组成和含量，具体有极谱法、电位滴定法、电解分析法等。仪器分析检验法适用于微量成分含量分析。仪器分析检验法因具有测定的灵敏度高、选择性好、操作简便、分析速度快的特点而应用广泛。但由于样品前处理费时，仪器价格昂贵，对操作人员要求高，故其应用有一定的局限性。

测试布的撕破强度

第一步，用不锈钢尺准确剪取 80mm×58mm 的样布；

第二步，将剪好的试样布平整地夹在英式撕力测试仪上后，拧紧螺丝，按下切口刀，最后放闸撕布；

第三步，记录数据，取 5 次测试的平均值。

理化鉴定法的特点：

第一，检验结果精确，可用数字定量表示（如成分的种类和含量、某些物理化学、机械性能等）；

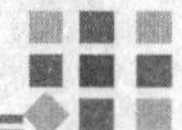

第二，检验的结果客观，它不受检验人员的主观意志的影响，使对商品质量的评价具有客观而科学的依据；

第三，能深入地分析商品成分内部结构和性质，能反映商品的内在质量。

理化检验法的局限性：

第一，需要一定仪器设备和场所，成本较高，要求条件严格；

第二，往往需要破坏一定数量的商品，消耗一定数量的试剂，费用较大；

第三，检验需要的时间较长；

第四，要求检验人员具备扎实的基础理论知识和熟练的操作技术。

3. 生物学检验法

生物学检验法是食品类、药类和日用工业品类商品质量检验常用的方法之一，一般运用于测定食品的可消化率、发热量和维生素的含量、细胞的结构与形状、细胞的特性、有毒物品的毒性大小等。生物学检验法包括微生物检验和生理学检验法两种。

(1) 微生物学检验法。微生物检验是采用微生物技术手段，检测商品中的有害生物的存在与否以及数量多少的方法。需要进行微生物检验的商品有食品及其包装物、化妆品、卫生用品等。

(2) 生理学检验法。生理学检验是以特定的动物或人群为受试对象，测定食品的消化率、发热量以及某一成分对集体的作用、毒性等。

检验商品品质需采用的检验方法因商品种类不同而异，有的商品采用感官检验法即可评价质量（如茶叶），有的商品既需要采用感官检验法，也采用理化检验法（如搪瓷），有的商品需以理化检验的结论作为评价商品质量的依据（如钢材）。要使商品检验的结果准确无误，符合商品质量的实际，经得起复验，就要不断提高检验的技术和经验，采用新的检验方法和新的检测仪器，随着科技发展，使理论检验方法向着快速、准确、少损（或无损）和自动化方向发展。

在实际生活中，影响商品质量变化的因素很多，商品质量的下降往往是很多因素作用的综合结果。无论是理化检验还是生物学检验，都是在特定条件下进行的，检验只是考虑了一个或几个因素。为了更好地模拟商品实际情况，对商品进行试用，以综合评定商品在实际使用中的质量表现也是一种常用的质量评价方法。

任务三　熟悉商品品级和商品分级

一、商品品级的概念

1. 商品品级的概念

商品品级是表示商品质量高低优劣的标志，指对同一品种的商品按其达到的商品质量标准的程度所确定的等级，是商品检验的重要目的之一。商品质量等级的确定，主要依据商品的标准和实物指标的检测结果，由行业归口部门统一负责。

商品品级通常用“等”或“级”的顺序来表示，其等级顺序反映商品质量的高低，如一等（级）、二等（级）、三等（级）或甲、乙、丙等。我国的国家标准《工业产品质量分等导则》（GB/T 12707—1991），规定了我国境内生产和销售的工业质量等级的划分和评定原则。它将工业产品的实物质量原则上按照国际先进水平、国际一般水平和国内一般水平相应地划分为优等品、一等品和合格品三个等级。

商品种类不同，分等（级）的质量指标内容也不同。例如，粗、精纺呢绒是按实物质量、物理指标、染色牢度和外观疵点四项综合定等（即以其中最低一项定等）；茶叶按其感官质量指标分级；食糖按其主要成分（蔗糖）含量和杂质含量分级；乳和乳制品则同时按感官指标、理化指标、微生物指标进行分级。对每种商品每一等级的具体要求和分级方法，通常在该商品标准中都已规定。

2. 商品品级的指标内容

商品种类的不同，分级的指标内容也不一样。如食糖按其主要成分（蔗糖）含量和杂质含量分等；茶叶按色、香、味、外形等感官指标分级；纺织布料以实物质量、物理质量、物理指标、染色牢度和外观疵点四项综合定等（以其中最低一项指标定等）；日用工业品的分级，一是根据商品外观疵点多少和这些疵点对质量的影响程度，二是根据商品理化性质与标准相差的程度来分级。

许多商品还同时以特殊的标记来表明自身的质量等级。例如，瓷器是以底部的印记来表示等级的。图形印记“○”为一等品，印记“□”为二等品，印记“△”为三等品，不合格底部则印有“次品”字样。布匹上字的颜色表示不同等级，红色为一等品，绿色为二等品，蓝色为三等品，黑色为等外品。

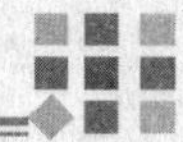

二、商品分级

（一）商品分级的概念

根据商品标准规定的质量指标，按一定的标志，将同类商品分为若干个等级的工作，称为商品分级。

国家标准《工业品质量分等导则》（GB/T 12707—1991）中规定，优等品的质量标准必须达到国际先进水平，且实物质量水平与国外同类商品相比达到五年内的先进水平；一等品的质量标准必须达到国际一般水平，且实物质量水平达到国际同类产品的一般水平；按我国现行标准组织生产，标准为国内一般水平，实物质量达到相应标准要求的为合格。优等品、一等品的产销率要求90%以上，销售量在同类商品中占有一定比例。

（二）商品分级的方法

1. 记分法

常用的有百分记分法和限度记分法两种。

（1）百分记分法，是将商品的各项指标的标准状况，规定一定的分数，重要的指标所占的分数高，次要的指标所占的分数低。如果商品质量符合标准规定的要求其总分就能达到100分，若其中某些指标达不到标准要求，其总分相应降低，等级也相应降低。百分记分法常用于食品的品级划分与评定。

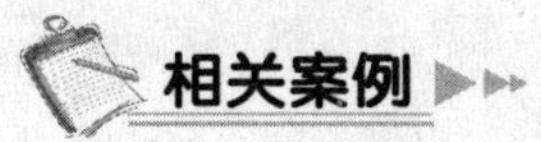

酒的评分方法，满分为100分

白酒：色10分、香25分、味50分、风格15分。

啤酒：色10分、香20分、味50分、泡沫20分。

（2）限度记分法，是以商品的每种疵点规定为一定的分数，由疵点总分来确定商品的等级。疵点越多，总分越高，商品等级就越低。这种方法一般在纺织商品的品级划分时采用。例如，合成纤维丝织物的外观要取决于其绸面疵点状况。其分等标准中规定，绸面上每个渍点（皂渍、洗渍或蜡渍等，每5厘米以内）评为2分，每个破损（每1厘米有以内）评为4分，每个明显的色差即色泽深浅（每50厘米及以内）评为8分等。幅宽在114厘米及以下的绸面上所有疵点分数总和：0～1分的为一等品；1～2分的为二等品；2～4分的为三等品；4分以上的为等外品。

2. 限定法

在标准中规定商品每个等级限定疵点的种类数量，不能有哪些疵点，以及决定商品成为废品的疵点限度。限定法常用于日用工业品的品级划分。

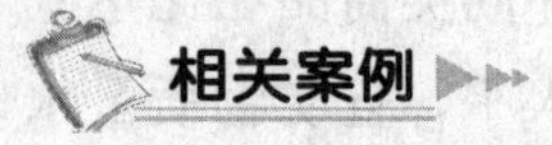

保温瓶胆的质量检验

容水量：一、二等品均为2000±mL；

质量：一、二等品均不小于500g；

耐温急变性：温差95℃～100℃，一、二等品均反复5次不破裂；

保温性：在室温10℃以上，灌入沸水24小时，一、二等品均不低于68℃；

瓶口高低偏斜之差：一等品不大于2mm，二等品不大于3mm；

瓶口缺角：一等品不允许有，二等品不大于2mm；

抽气尾管超出瓶底顶：一等品不允许，二等品不大于2mm；

银层：一等品不露光，二等品轻微露光；

抽气尾管破裂、裂纹、冷爆、搭伤、石棉脱落、内外瓶相搭：一、二等品均不允许有。

化妆品的检验

一、报验

1）出口化妆品的发货人应在货物装运前20天向商检机构报验；进口化妆品的收货人应在货物卸货口岸或到达站之后，不少于1/3索赔有效期的时间，按报验规定向商检机构报验。报验人为取样、检验提供工作条件。

2）商检机构接受报验后应在规定期限内实施检验。

3）属于危险货物类化妆品报验出口时除提供“进出口商品报验规定”所要

求的单证外还须附有出口危险货物包装容器性能鉴定合格单。

4）首次出口的化妆品必须提供生产、卫生许可证，产品鉴定证书及安全性评价资料，产品成分表。特殊化妆品必须提供临床实验报告。化妆品成分有变动的须提前30天向商检机构备案，并附变动说明。

5）首次进口的化妆品报验时除提供“进出口商品报验规定”所要求的单证外还须提供卫生部签发的“进口化妆品卫生许可批件”（复印件）。

二、检验

1. 检验依据

出口化妆品的检验依照对外贸易合同约定的标准检验，合同未约定或约定不明确的，按国家有关标准规定检验。

进口化妆品的检验依照对外贸易合同约定的标准检验、合同未约定或约定不明确的，按出口国标准、国际标准或国家有关标准规定检验。

进口化妆品的安全卫生项目，必须符合国家安全卫生标准的要求。

花露水、香水

外观：符合标准样品规定的红、黄、绿等颜色，香气有玫瑰、麝香、茉莉、薰衣草等香型。在室温20℃～25℃，水质清晰，以正常目力距离30cm观察，不得有明显杂质和黑点。

理化指标

色泽稳定度：48±1℃，经24小时，维持原有色泽不变。

符合该产品确定的标准比重0.02（20℃）。

浊点：花露水10℃水质清晰，不混浊。香水5℃水质清晰，不混浊。

2. 检验方式

进出口化妆品检验涉及安全卫生项目的应以商检机构自验为主，其他检验内容可以由商检机构组织有关单位共验或者认可的检验机构检验。

三、取样

1）对进出口化妆品检验，必须由商检人员取样，并做好详细的取样记录；

2）以生产批次作为商检批次；

3）取样份数的确定：按开箱数×瓶/箱计算，所取份样数必须满足细菌、化学元素等卫生安全检验和留样的足够数量。

四、包装

1）检查商品名称、规格、包装、标记、生产日期和批号是否与合同、信用证规定相符；

2）产品的包装容器必须符合产品的性能及安全卫生要求；

3）最小包装要完整、清洁，标签要清晰、规范、端正；

4）特殊化妆品应按有关规定，在包装上注明使用要点及主要成分等。

5）出口化妆品的运输包装必须申请商检机构或商检机构指定的检验机构进行性能检验，未经商检机构检验合格，不准用于盛装出口商品。

6）属于危险品的出口化妆品运输包装必须申请商检机构进行性能鉴定和使用鉴定。属于危险品的进口化妆品的运输包装要符合国际危规的要求。

思考与练习

第一部分　案例讨论

[案例一]

知名品牌服装六成不合格

2006年“3.15”前夕，浙江省工商局对杭州市几家知名百货商场销售的品牌服装进行了质量专项抽检。结果显示，在抽检的37个批次的国外知名品牌服装中，有22个批次不合格，不合格率达到了59.5%。检测发现，服装标注的纤维含量和实测不符是主要问题之一。“勃贝雷”的夹克的里料标注为100%的涤纶，实测为100%黏胶。“雨果·博斯”夹克衫的里料标注为100%棉，实测为100%涤纶。有的服装的pH值不合格：“郁彭”夹克衫和“鲨鱼”T恤衫的pH值明显呈酸性，另外，“雨果·博斯”的休闲裤、“鲨鱼”的羊毛衫、“菲杰”的女裤色牢度不合格，其中“雅格狮丹”的男裤色牢度最差，不合格项目多达5项。

资料来源：徐海云．不合格背后是什么——服装业屡遭“质量门”反思．中国纺织．2006（10）。

思考题：

造成服装产品不合格的因素有哪些？这些不合格因素对质量有何影响？

［案例二］

日用塑料外观鉴别

从各种塑料的外观特征如色泽、透明度、光滑性、手感、表面硬度、敲击声及将其放入沸水中和放入水中等来区分各塑料种类。有关塑料的外观特征如下。

聚乙烯：乳白色透明体，手摸有石蜡油腻感，质地柔软，能弯曲，放在水中能浮于水面，置于沸水中显著软化。

聚丙烯：本色为乳白色半透明体，手摸润滑但无油腻感，质地硬挺有韧性，放在水中能浮于水面，置于沸水中软化不显著。

聚氯乙烯：硬制品坚硬平滑，敲击时声音发闷，色泽较鲜艳。软制品柔软富弹性，薄膜透明度较高，而无蜡质感，放在水中不沉，遇冷变硬，有特殊气味。

聚苯乙烯：聚苯乙烯表面硬度与透明度较高，色泽鲜艳。其主要特点是敲击或轻掷时，有类似的清脆声，时易碎裂，断口处呈银白色。

有机玻璃：外观似水晶，透明度高，色泽鲜艳，弯曲时有韧性，敲击时声音发闷，用柔软物摩擦制品，能产生芳香水果气味。

问题：请根据以上材料设计一套方案用来鉴别塑料，并将五种塑料的外观鉴别结果用文字叙述填在表 5－3 中。

表 5－3　　塑料制品的外观鉴别结果

塑料类别	外观鉴别项目							
	色泽	透明度	手感	表面硬度	气味	敲击	水中	沸水中
聚乙烯								
聚丙烯								
聚氯乙烯								
聚苯乙烯								
有机玻璃								

案例来源：汪永太主编．商品学（第 2 版）．电子工业出版社，2011。

第二部分　理论测试

一、选择题（含多选）

1. 商品生产检验属于（　　）。

A. 第一方检验　　B. 第二方检验　　C. 第三方检验　　D. 全数检验

2. 检验商品的外表结构、颜色、表面疵点等质量特征时，用（　）检验法。

A. 视觉　　B. 听觉　　C. 嗅觉　　D. 触觉

3. 对被检批商品逐个（或逐件）进行检验是指（　）。

A. 全数检验　　B. 百分之百检验　　C. 抽样检验　　D. 免于检验

4.（　）的优点是能定量地表示测定结果，客观、准确、科学地反映商品质量情况。

A. 感官检验法　　B. 理化检验法

C. 微生物检验法　　D. 生物学检验法

5. 感官检验法主要用于检测商品的（　）。

A. 外形　　B. 气味　　C. 音响　　D. 硬度检验

二、判断题

1. 感官检验不允许使用简单的器具，如放大镜、尺子等进行辅助检验。（　）

2. 商品检验的依据主要是商品标准。（　）

3. 全数检验是在实践工作中应用最多、最广泛的检验方法。（　）

三、简答题

1. 什么是商品检验？简述商品检验的任务。

2. 商品检验主要可分为哪几类？

3. 出口商品检验检疫的程序有哪些？

4. 举例说明什么是商品感官检验？商品感官检验的特点有哪些？

5. 什么是商品品级？商品分级的方法有哪些？

实践训练

食品的感官鉴定

一、实训目的

1. 掌握商品检验的基本知识，能使学生正确鉴别一般商品。

2. 熟悉假冒伪劣商品的主要特征。

3. 了解商品品级知识。

二、实训内容

1. 对学生进行分组、分工，确定组长。各小组按计划进行前期准备工作，事先收集一些假冒注册商标、质量认证和生产许可证的伪劣商品；准备一些适合感官检验的商品，如食品、药品、纺织品、化妆品等。

2. 基本知识准备：①商品检验基本知识。明确商品检验的内容，熟悉商品检验的程序，合理运用商品检验方法。②商品品级基本知识。查阅相关资料，说出所准备商品的品级分析情况，了解待检验商品的质量等级。③掌握假冒伪劣商品的主要特征，识别假冒伪劣商品。查阅有关假冒伪劣商品的资料，说出假冒伪劣商品的主要特征及识别方法。

3. 每个小组学生在具体实训中充当一次采购人员（或质检人员）的角色，根据准备的材料具体演示商品检验过程。

4. 以识别罐头食品为例实训。

①窗口外观检验（罐身、封口）。

②内容物的组织形态检验。

③色泽检验。

④香味和滋味检验。

⑤汤汁检验。

⑥打击容器听声音检验。

对罐头食品进行鉴定后，要求每组学生填写表：

罐头食品类型	外表	组织	风味
肉禽类			
蔬菜类			
糖浆类			
糖水水果			
果汁类			
果酱类			

三、实训考核

1. 考核表现与态度：20%。

2. 实训内容掌握情况：60%。

3. 实训报告的内容与文字表达：20%。

模块六　商品包装

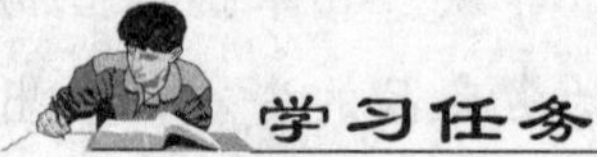

1. 掌握商品包装的概念、功能和主要分类
2. 了解常用商品包装的材料
3. 熟悉商品包装的技法
4. 了解商品包装的设计原理

香奈尔5号香水　香水瓶成为艺术品

1921年5月，当香水创作师恩尼斯·鲍将他发明的多款香水呈现在香奈尔夫人面前让她选择时，香奈尔夫人毫不犹豫地选出了第五款，即现在誉满全球的香奈尔5号香水。然而，除了那独特的香味以外，真正让香奈尔5号香水成为“香水贵族中的贵族”却是那个看起来不像香水瓶，反而像药瓶的创意包装。

服装设计师出身的香奈尔夫人，在设计香奈尔5号香水瓶形上别出心裁。“我的美学观点跟别人不同：别人唯恐不足地往上加，而我一项项地减除。”这一设计理念，让香奈尔5号香水瓶简单的包装设计在众多繁复华美的香水瓶中脱颖而出，成为最怪异、最另类，也是最为成功的一款造型。香奈尔5号以其宝石切割般形态的瓶盖、透明水晶的方形瓶身造型、简单明了的线条，成为一股新的美学观念，并迅速俘获了消费者。从此，香奈尔5号香水在全世界畅销80多年，至今仍然长盛不衰。

1959年，香奈尔5号香水瓶以其所表现出来的独有的现代美荣获“当代杰出艺术品”称号，跻身于纽约现代艺术博物馆的展品行列。香奈尔5号香水瓶成为名副其实的艺术品。对此，中国工业设计协会副秘书长宋慰祖表示，香水

作为一种奢侈品，最能体现其价值和品位的就是包装。“香水的包装本身不但是艺术品，也是其最大的价值所在。包装的成本甚至可以占到整件商品价值的80%。香奈尔5号的成功，依靠的就是它独特的、颠覆性的创意包装。”

任务一　了解商品包装的重要性

一、商品包装的概念与功能

（一）商品包装的概念

根据我国国家标准《包装通用术语》（GB 4211—1983）定义，商品包装是指在流通过程中保护商品，方便运输，促进销售，按一定的技术方法而采用的容器、材料及辅助等的总体名称。也指为了上述目的而在采用容器材料和辅助物的过程中施加一定技术方法的操作活动。

商品包装包括两层含义：一是指为了使商品方便运输、储存，促进销售、便于使用，对商品实行的包裹、存放的容器和辅助材料，通常叫包装材料或包装用品，如箱、纸、桶、盒、绳、钉等；二是指对商品进行包裹、存装、打包、装潢的整体操作过程，是包装商品的具体业务，如装箱、扎件、灌瓶等。

现代商品包装包括从产品产出到产品组合、分发包装产品，处理废物及回收利用，体现了与包装有关的许多部门之间的系统联系，反映了商品包装的商品性、目的性和生产活动性。首先，商品和包装共同组成了统一的商品体。商品包装是实现商品价值和使用价值的有效组成部分。商品包装所消耗的劳动，包括物化劳动和活劳动，都属于社会必要劳动的一部分。商品包装本身具有价值和使用价值，商品包装的价值包含在商品的价值中，在出售商品时得到补偿。其次，使用某种材料，按照一定技术方法形成的包装容器是为了在流通和消费领域中实现商品的价值和使用价值，它是一种工具和手段。例如，有些商品包装，如食品、酒、饮料、医药包装即为商品提供保护，同时包装上又标有商品的原料组成、化学成分、商品品质、特性、使用方法、储存养护方法等，充分表现商品的有用性，为实现商品使用价值提供充足条件。最后，商品包装是商品生产的一个重要组成部分。绝大多数商品，只有经过包装工序以后，才算完成生产过程，包装是任何商品生产的最后一道工序。从这种意义上讲，商品包装不仅是一种物质形态，而且也是一种技术、经济活动。

（二）商品包装的功能

商品包装是在人类社会的长期经济生活中逐步形成和发展起来的。随着我国国民经济的不断发展，商品包装在生产、流通和人民生活中的地位和作用日益增长。在现代市场营销活动中，商品包装被冠以“无声推销员”美誉，是宣传商品、宣传企业形象的工具，是商品特征的放大镜，是免费的广告，因此，良好的商品包装对商品的生产、销售和人们的生活均有着重要的作用。

1. 保护功能

保护商品品质完好和足量，实现商品的价值和使用价值是商品包装的主要目的。商品在运输、储存和销售过程中会受到各种内、外因素的影响，从而产生物理、机械、化学、生物学、生物化学等品质变化，使已经形成的商品使用价值丧失。如运输过程中的颠簸、撞击，装卸过程中的跌落、冲击开裂，仓储期间的堆码承重都会造成包装破损、商品体损伤、失散；温湿度、空气中的氧与有害气体、阳光等环境因素也能造成商品体开裂、脱水、溶解、熔化、腐烂、氧化、变色、老化、锈蚀等品质变化；同时，微生物、昆虫、细菌侵入会导致商品霉变、虫蛀、腐败等。我国每年在这方面的损失有近百亿元。所以应不断加强商品包装材料、包装技术和包装容器的研究，进行科学的防护包装，以增加商品抵抗各种外界不利因素的影响。加强商品包装的保护功能相当于增加了可销售商品的数量，具有相当大的社会、经济效益。

2. 便利功能

（1）方便生产。商品包装是商品生产继续的保证，包装作业的效率和机械化程度的高低直接影响生产的效率。因此，包装满足生产的需要，为商品生产顺利进行提供了必要的保证。在我国还有许多行业包装工序采用落后的手工方式，直接影响了生产的经济和社会效益。为了提高包装的这一功能，需要加强包装机械、包装管理、包装标准化等的研究。

（2）方便流通。商品包装是商品流通的工具之一。商品从出厂后要经过分配调拨、运输装卸、开箱验收、储存保管、展示销售等一系列流通环节，才能到达消费者手中。为了提高流通效率，降低运输储存货用，加速商品流转，必须对商品按形态、数量、尺寸、规格、互相配套进行包装，以便在运输过程中

最大限度利用运输工具的装载空间，在装卸过程中进行机械化作业；在储存过程中最大限度利用仓储空间；在收发转移过程中识别、验收、计量、清点。为了提高商品包装的这一功能，必须加强运输包装、集合包装、包装尺寸系列、包装标志等的研究。

（3）方便销售。商品的销售包装主要以销售为目的，它与商品一起到达消费者手中，它除了具有保护商品的功能外，主要起到宣传、美化、推销商品的作用。销售包装通过造型、装潢、文字说明传递商品信息，便于货架陈列，引起消费者购买欲望，起到“无声推销员”的作用。为了提高商品销售包装的这一功能，必须加强包装装潢、包装美学、销售包装的研究。

（4）方便消费。销售包装随着商品一起出售给消费者，必须具有方便、指导消费的作用。包装的大小、形态要便于消费者携带、保存和使用，尤其是在使用过程中反复使用的小包装。

（5）方便回收。部分商品包装具有重复使用的功能。通过采用可回收或可降解的包装材料在保护商品的同时，达到节省成本、保护环境及节约资源的效果。

3. 传递信息和促销功能

商品包装的图案、商标、文字说明等，让使用者产生商品的真实感，要介绍商品的成分、性质、用途和使用方法、使用期限，保证最大限度地发挥商品功能，为消费者传递信息。包装上的使用说明还要对使用中可能发生的问题提出警告，并对处理方法给予指导，以免消费者的利益受到损害。此外，精心构思设计，装潢美观、大方的商品包装，有时本身就是一件具有保存价值和美学价值的艺术品。某些商品被消费后，其包装容器还可作他用，满足人们某种特殊需要。所以商品包装虽然主要是内装商品的附属品，它本身也具有商品性，这一点也是不能忽视的，包装这一功能的发挥，在包装设计当中应予充分注意。

4. 增值功能

商品的价格围绕商品价值波动，商品价值由商品社会必要劳动所决定，这是政治经济学的基本原理。消费者承认的价格必须与商品质量相符合，并受同类商品市场竞争机制和供求关系的影响。商品包装是商品的外衣，在市场竞争中往往可以起到“掩蔽”或“放大”内在商品价值的作用。例如，我国出口商品曾经存在“一等商品、二等包装、三等价格”的不正常现象，而许多出口商品由大包装改为小包装后可换回更多的外汇，这些现象都说明改进商品包装可以增加商品价值，这并不违反商品价值规律，只是通过商品包装使其原有价值被人们重新认识。近年来，我国企业已逐渐重视商品包装的增值功能，尤其是在出口商品包装上，面临激烈的国际贸易竞争，这方面有长足进步。

二、商品包装的分类

现代商品品种繁多，性能和用途千差万别，对商品包装的要求、目的、形态方法和方式各不相同。商品包装种类多，所用材料和生产方法不同，性能特点和用途范围也不一样。为了充分发挥商品包装的功能，就必须对商品包装进行科学的分类。

商品包装在生产、流通、消费领域中作用不同，不同部门和行业对包装分类的要求不同。包装工业部门、包装使用部门、商业部门，包装科研部门根据自己的行业特点和要求，采用不同的分类标志和分类方法进行分类。一般来说，包装工业部门多按包装材料、包装容器、包装生产方式进行分类。包装使用部门多按包装技法、包装适用范围、包装主要性能进行分类。商业部门多按商品经营范围、商品经营习惯、包装防护机理进行分类。包装科研和教学部门多按包装科研和教学体系进行分类。运输部门多按不同的运输方式、方法等进行分类。

（一）按包装在流通领域中的作用分类

商品包装按流通领域所经历环节的不同可分为小包装、中包装和外包装。其中小包装是指单个商品的包装形式；中包装是指商品的内层包装，它们通称为商品的销售包装。外包装主要是保护商品、方便运输的包装，又称为运输包装。

1. 销售包装

销售包装以满足销售为目的，通常是随商品一起卖给消费者，也有一些销售包装直接参与商品消费。销售包装一般要求与商品直接接触，包装体与商品体是在生产中结合成一体的。例如牙膏管盒、饮料瓶等。销售包装起着直接保护、宣传商品、美化商品的店面陈列和促进销售的作用，同时还起到便于顾客识别、选购、携带、使用、保存等作用。

2. 运输包装

运输包装是以满足运输、装卸、储存为目的，一般不随商品卖给消费者。运输包装通常不与商品直接接触，而是由许多小包装或中包装（销售包装）集

装而成。但仍有一些运输包装会与商品一起交给消费者且与商品直接接触。例如装家电的纸箱、装油料的油桶等。

运输包装是商品在流通过程中有效地保证商品的数量和品质的重要措施。另外，它还起到方便运输、装卸、储存，提高物流效率的作用。其包装过程中，包装技术、包装材料、包装方法等都有特殊要求，一般成本也比较高。

（二）按商业经营习惯分类

商品包装按商业经营习惯的不同分内销包装、出口包装和特殊包装。

1. 内销包装

内销包装是指为适应在国内销售的商品所采用的包装。一般以内河航运和火车、汽车运输为主。在国内销售的商品主要以柜台销售为主，因此内销包装的大小、内装物数量要与国内消费者的消费习惯相适应。内销包装一般具有简单、经济、实用的特点。

2. 出口包装

出口包装是为适应商品在国外的销售，针对商品的国际长途运输所采用的包装。一般以远洋航运、空运、火车、汽车集装箱运输为主。国外商品的销售多以超市为主，因此对出口商品的包装保护性、装饰性、竞争性、适应条件要求更高。

3. 特殊包装

特殊包装是指为艺术、美术品、文物、精密贵重仪器、军需品等所采用的包装。这些商品由于本身价格昂贵，比一般商品包装要求更高和更严格，因此包装成本也更高。

（三）按包装采用的材料分类

商品包装就其采用的材料不同可分为纸制包装、塑料包装、木材包装、金属包装、玻璃、陶瓷包装、纺织品、复合材料和其他材料制成的包装。每一种包装均有其自身的优缺点，因此在包装商品时，可依据需要采用。

（四）按包装采用的防护技术分类

商品包装为达到对商品的有效保护，在具体实施中要采用不同的商品防护技术方法，按防护技术的不同，商品包装可分为防水包装、防潮包装、防锈包装、防毒包装、防放射包装、防盗包装、防爆包装、防燃包装、防尘包装、泡罩包装、贴体包装、收缩包装、真空包装、条形包装、充气包装、无菌包装、透气包装、现场发泡、喷雾包装、保鲜包装、隔热包装、速冻包装、儿童安全包装、木夹板包装、托盘包装、集装箱包装等。

（五）按包装的使用次数分类

1. 一次性使用包装

一次性使用包装是指只能使用一次，不再回收复用的包装。这种包装在拆装后，包装容器受到破坏不能按原包装再次使用，只能回收处理或另作他用，如一次性输液器、火柴盒、罐头盒、快餐盒等。

2. 多次使用包装

多次使用包装是指回收后经过适当加工处理，仍可以重复使用的包装。其要求包装坚固，可以再次使用。这种包装主要是商品的外包装和一部分中包装，如装家电的纸箱、装运时外包装的木箱等。

3. 周转使用包装

周转使用包装是指工厂和商店用于固定周转、多次重复使用的包装容器。如液化气瓶、啤酒瓶等。

任务二 熟悉商品包装材料和技法

图 6-1 过度包装漫画

过度包装（Over Package）通常是指包装的耗材过多、分量过重、体积过大、成本过高、装潢过于华丽、说明过于溢美等。目前，对商品进行过度包装的现象日趋严重，不少包装已经背离了其应有的功能。过度包装主要表现在结构过度、材料过度和装潢过度三种形式。

结构过度是指有的商品故意增加包装层数，在内包装和外包装间增加中包装，华而不实；有的商品包装体积过大，实际产品很小，喧宾夺主；还有的商品采用过厚的衬垫材料，保护功能过剩，也属过度包装。

材料过度：在月饼的包装中，很多采用实木、金属制品，大大增加了包装成本。

装潢过度：商家往往盲目采用上好的包装原材料，增加包装成本，有的甚至还在商品中附加几倍甚至几十倍于商品价值的礼品，提升商品价格。

过度包装如何定量界定，商家和消费者持明显相反的态度。一些专家认为，包装物的价值超过被包装产品价值的1至2倍，就称为过度包装。中消协就曾明确指出，凡包装体积明显超过商品本身的10%、包装费用明显超出商品价格的30%，就可判定为侵害消费者权益的“商业欺诈”。但商家却认为，某些商品如化妆品、酒等包装中体现了一种精神和文化的需求，不应过多地强调包装物的成本，如保健品、礼品等有特殊作用的商品，要满足馈赠的需求，显示高贵的气质，也不应过多强调包装的价值；还有的商家认为过度包装应主要从包装材料上考虑，只要包装材料环保卫生，形式和价值都不重要。无论如何界定，过度包装广泛存在于我们的商品包装中，是一个不争的事实，其中以保健品、食品及化妆品尤为突出。由实木、金属制成的包装盒，内衬精美的绸缎，有的还“附赠”手表等物品，里三层、外三层，剥开层层叠叠的商品包装，最终的实物却小得可怜或者价值不高。社会舆论对中秋月饼过度包装的口诛笔伐犹言在耳，而春节的滋补保健品、名酒等又铺天盖地卷土重来，你方唱罢我登场，大有愈演愈烈之势。

我国国家质检总局和国家标准委已于2010年3月28日发布了《限制商品过度包装要求食品和化妆品》国家标准，并于2010年4月1日起实行，以立法的形式限制过度包装。该规定的出台使饮料、酒、糕点、粮食、保健食品、化妆品等外包装都有不同程度的“瘦身”。

1. 包装不得多于3层

据介绍，新国标强制规定食品和化妆品销售包装层数不得多于3层，包装空隙率不得大于60%。这两条是为了限制包装体积规定的。

体积过大既浪费材料，又占用运输空间和商场空间，造成相应费用和成本上升，而这部分成本最终会加到销售价格上，由消费者承担。

2. 包装成本总和不得超过商品售价的20%

新国标还规定，初始包装之外的所有包装成本总和不得超过商品售价的20%，主要为了限制生产商用高档材质如木质和金属材料包装商品，节约日益枯竭的自然资源。

同时，针对饮料、酒、糕点、粮食、保健食品、化妆品等过度包装现象较为严重的商品，标准指标要求进行了相应调整。相比于过去规定，新国标限制有所放宽。以往规定商品包装空隙率不得大于55%；除初始包装成本之外，包装成本不得超过商品销售价格的15%。

思考题：

过度包装的危害有哪些？什么样的包装才是合理的包装？

一、商品包装的要求

1. 商品包装应适应商品特性

即商品包装必须根据商品的特殊性质，分别采用相应的材料与技术，使包装完全符合商品理化性质的要求。

2. 商品包装应适应运输条件

分别采用相应的材料与技术，使包装完全符合商品特性，要确保商品在流通过程中的安全，商品包装应具有一定的强度，坚实、牢固、耐用。对于不同运输方式和运输工具，还应有选择地利用相应的包装容器和技术处理。总之，整个包装应适应流通领域中的储存运输条件和强度要求。

3. 商品包装要适量、适度

对于销售包装而言，包装容器大小应与内装商品相宜，包装费用应与内装商品相吻合。预留空间过大、包装费用占商品总价值比例过高，都是有损消费者利益，误导消费者的“过分包装”。

4. 商品包装应标准化、通用化、系列化

商品包装必须推行标准化，即对商品包装的包装容（重）量、包装材料、结构造型、规格尺寸、印刷标志、名词术语、封装方法等加以统一规定，逐步形成通用化和系列化，以便有利于包装容器的生产，提高包装生产效率，简化包装容器的规格，节约原材料，降低成本，易于识别和计量，有利于保证包装

质量和商品安全。

5. 商品包装要做到绿色、环保

商品包装的绿色、环保要求要从材料、容器、技术本身考虑。对商品、消费者而言，应是安全的和卫生的。包装的技法、材料容器等对环境而言，应是安全的和绿色的，在选材料和制作上，遵循可持续发展原则，节能、低耗、高功能、防污染，可以持续性回收利用，或废弃之后能安全降解。

商品包装在某种程度上能综合地反映一个国家的科技水平、工业水平及文化艺术水平，同时还关系到国家和民族的声誉。出口商品销售对象是不同国家、不同民族和不同文化背景下的消费者，因此，设计出口商品包装时，不仅要使其具备商品包装的基本条件，同时还要适应这些国家、民族的文化差异，不仅要起到保护商品、方便运输的作用，而且要引起消费者的购买欲望，增强商品的国际竞争力。

二、常用商品包装材料

包装材料是商品包装的物质基础，选择包装材料必须遵循质优、体轻、面广、合理、节约、无毒、无害、无污染的原则。常用的包装材料可分为：纸板、塑料、木材、金属、玻璃、纺织品、复合材料和其他材料包装等。

1. 纸和纸板

纸制包装是指以纸和纸板为原料制成的包装。凡定量在225克/平方米以下称为纸，定量在225克/平方米以上称为纸板。此类包装材料占整个包装材料使用量的40%。一般包装用纸以牛皮纸、纸袋纸、包装纸、玻璃纸为主。包装纸板以箱板纸、黄板纸、瓦楞纸、白板纸、白卡纸为主。纸包装容器多做成纸板箱、瓦楞纸箱、纸盒、纸袋、纸筒。纸包装有一定强度可满足使用要求，且成本低廉、透气性好、印刷装饰性好。

2. 塑料

塑料包装是指以人工合成树脂为主要原料的各种高分子材料制成的包装。主要的塑料包装材料有聚乙烯、聚氯乙烯、聚丙烯、聚苯乙烯等。塑料包装容器主要有：全塑箱、钙塑箱、塑料袋、塑料瓶、塑料盒、编织袋等。塑料品种繁多，因此塑料包装综合性能好，适用范围广。

3. 木材

木材包装是指以天然木材和人造板材制成包装。木材是一种历史悠久的包装材料，木质材料的优点是：强度高，有一定的弹性，能承受冲击和震动，容易加工，具有很高的耐久性且价格相对低廉，可回收利用等，因此，在当今的包装工业中仍占有很重要的地位，在包装材料中约占25%。木质材料的缺点是：组织结构不匀，各向异性，易受环境温度、湿度的影响而变形、开裂、翘曲和降低强度，以及易腐朽、常有异味等。常用的木质包装容器主要有：木箱、胶合板箱、托盘。

4. 金属

金属作为包装材料历史悠久，其特点是结实牢固、耐碰撞、不透气、不透光、不透水、抗压、机械强度优良。常用的金属有黑白铁皮、马口供、钢板、铝板、铝合金、铝箔等。金属包装主要有：金属桶、金属盒、罐头听、金属软管、油罐、钢瓶等。金属包装多用于机器、液体、粉状、糊状等商品的包装。

5. 玻璃

玻璃属无机硅酸盐，玻璃包装是以硅酸盐和金属氧化物烧结而成的透明包装。其特点是：透明、清洁、美观、有良好的机械性能和化学稳定性。易封闭、价格较便宜、可多次周转使用、资源丰富。玻璃包装由于能直接看到内容物，而且耐腐蚀、稳定性好，常用于制作瓶、罐、缸等，玻璃包装广泛用于酒类、饮料、罐头、调味品、药品、化妆品、化学试剂的商品的销售包装。

6. 纺织品

纺织品包装是以天然纤维、人造纤维和合成纤维的织品制成的包装，主要有麻袋、布袋、布包等、适合盛装颗粒状和粉状商品。其优点是强度大、轻便、耐腐蚀、易清洗、不污染商品和环境、便于回收利用。

7. 复合材料

复合材料包装是以两种以上材料紧密复合制成的包装。主要有塑料与纸、塑料与铝箔、塑料与铝箔和纸、塑料与玻璃、塑料与木材等材料复合制成。复合材料具有更好的机械强度、气密性、防水、防油、耐热或耐寒、容易加工等优点，是现代商品包装材料的发展方向，特别适用于食品、药品的包装。

8. 其他材料包装

其他材料是指用树条、竹条、藤、柳条编的筐、篓、箱以及草编的蒲包、草袋等，具有可就地取材、成本低廉、透气性好的优点。适宜包装生鲜商品、部分土特产和陶瓷产品等。

三、商品包装的主要技法

（一）商品包装技术

商品包装技术是指为防止商品在流通领域内受外界条件的影响产生数量损失或质量变化而采取的抵抗外界影响的技术措施，或称为商品包装防护技术和防护方法。按包装技术主要目的的不同，商品包装技术可分为运输包装技术和销售包装技术两大类。

流通环境是商品发生质量变化的外部因素，可分为气候条件、生物条件、化学物质、机械颗粒和机械条件。

气候条件包括温度、气压、阳光、湿度、各种气候现象等；生物条件包括微生物、害虫、鼠类、蚁类等；化学物质包括大气污染中的硫化物、有机物、氧化物等；机械颗粒包括粉尘、砂粒等；机械条件包括振动、冲击、静负载、动负载等。商品本身的自然属性是商品发生质量变化的内部因素，可分为物理、化学、生物等因素。物理因素包括商品结构的机械强度，允许承受机械外力的脆值、耐热、耐寒能力等。化学因素包括抗氧化、抗腐蚀、抗老化、耐水性等。生物因素包括抗生物侵蚀、鲜活商品的生理生化变化等。

商品包装防护技术针对上述内、外因素采取相应措施有：

第一，防止商品机械物理伤害，可采用抗震、缓冲、集合、收缩等包装。

第二，防止商品丢失、人为事故，可取用防盗、密封、集合等包装。

第三，防止商品发生化学变化，可采用真空、充气、脱氧、贴体泡罩、防锈、防光、防潮等包装。

第四，防止商品发生物理变化，可采用减震、防外力冲击、隔热、耐寒等包装。

第五，防止商品发生生理生化变化，可采用保鲜、气调、冷冻等包装。

第六，防止商品发生生物学变化，可采用防霉、防虫、无菌、速冻等包装。

第七，防止商品被有害、有毒、杂物污染，可采取防尘、密封等包装。

1. 防震包装技术

防震包装又称缓冲包装，指为了减缓内装物受到冲击和振动，保护其免受损坏所采取的一定防护措施的包装。产品从生产出来到开始使用要经过一系列的运输、保管、堆码和装卸过程，置于一定的环境之中，在任何环境中都会有力作用在产品之上，并可能发生机械性损坏。为防止产品受损坏，就要设法减小外力的影响。防震包装技术一般在内装物和外包装之间用缓冲材料填充固定，对产品进行保护。缓冲材料有丝状、颗粒状，也可以是泡沫塑料，对一些不规则的、要求较高的产品，还可通过现场发泡技术实现防震包装。防震包装技术分为全面防震、部分防震和悬浮式防震三类方法。

（1）全面防震包装技术。这种包装技术是指将产品周围空间全部用缓冲材料衬垫的包装方法，如精密仪器、电子产品等常填满防震填充剂。

（2）部分防震包装技术。这种包装技术是指仅在或内包装的拐角等局部地方使用缓冲材料衬垫的包装方法，常用的有天地盖、左右盖、四棱衬垫、八角衬垫和侧衬垫等。这样既能达到减震效果，又能降低包装成本，如家用电器等通常采用此类包装。

（3）悬浮式防震包装技术。这种包装技术是指用绳索、弹簧等将产品或内包装物悬吊在包装箱内，通过弹簧、绳索的缓冲作用保护商品，一般适用于极易受损、价值较高的产品，如精密机电设备、仪器等。

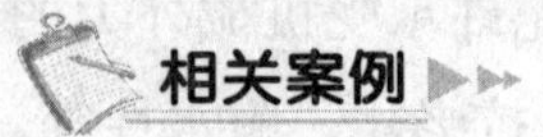

防震包装的新方法——发泡包装

发泡包装是防震包装的较新方法，属于全面防震包装技法，是通过特制的发泡设备，将能生产塑料泡沫的原料直接注入内装物与包装容器之间的空隙处，约经几十秒钟即引起化学反应，进行50～200倍的发泡，形成紧裹内装物的泡沫体。这种包装技法适合一些形体复杂或小批量的商品。

2. 防锈包装技术

防锈包装是防止金属制品与周围介质发生化学腐蚀和电化学腐蚀而采用一定防护措施的包装。

防锈技法主要有：

对金属制品表面进行防锈处理。如电镀、化学处理形成保护膜、涂漆、刷涂防锈油剂。

延缓锈蚀过程。在密封包装内采用气相防锈剂，利用防锈剂的挥发性产生能与水作用的缓蚀成分，在金属表面形成阻碍锈蚀反应的保护层。

阻断有害介质与金屑的接触，如塑料封存、收缩包装、充氮包装、加干燥剂等。

3. 防潮包装技术

防潮包装是为了防止潮气侵入的包装措施。空气中的水汽量超过一定限度时，会引起商品溶化、水解、霉变、腐烂、虫害、锈蚀等多种质量变化。包装的防潮性就是为了防止包装外部的高湿度向包装内的低湿度扩散。

防潮包装的主要措施有：

(1) 密封包装。利用包装材料的透湿阻隔性能防止水汽侵入。此时应注意包装前的商品水分和包装材料本身的含水率。

(2) 涂布抗湿材料。在包装的内、外表面涂布油、蜡、塑料等抗湿物质。

(3) 包装内装吸收水分的干燥防潮剂。如硅胶、泡沸石、铅凝胶等。

此外真空、充气、泡罩等包装也可以阻挡外界潮气侵入。

4. 防霉包装技术

防霉包装是防止商品霉变而采取一定措施的包装。防霉包装必须根据微生物的生理特点，改善生产环境并控制包装储存条件等，以达到抵制霉菌生长的目的。

霉菌以孢子繁殖，当孢子落在商品或包装上，遇到适宜的温湿度条件，孢子就会生长发霉，并吸收商品或包装中的有机物作为营养物，使商品结构受到破坏，产生霉味、变色等质量变化。

常用的有药剂防霉法和气相防霉处理：

药剂防霉是防霉包装常用的方法，指通过在生产包装材料时添加防霉剂、用防霉剂浸泡包装容器或在包装容器内喷洒适量防霉剂等，以防止商品霉变的方法。如纸与纸制品、皮革、木材和棉麻织物等包装材料的防霉。

气相防霉是在密封的包装中使用挥发性防霉药剂，由于气体扩散与渗透作用，防霉效果较好。

此外，要尽量选用耐霉腐和结构紧密的材料（如铝箔、玻璃、高密度塑料及其复合薄膜等），使微生物不易透过；选用密封性较好的容器，从而可阻隔外界潮气侵入包装，抑制霉菌的生长和繁殖。

5. 防虫包装技术

防虫包装技术主要用于食品、水果和丝毛织物。包装技术的应用主要有两种：一是破坏各类害虫的生存环境和营养条件；二是抑制害虫的生存条件。如用各类杀虫剂、驱虫剂、脱氧剂等。

6. 无菌包装技术

无菌包装技术是指商品、商品包装容器、包料材料或包装辅助器材等采用各种灭菌方法后，在无菌的环境中进行充填包装然后进行封装的一种包装方法。无菌包装技术多用于日用商品、食品商品和卫生洁净商品。

7. 保鲜包装技术

对蔬菜、水果等类商品，根据成熟程度预先进行必要的物理、化学方法处理，然后采用具有特殊性能的包装材料、包装容器进行的包装，使被包装物在一定时间内、一定条件下保持新鲜商品的色、香、味。保鲜包装技术的关键是控制温、湿度条件。

8. 真空包装技术和充气包装技术

真空包装和充气包装都是为了减少被包装物与空气中的氧气接触而发生生理、化学变化而采用的包装措施。一般都是采用防透氧的复合塑料薄膜，排除包装内部的气体或充氮气、二氧化碳等惰性气体。

真空包装可用于食品保鲜，可以避免氧化变质菌生长，也可以用于纺织品，减小体积和避免折痕。

充气包装可用于食品和金属制品。

9. 贴体包装技术与收缩包装技术

贴体包装是将物品放在包装底板上，再把透明可以加热塑化的塑料薄膜盖在物品上。从底板背面抽真空，使薄膜与包装物紧贴并热黏合。贴体包装可以很好地保护商品，便于展销，多用于易碎日用器皿、玩具、小五金等。

收缩包装是用一种具有热收缩性能的塑料薄膜（经过拉伸冷却工艺）包装商品，送入加热室加热，冷却后薄膜按一定比例收缩，紧紧裹住被包装物。收缩包装广泛用于各种商品、外形美观，密封性好，能增加捆扎效果，具有通用性。

10. 集合包装技术

集合包装又称集装化包装或组合式包装。它是指为了便于装卸、储存、运输和销售，将若干包装件或产品包装在一起，形成一个合适的搬运单元或销售单元。它具有安全、快捷、经济、高效的特点。常见的集合包装有集装箱包装、集装袋包装和托盘包装等。集装箱是集合包装的主要形式，它是指具有固定规格和足够强度，能装入若干件货物、专用于周转的大型容器。

集装箱在运输领域的使用带来了运输业的一场革命。它有利于保证集装商品的运输安全，能节省集装商品的包装费用，简化理货手续。减少营运费用，降低运输成本，有利于有效组织公路、铁路、水路的联运，实现快速装卸，缩短商品流通时间；有利于实现装卸运输的机械化、自动化抑制。为实现运输管理现代化提供了条件。

托盘包装是将包装件或产品堆码在托盘上，通过捆扎、裹包或胶粘等方法加以固定，形成一个搬运单元。托盘一般用木树、钢材、塑料等制成，下面有横条，形成插口，供叉车或叉子插入。托盘包装能有效地保护内装物，节省包装材料，降低包装成本，便于机械化搬运，还能进行高层堆垛，合理利用存储空间。从某种角度看，集装托盘既是包装方法，又是运输工具，还是包装容器。

（二）常用的包装方法

1. 捆扎包装方法

捆扎包装方法是包装方法中最简单的一种。即将被包装物用绳（包括塑料绳、带）、铁丝等物进行人工或机械捆扎，形成完整的包装。捆扎的形式有井字、十字、双十字和平行捆扎等。此法多适用于棉花、草木类商品的包装。

2. 裹包包装方法

裹包包装方法同样是包装方法中比较简单的一种，即用一层或多层包装物（主要用布、塑料膜、纸等）将被包装物包裹起来的方法。此种包装方法是普通应用的包装方法，多用于仪器设备的内包装等。

3. 容器包装方法

对液体、粉状、药品、食品等类商品多半采用容器包装方法包装：容器包装多用于对包装要求较高的商品，如食品类商品的包装容器应具有无毒、防水、防潮、防霉、遮光、耐热、阻氧、保鲜、保香、保味等要求；又如医药商品，是防治疾病的特殊品，所以包装技术、包装方法要求更高，保证药不变质、不污染、不泄漏，为防潮、遮光、防热、防氧化，必须采取密封的包装方法，才能取得最佳的包装效果，包装用容器多半是瓶罐、桶等、主要用玻璃、陶瓷、铁皮、塑料等材料制成。

4. 封合包装方法

封合包装也叫密封包装，即将被包装物装在各种材料制成的盒内或包装袋内，将开口部分采用各种方法进行封合的包装方法。

5. 真空包装方法

有些商品需要在真空条件下保存。采取抽出容器内部的空气，使容器内真空度达到预定要求，然后将容器进行密封的包装方法。

6. 喷雾包装方法

液体商品、膏状商品为使用方便，常装入带有阀门或装有推进剂的气密性包装容器或软桶包装中。使用时开启阀门后，商品在推进剂或压力作用下以粉状、膏状喷射挤压出来。此法多用于杀虫剂、空气清洁剂、香水、乳液等类商品的包装。

7. 防燃防爆包装方法

对易燃、易爆性商品，为保证安全储存、运输与使用，须采用有防护措施的包装，如在包装容器内外涂耐火材料、防火材料等。

8. 箱包装方法

许多商品为流通方便，采用箱装方法包装。如箱、纸箱、塑料箱等。

此外，还有充填包装、加标包装、泡罩包装、贴体包装、收缩包装、条形包装、无气包装、防水包装、防潮包装、防雾包装、防辐射包装、防震包装、防放射性物质包装等，这些都是根据不同种类商品、不同性能特点的商品选定的具体包装方法。

任务三　熟悉商品包装设计及商品包装标识

一、商品包装设计

（一）商品包装设计概述

商品包装是依据一定商品的属性、数量、形态，采用特定的包装材料和按设计要求，所创造出来的造型和装饰相结合的实体，商品包装设计的目的是最大限度地发挥商品包装的功能。因此商品包装设计要遵循“科学、安全、经济、适用、美观”的原则，实现实体结构和装潢艺术的统一，起到保护商品、便利流通、促进销售、方便消费的作用。

商品包装设计的内容可分为造型（结构）设计和外观（装潢）设计两个方

面，前者要求包装的结构合理，造型美观，能够有效地保护商品，便于制造，节省材料；后者主要是通过艺术手段，造成美观的视觉形象，刺激消费者购买欲望和通过文字说明来显示商品的内容和特色，指导消费者正确使用商品。

1. 商品包装设计的基本要素

(1) 包装材料。不同的包装材料具有不同的特性和包装效果，必须根据商品的属性、形态、用途和包装材料的属性、来源、成本、加工条件选用最合适的包装材料。

(2) 包装技术。商品包装的保护功能是通过不同的包装技法来实现的，必须根据商品在流通中的质量变化可能，采用相应的防护技法。

(3) 包装造型和结构。包装造型、结构是包装材料和包装技法的具体形式。造型、结构要做到科学性与艺术性的统一，满足商品在储运、展销、使用方面对包装的要求。

(4) 包装装潢。包装装潢包括画面和文字，是美化、宣传、介绍商品的主要手段。

2. 商品包装设计的基本要求

第一，有利于包装各项功能的发挥。充分发挥包装的各项功能而又不过高地提高包装成本，“科学、美观、经济”是包装设计应当遵循的主要原则。

第二，包装形式与商品内容协调一致。商品包装是以商品为主题的科学和艺术的表现形式。档次和艺术性要与商品的档次和内容一致。

第三，新颖和独特，能适应市场发展变化的需要。包装作为商品的“脸面”，要适应市场竞争的需要，巧妙、独特的包装设计往往有利于商品占领市场，扩大销路。

(二) 包装造型设计的基本原则

包装造型设计又称包装结构设计，包装结构是指能陈列在货架上的小包装和体积较大的单个商品的包装箱盒的形状和构造。

一般可分为运输包装造型设计和销售包装造型设计。

造型结构设计必须根据包装对象的具体内容进行考虑。如由商品属性决定硬包装还是软包装；商品的液、固、粉状形态决定容器类型；商品用途决定一次性包装还是回收包装；商品使用对象决定包装开启形式；商品销售习惯决定包装规格和数量；商品质量变化可能决定包装技术方法和包装材料选用。

运输包装造型结构设计要侧重有效地保护商品，便于储运。包装材料的选择要根据商品的特性和重量。包装容器的形状、尺寸要考虑强度和最大容积。包装长宽比例要符合模数化的要求，以便最大限度地利用运输、搬运工具和仓储空间。

销售包装造型结构设计要侧重便于展销、陈列、识别、携带、开启、使用。销售包装材料多选用玻璃、塑料薄膜等透明材料，使消费者能够看到商品，获得信任感。包装容器也多采用开窗形式。为了使用方便，销售包装也经常采用相关商品配套包装。

造型设计还要注意合理利用资源、节约包装用料，降低包装成本。

（三）包装装潢设计的基本原则

包装装潢设计又称包装画面设计。一般是指由商标、文字、图案和色彩等组成的展销画面的总体设计。

包装装潢设计首先要注意包装总体设计效果。全面考虑总体画面与商品属性、包装造型的关系，做到画面与造型统一，图案、文字、色彩与商品内容相称，使包装装潢能够抓住消费者心理，在促进商品销售中起到积极的作用。

包装装潢的图案、文字设计要紧紧围绕着宣传、说明商品这个主题。图案可采取写实、夸张、概括、抽象等手法，文字可采用传统书法或现代美术字体。

包装装潢设计应注意突出商品商标、牌名，使其在包装画面中占有显著位置，为此可采用各种艺术表现手法，如黑白对比、色彩冷暖对比、文字虚实对比，使消费者对商品品种、牌名一目了然，使商标在画面中起到画龙点睛的作用。

包装装潢设计要具有特色，如具有民族特点、地区特点。与众不同的独特之处可用文字做特别说明，如“宫廷秘方”、“纯天然原料”、“××专利”、“××监制”、“××质量奖”等。

二、商品包装标识

为了便于商品的流通、销售、选购和使用，在商品包装上通常都印有某种特定的文字或图形，用以表示商品的性能、储运注意事项、质量水平等含义。这些具有特定含义的图形和文字称为商品包装标识（也称为商品包装标志）。它的主要作用是便于识别商品，便于准确迅速地运输货物，避免差错，加速流转等。

（一）运输包装标识

运输包装标识主要是便于商品在运输和保管中的辨认识别，防止错发错运，及时、准确地将商品运到指定的地点或收货单位；便于商品装卸、堆垛，保证商品质量安全，加速商品周转。

运输包装标识分为运输包装收发货标识、包装储运图示标识、危险货物包装标识三大类：

1. 运输包装收发货标识

运输包装收发货标识又称识别标志，旧称唛头。它是在外包装上的商品分类图示标志及其他标志和文字说明的总称、通常是由简单的图形和一些字母、数字及简单的文字组成。

收发货标志一般包括下列内容：

（1）商品的分类图示标志。分类图示标志是用几何图形和简单文字表明商品类别的特定符号，属于必用标志；常见分类图形标志见图 6－2 所示。

（2）自行合理选用的标志

供货号：供货号指提供该批货物的供货清单号码。

货号：货号是指商品顺序编号，以便出入库、收发货登记、核定商品价格。

品名规格：它是指商品名称或代号，还指单一商品的规格、型号、尺寸、花色等。

数量：它是指包装容器内含商品的数量。

重量：重量有毛重、净重（千克）。

生产日期。

生产厂名、厂址。

体积：体积是指长×宽×高（米或厘米）。

收货人（单位）及发货人（单位）。

件号：是指在本批货物中的编号。

2. 包装储运图示标志

包装储运图示标志又称指示标志或注意标志。它是根据商品的不同性能和特殊要求，采用图案或简易文字来表示的用以提示人们在装卸、运输和储存过程中应注意的事项的标志。如对一些易碎、易潮、易残损或变质的商品，在装

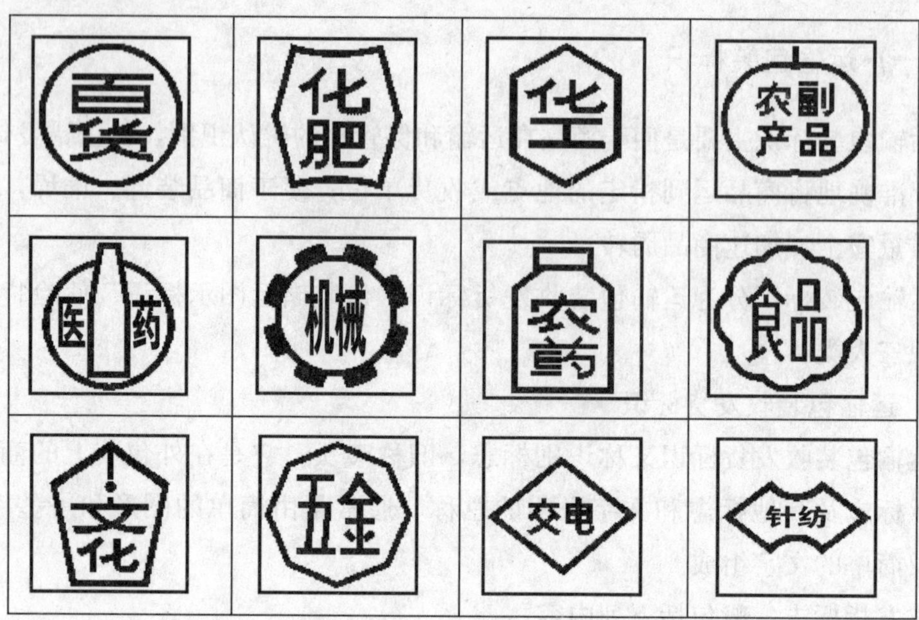

图6-2 包装上常见的几种商品分类图形标识

卸、运输和保管中提出的要求和注意事项。如小心轻放、由此吊起、切勿倒置、禁用手钩、怕热、重心点、堆码限度等。

常见的包装储运图示标志有以下几种，见图6-3。

图6-3 常见的几种包装储运图形标识

3. 危险货物包装标志

危险货物包装标志又称危险品标志，它是用来标明对人体和财产安全有严重威胁的货物的专用标志。由图形、文字和数字组成。我国国家标准《危险货物分类和名称编号》中把危险货物分为 8 大类：爆炸品、压缩气体和液体气体、易燃液体、易燃固体、氧化剂和有机过氧化物、毒害品和感染性物品、放射性物品、腐蚀品。不同类别的危险品，应使用不同的危险品标志。

中国国家标准 GB 190—1990《危险货物包装标志》规定的危险货物包装标志如图 6－4 所示。

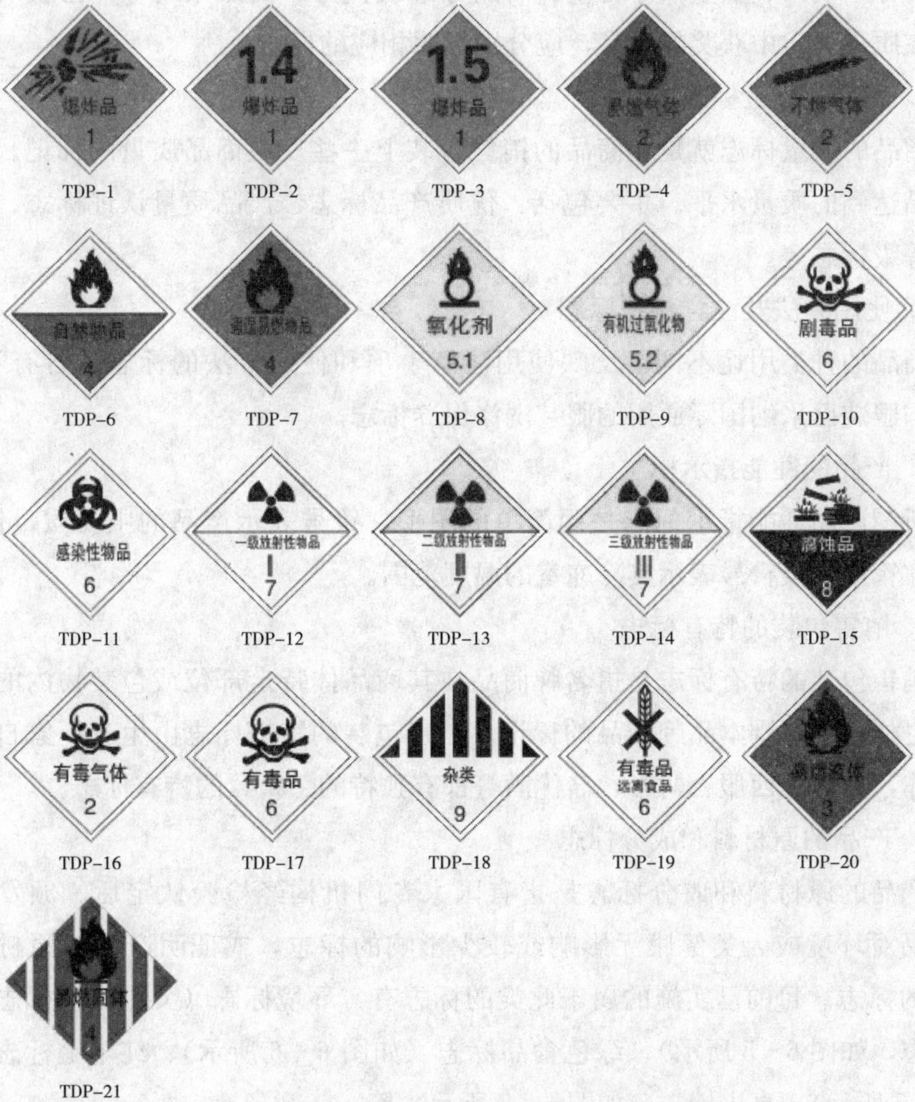

爆炸品 1	1.4 爆炸品 1	1.5 爆炸品 1	易燃气体 2	不燃气体 2
TDP-1	TDP-2	TDP-3	TDP-4	TDP-5
自燃物品 4	遇湿易燃物品 4	氧化剂 5.1	有机过氧化物 5.2	剧毒品 6
TDP-6	TDP-7	TDP-8	TDP-9	TDP-10
感染性物品 6	一级放射性物品 I 7	二级放射性物品 II 7	三级放射性物品 III 7	腐蚀品 8
TDP-11	TDP-12	TDP-13	TDP-14	TDP-15
有毒气体 2	有毒品 6	杂类 9	有毒品 远离食品 6	易燃液体 3
TDP-16	TDP-17	TDP-18	TDP-19	TDP-20
易燃固体 4				
TDP-21				

图 6－4　危险货物包装标志

（二）销售包装标志

商品的销售包装标志一般指附属于商品销售包装的一切文字、符号、图形及其他说明。它是销售者传达商品信息，表现商品特色，推销商品的主要手段，是消费者选购商品，正确使用和保养商品的指南，也是保护消费者利益的一种手段，主要包括下列内容：

1. 销售包装的一般标志

一般商品销售包装标志的基本内容包括：商品名称、生产厂名和厂址、产地、商标、规格、数量或净含量、商品标准或代号、商品条码等，已获质量认证或在质量评比中获奖的商品，应分别标明相应的标志。

2. 商品的质量标志

商品的质量标志就是在商品的销售包装上一些反映商品质量的标记。它说明商品达到的质量水平。主要包括：优质产品标志、产品质量认证标志、商品质量等级标志等。

3. 使用方法及注意事项标志

商品的种类用途不同，反映使用注意事项和使用方法的标志也各有不同。如我国服装已采纳国际通用的服装洗涤保养标志。

4. 产品的性能指示标志

所谓产品性能指示标志是用简单的图形、符号表示产品的主要质量性能。如电冰箱用星级符号表示其冷冻室的温度范围。

5. 销售包装的特有标志

销售包装的特有标志是指名牌商品在其商品体特定部位或包装物内的让消费者更加容易识别本品牌商品的标记。销售包装的特有标志由生产厂家自行设计制作，如名牌西服、衬衫、名优酒等都有独特的、精致的特有标志。

6. 产品的原材料和成分标志

产品的原材料和成分标志是指有国家专门机构经检验认定后、颁发的证明产品对环境或人类健康无影响或较少影响的标志，或证明产品的原材料或成分的标志。目前已实施的属于此类的标志有：环境标志（又称绿色标志或生态标志，如图 6-5 所示）、绿色食品标志（如图 6-6 所示）、纯羊毛标志（如图 6-7 所示）、真皮标志（如图 6-8 所示）等。

图6-5　中国环境标志

图6-6　绿色食品标志

图6-7　纯羊毛标志

图6-8　真皮标志

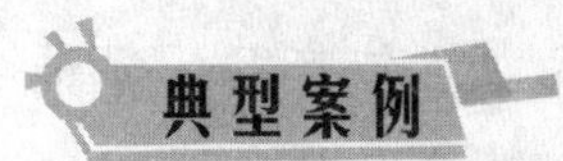

一、药品的包装

(一) 药品包装的基本要求

由于药品的特殊性，所以药品包装比一般商品包装要求更加严格。药品包装应适应不同流通条件的需要，考虑运输装卸条件、储存时间、气候变化等因素，并应符合标准化要求。

1. 包装应和内容物相适应

药品包装应和内容物相适应，即充分考虑所盛装药品的理化性质和剂型特点，分别采取不同的保护措施。如遇光易变质、露置空气中易氧化的药品，应采用遮光容器；瓶装的液体药品应采取防震、防压措施。

2. 包装应适应不同流通条件的需要

药品在流通领域中可受到运输装卸条件、储存时间、气候变化等情况的影响，所以药品的包装应与这些条件相适应。如，怕冻药品发往寒冷地区时，要加防寒包装；药品包装措施应按相对湿度最大的地区考虑等。同样，在对出口药品进行包装时应充分考虑出口国的具体情况，将因包装而影响药品质量的可能性降低到最低限度。

3. 包装应符合标准化要求

符合标准化要求的包装有利于保证药品质量；便于药品运输、装卸与储存；便于识别与计量；有利于现代化港口的机械化装卸；有利于包装、运输、储存费用的减少。此外，药品包装还有一些具体要求，如药品包装（包括运输包装）必须加封口、封签、封条或使用防盗盖、瓶盖套等；标签必须贴牢、贴正，不得与药物一起放入瓶内；凡封签、标签、包装容器等有破损的，不得出厂和销售。特殊管理药品、非处方药及外用药品的标签上必须印有规定的标志。在国内销售的药品的包装、标签、说明书必须使用中文，不能使用繁体字、异体字，如加注汉语拼音或外文，必须以中文为主体；在国内销售的进口药品，必须附中文使用说明。凡使用商品名的西药制剂，必须在商品名下方的括号内标明法定通用名称等。

（二）药品包装的分类

1. 按包装在流通领域中的作用分类

(1) 销售包装（内包装、零售包装）销售包装是以销售为主要目的，与药品一起到达消费者手中的包装。它具有保护产品、美化产品、宣传产品，促进销售的作用。要求结构新颖、造型美观、色彩悦目，符合医药商品的特点，便于陈列和展销；还要求外表的设计应给予消费者一种美感，以达到促进消费的目的。医药企业设计的新颖独特包装，一旦获得“外观设计专利”，对于企业占领市场将会发挥巨大的作用。

(2) 储运包装（外包装）储运包装是以运输储存为主要目的的包装。是指内包装外面的木箱、纸箱、桶以及其他包装物。具有保障药品的安全、避免破损、方便储运装卸、加速交接、点验等作用。储运包装除了要满足包装的基本要求以外，还应有明显清楚的运输标志，以便提示装卸、搬运、堆码、保管作业。此外，危险品必须有国家标准的危险货物包装标志；特殊管理药品及外用药品应有专用标签。

2. 按包装技术与目的分类

(1) 真空包装。真空包装指将药品装入气密性包装容器，抽去容器内的空气，使密封后的容器内达到预定真空度的一种包装方法。

(2) 充气包装。充气包装是指将药品装入气密性包装容器，用氮、二氧化

碳等气体置换容器中原有空气的一种包装方法。

(3) 无菌包装。无菌包装是指将药品、包装容器、材料灭菌后，在无菌的环境中进行充填和封合的一种包装方法。

(4) 条形包装。条形包装是指将一个或一组药片、胶囊之类的小型药品包封在两层连续的带状铝塑包装材料之间，热封合形成一粒一个单元的包装。

(5) 喷雾包装。喷雾包装是指将液体或膏状药品装入带有阀门和推进剂的气密性包装容器中，当开启阀门时，药品在推进剂产生的压力作用下被喷射出来的一种包装方法。也称气雾剂。

(6) 儿童安全包装。儿童安全包装系一种能够保护儿童安全的包装，其结构设计使大部分儿童在一定时间内难以开启或难以取出一定数量的药品。

(7) 危险品包装。危险品是指易燃、易爆、有毒、有腐蚀性或有辐射性的药品。危险品包装应能控制温度、防潮、防止混杂、防震、防火以及将包装与防爆、灭火等急救措施相结合。

无论哪一种形式的包装，都必须有利于保护药品的质量，有利于药品的装卸、储存、运输、销售，单纯为了促销而采用生活用品式包装是不可取的。

(三) 常用的药品包装材料

为了保证药品质量的完好，所有药品包装用材料及容器必须按法定标准生产。直接接触药品的包装材料及容器（包括油墨、黏合剂、衬垫、填充物等）必须卫生、无毒、不与药品发生化学反应，不发生组分游离或微粒脱落；不准采用可能影响药品卫生的包装材料及容器。政府对直接接触药品的包装材料及容器的生产实施生产许可制度。

1. 玻璃

玻璃具有能防潮、易密封、透明和化学性质较稳定等优点，但玻璃也有许多缺点，如较重、易碎，还可因受到水溶液的侵蚀而释放出碱性物质和不溶性脱片。为了保证药品的质量，药典规定安瓿、大输液瓶必须使用硬质中性玻璃，在盛装遇光易变质的药品时，应选用棕色玻璃制成的容器。

2. 塑料

塑料具有包装牢固、容易封口、色泽鲜艳、透明美观、重量轻、携带方便、价格低廉等优点。但是由于塑料在生产中常加入附加剂，如增塑剂、稳定剂等，这些附加剂直接与药品接触可能与药品发生化学反应，以致药品质量发生变化。塑料还具有透气透光、易吸附等缺点，这些缺点均可加速药品氧化变质的速度，引起药品变质。

3. 纸制品

纸制品的原料来源广泛、成本较低、刷上防潮涂料后具有一定的防潮性能，包装体积可按需要而制造，具有回收使用的价值，是当今使用最广泛的包装材料之一。但是强度低、易变形。

4. 金属

常用的金属有黑铁皮、镀锌铁皮、马口铁、铝箔等。该类包装耐压、密封性能好，但是成本比较高。

5. 木材

木材具有耐压性能，是常用的外包装材料，由于消耗森林资源，逐步被纸及塑料等材料代替。

6. 复合材料

复合材料是指用塑料、纸、铝箔等进行多层复合而制成的包装材料。常用的有纸—塑复合材料、铝箔—聚乙烯复合材料、铝箔—聚酯乙烯等。这些复合材料具有良好的机械强度、耐生物腐蚀性能、保持真空性能及抗压性能等。

7. 橡胶制品

橡胶制品主要用于瓶装药品的各种瓶塞，由于直接与药品接触，故要求具有非常好的生化稳定性及优良的密封性，以确保药品在有效期内不因空气及湿气的进入而变质。

从发展趋势来看，药品包装材料在向以纸代木、以塑代纸或以纸、塑料、铝箔等组成各种复合材料的方向发展。特种包装材料，如聚四氟乙烯塑料、有机硅树脂、聚酯复合板或发泡聚氨酯等应用处于上升趋势。

二、药品的标识

根据《药品管理法》的规定，药品的包装必须印有或贴有标签。药品的标签分为内包装标签与外包装标签。内包装标签与外包装标签内容不得超出国家药品监督管理局批准的药品说明书所限定的内容，文字表达应与说明书保持一致。

内包装标签可根据其尺寸的大小，尽可能包含药品名称、适应证或者功能主治、用法用量、规格、储藏、生产日期、产品批号、有效期、生产企业等标识内容，但必须标注药品名称、规格及产品批号。

中包装标签应注明药品名称、主要成分、性状、适应证或者功能主治、用

法用量、不良反应、禁忌、规格、储藏、生产日期、产品批号、有效期、批准文号、生产企业等内容。

大包装标签应注明药品名称、规格、储藏、生产日期、产品批号、有效期、批准文号、生产企业以及使用说明书规定以外的必要内容，包括包装数量、运输注意事项或其他标记等。

（一）药品包装标识

1. 药品名称

药品名称是药品标准的首要内容。通用名称即经国家药品监督管理局批准载入国家正式药品标准的法定药品名称。药品的通用名称不得作为商品名称进行商标注册。商品名称是由该药品生产厂商命名并向所在国家有关部门注册的药品品牌名，其右上角有®的符号。在商品经济环境中，商品名称已不仅是一种产品区别于其他产品的符号，还具有参与市场竞争的特殊功能。

商品名称与通用名称在包装上的大小比例为2∶1（指面积）。

2. 药品注册商标

药品注册商标是由文字、符号及图形等综合组成的。是药品的销售包装及其他宣传品上专用的标志，也是药品生产者为把自己的产品与他人的同类产品相区别的标志。

注册商标印制方法是，在药品包装物上的商标名称的右上方，印上一个®。R是英语Registered Trademark的缩写，表示已登记注册。注册商标有效期10年。

3. 药品包装上的条码（见模块三的任务二）

4. 药品批准文号

药品批准文号是药品生产合法性的标志。《药品管理法》规定，生产药品“须经国务院药品监督管理部门批准，并发给药品批准文号”。以前，上市药品的批准文号的格式不尽相同。为加强药品批准文号管理，国家药品监督管理局发布的《关于做好统一换发药品批准文号工作的通知》，对药品批准文号格式做出统一规定：国药准字＋1位字母＋8位数字；国药试字＋1位字母＋8位数字。

化学药：国药准（试）字H××××××××

中药：国药准（试）字Z××××××××

生物制品：国药准（试）字S××××××××

进口药品：国药准字J××××××××

药用辅料：国药准字F××××××××

体外化学诊断试剂：国药准字T××××××××

通过国家药品监督管理局整顿的中药保健药品：国药准字B××××××××。

其中H代表化学药品，Z代表中药，B代表通过国家食品药品监督管理局整顿的中药保健药品，S代表生物制品，T代表体外化学诊断试剂，F代表药用辅料，J代表进口分包装药品。另外，进口药品的包装和标签还应标明“进口药品注册证号”。

5. 药品产品批号

药品产品批号是药厂生产编号的一种表示。在规定限度内具有同一性质和质量，并在同一连续生产周期生产出来的一定数量的药为一批。每批药品均应有指定产品批号。

根据药品产品批号，可以追溯和审查该批药品的生产历史，能够判断该药品出厂时间的长短，便于掌握先生产、先销售、先使用的原则以防久储变质。此外，药品的抽样检验，均以产品批号为单位进行处理。

产品批号的识别：我国医药企业一般用6位数来表示批号，前2位表示年份，中间2位表示月份，后2位表示药品的生产批次，也有一些企业以生产日期来表示批次。如产品批号为040125，则表示为2004年1月生产的第25批。进口药品产品批号由各国生产厂家自定，其表示方法极不一致，在此从略。

6. 药品有效期限

(1) 药品有效期。指在一定的储存条件下，能够保证药品质量的期限，按规定药品包装应标明有效期的终止日期。一般有效期表述形式按年月排序，如有效期至×年×月。

(2) 有效期和失效期的识别。药品的有效期是指药品最终有效的日期，如某药有效期至2009年6月18日，则表示该药可使用到2009年6月18日，6月19日就不能使用。药品的失效期是指药品失去效力的日期，如某药失效期为2009年6月18日，则表示该药可使用到2009年6月17日，6月18日起就不能使用。

国外生产的进口药品常以Expiry date/Exp，（截至日期）表示失效期。或以Use Before（在此之前使用完）表示有效期。

7. 专有标志

特殊管理的药品（麻醉药品、精神药品、医疗用毒性药品和放射性药品）、外用药品、非处方药品，必须在其包装上印有符合规定的标志。如图6-9所示。

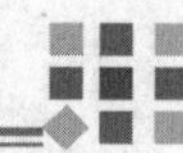

图 6－9　特殊管理的药品标志

（二）药品说明书

药品说明书是药品质量标准的一部分，是医疗上的重要文件，是医生和药师开方、配方的依据，具有科学及法律上的意义。药品的说明书也是药品生产厂家报请审批药品生产的必备资料之一；生产厂家不仅应对药品质量负责，同时也应对说明书内容是否真实并符合要求负责。为保证合理使用药物，消费者在购买和使用药品时应仔细阅读药品说明书，并接受医师或药师的指导。

表 6－1 所列为药品说明书格式。

表 6－1　药品说明书格式

1. 化学药品说明书格式 ××××说明书	2. 中药说明书格式 ××××说明书
核准日期 修改日期 注册商标	特殊药品、外用药品标识
（警示语）请仔细阅读说明书并按说明使用或在药师指导下购买和使用 或请仔细阅读说明书并在医师指导下使用	
【药品名称】 通用名称： 曾用名称： 商品名称： 英文名称：	【药品名称】 通用名称： 汉语拼音：

续 表

汉语拼音：	
【成　　分】	【成　　分】
【性　　状】	【性　　状】
【适应征】	【功能主治】
【规　　格】	【规　　格】
【用法用量】	【用法用量】
【不良反应】	【不良反应】
【禁忌征】	【禁　　忌】
【注意事项】	【注意事项】
【孕妇及哺乳期妇女用药】	【药物相互作用】
【儿童用药】	
【老年用药】	
【药物相互作用】	
【药理作用】	
【药物过量】	
【药理毒理】	
【临床试验】	
【药代动力学】	
【储　　藏】	【储　　藏】
【包　　装】	【包　　装】
【有效期】	【有效期】
【执行标准】	【执行标准】
【批准文号】	【批准文号】
【说明书修订日期】	【说明书修订日期】
【生产企业】	【生产企业】
企业名称：	企业名称：
生产地址：	生产地址：
邮政编码：	邮政编码：
电话号码：	电话号码：
传真号码：	传真号码：
注册地址：	注册地址：
网　　址：	网　　址：
（提示语）如有问题可与生产企业联系 【附：×××】	

思考与练习

第一部分　案例讨论

［案例一］

牙膏是我们生活中不可或缺的日用品，因此市场竞争十分激烈。

国际牙膏巨头美国高露洁公司在进入我国牙膏市场以前，曾做过大量的市场调查。高露洁公司发现，我国牙膏市场竞争激烈，但同质化竞争严重。无论是牙膏的包装还是广告诉求都非常平淡。针对这些特点，高露洁采用了创新的复合管塑料内包装，并用中国消费者都非常喜欢的红色作为外包装的主题色彩。结果大获成功，在短短的几年时间内，迅速占领了我国1/3的牙膏市场份额。

高露洁的成功，极大地触动了我国牙膏企业的神经。包括"中华"、"两面针"在内的多个牙膏品牌都放弃了使用多年的铝制包装，换上了更方便、卫生、耐用的复合管塑料包装。除了在包装材料上进行改革以外，国内牙膏品牌在外包装设计上也进行了创新，基本都换上总体感觉清新自然，更具有时代感和流行特色的新包装。易造工业设计公司产品设计部经理王森告诉记者："过去我们的企业对产品的包装不重视，在同国外企业的市场竞争中才发现，一个有创意的好包装往往意味着更多的市场份额。于是我们的企业才开始意识到包装的重要性，并努力地制造出富有中国特色和审美习惯的包装。"

高露洁公司在我国成功的背后，也曾支付过昂贵的学费。高露洁在进入日本市场的时候，由于没有经过详细的市场调研，直接采用了美国本土大块的红色包装设计，而忽视日本消费者爱好白色的审美习惯，导致高露洁牙膏在进入日本市场时，出乎意料地滞销，市场占有率仅为1%。

思考题：

1. 谈谈高露洁牙膏在我国成功打开市场的原因。

2. 对比高露洁牙膏在中国和日本市场的经历，你认为商品包装如何促进商品的销售？

3. 看了这个案例，结合所学业的知识，你有何感想和启发？

[案例二]

山姆森玻璃瓶：一个价值600万美元的玻璃瓶

说起可口可乐的玻璃瓶包装，至今仍为人们所称道。1898年鲁特玻璃公司一位年轻的工人亚历山大·山姆森在同女友约会中，发现女友穿着一套筒型连衣裙，显得臀部突出，腰部和腿部纤细，非常好看。约会结束后，他突发灵感，根据女友穿着这套裙子的形象设计出一个玻璃瓶。

经过反复的修改，亚历山大·山姆森不仅将瓶子设计得非常美观，很像一位亭亭玉立的少女，他还把瓶子的容量设计成刚好一杯水大小。瓶子试制出来之后，获得大众交口称赞。有经营意识的亚历山大·山姆森立即到专利局申请专利。

当时，可口可乐的决策者坎德勒在市场上看到了亚历山大·山姆森设计的玻璃瓶后，认为非常适合作为可口可乐的包装。于是他主动向亚历山大·山姆森提出购买这个瓶子的专利。经过一番讨价还价，最后可口可乐公司以600万美元的天价买下此专利。要知道在100多年前，600万美元可是一项巨大的投资。然而实践证明可口可乐公司这一决策是非常成功的。

亚历山大·山姆森设计的瓶子不仅美观，而且使用非常安全，易握不易滑落。更令人叫绝的是，其瓶型的中下部是扭纹型的，如同少女所穿的条纹裙子；而瓶子的中段则圆满丰硕，如同少女的臀部。此外，由于瓶子的结构是中大下小，当它盛装可口可乐时，给人的感觉是分量很多的。采用亚历山大·山姆森设计的玻璃瓶作为可口可乐的包装以后，可口可乐的销量飞速增长，在两年的时间内，销量翻了一倍。从此，采用山姆森玻璃瓶作为包装的可口可乐开始畅销美国，并迅速风靡世界。600万美元的投入，为可口可乐公司带来了数以亿计的回报。

思考题：

1. 结合案例，你认为商品包装是一种企业营销元素吗？为什么？

2. 看了这个案例，结合所学业的知识，你有何感想和启发？

第二部分　理论测试

一、选择题（含多选题）

1. 与销售包装不同的是运输包装（　　）。

A. 重装潢　　B. 理装饰　　C. 重防护　　D. 重流通

2. 属于危险品标志的是（　　）。

A. 怕热标志　　B. 有毒气体标志　　C. 温度极限标志

D. 放射性物品标志　　E. 宣传商品

3. （　　）是商品包装最基本的功能。

A. 传递信息　　B. 促进销售　　C. 方便流通　　D. 保护功能

4. 易造成环境污染的商品包装材料有（　　）。

A. 纸张　　B. 塑料　　C. 纸板　　D. 木材

5. 适宜缓冲包装的商品有（　　）。

A. 家用电器　　B. 精密仪器　　C. 纺织服装　　D. 玻璃陶瓷

二、判断题

1. 过了保存期的食品可以食用，而过了保质期的食品不能再食用。（ ）

2. 充气包装主要用于食品包装，可减缓食品的氧化作用和呼吸作用。（ ）

3. 包装的基本作用就是美化商品。（ ）

4. 木材是一种对商品没有污染作用的优质包装材料，应大量使用。（ ）

三、简答题

1. 什么是商品包装？简述商品包装的基本功能？

2. 商品包装的种类有哪些？各有什么特点？

识别商品外包装上的标志

一、实训目的

掌握商品包装标志的种类和含义。

二、原料准备

1. 准备三种不同种类的商品运输包装。

2. 准备食品（如酒、饮料、奶粉等）、日用品（如化妆品）、家电商品（如电视机）、服装商品的销售包装（包装标志要齐全）。

三、实训要求

对常见的运输包装标志、销售包装标志能准确说明其含义。

四、操作规程

1. 指出哪几种是运输包装，哪几种是销售包装。

2. 指出运输包装上的标志类型及含义。

3. 指出销售包装标志的类型及含义。

4. 总结。

五、考核

教师根据辨识标志的准确性、个人态度、参与程度、准备情况打分。

模块七　商品储存与养护

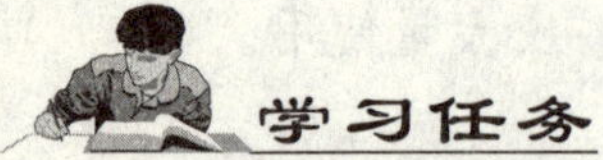

通过本模块的学习与练习，你应该能够：

1. 了解商品储存的概念、功能
2. 熟悉储存的要求
3. 掌握商品养护的常用方法

情景案例

2009年8月末某药品仓库保管员对药品库进行检查，发现一批止咳糖浆生霉、发酵，经查该药是在仓库储存保管期间，糖浆剂包装不严、且夏季炎热，受到污染，而出现生霉、发酵，保管员负有主要责任。因此公司对相关责任人进行了处罚，并责令有问题药品一律不得出库，按规定予以销毁。

2010年山西疫苗事件让不少公众对疫苗产生了畏惧心理。当然，一些患儿的病情究竟与所注射的疫苗有多大关联，或许还难以认定。但山西疾控中心在疫苗的储存和运输中确实存在不当行为，是本应该处于“冷链”运输和储存的乙肝疫苗制品，暴露在室温环境下，结果导致部分疫苗失效。

上述两个案例都说明药品的储存和养护对于保证药品质量是多么重要。其实几乎所有商品都需要一定的储存和养护，才能够使其发挥正常的作用。

任务一　了解商品储存的功能和要求

一、商品储存概述

1. 商品储存的含义

商品储存是包含商品库存和商品储备在内的一种广泛的经济现象，是商品

流通的一个重要环节和必备条件。马克思指出："没有商品储备就没有商品流通。"从社会观点看，只要商品没有进入生产消费或个人消费，那它就是处于商品储存的形式。商品从生产领域进入消费市场必须经过商品流通领域。因此，商品储存是商品流通中不可缺少的组成部分，维持正常的商品流通必须依赖于商品储存来调节。由此可见，商品储存直接影响着商品生产和商品流通。

所谓商品储存是指在商品生产出来之后而又没有到达消费者手中之前，在流通领域中暂时储备、存放的过程。商品储存处在生产和消费两大活动之间，是调节市场供求、保证市场供应、满足消费者需要的必要手段，发挥着商品"蓄水池"的作用。储存的地点是仓库，所以储存的合理化与现代化是以仓库的合理化与现代化的形式进行的。

2. 商品储存的种类

根据商品储存的目的与作用，分为季节性储存、周转性储存和储备性储存。

（1）季节性储存。依据商品季节性生产、季节性消费的时间差异，为实现商品的常年供应而实行的商品储存称为季节性储存。如凉鞋和羽绒服均居于季节性消费商品，为保证旺季消费的供应，必须在淡季储存；又如水果旺季生产，只有搞好旺季生产期间的储存，才能保证淡季生产期间的市场供应。季节性储存主要解决商品生产与商品消费不同步的矛盾。

（2）周转性储存。由于商品生产、商品消费的异地性，商品运输的间断性，为实现商品消费，完成商品空间位置的转移，保证商品市场均衡供应，在流通领域中实施的商品储存称之为周转性储存。

（3）储备性储存。为适应战备、自然灾害和应急需要物资的储存称之为储备性储存。储备性储存的物资大都是关系国计民生的重要物资，如粮食、药品、生产用原材料等。

3. 商品储存的原则

商品储存必须贯彻"安全、及时、准确、经济"的原则，起到安全多储、收发迅速、降低费用，加速商品流通的作用。

（1）减少商品损耗。确保商品安全的原则。商品储存的根本目的是保证商品安全。防止商品在外界条件的影响作用下霉腐、变质、锈蚀、老化；防止商品虫蛀、鼠咬等情况的发生；力求减少商品损耗。在商品储存期间要采取科学的储存与养护方法，完善规章制度，强化仓库管理，加强防护设施，确保商品储存期间质量不发生变化。

（2）简化手续。出入库方便的原则。商品储存业务是为商品销售业务活动服务的，商品储存要求做到堆码整齐、排列有序、标志明显，出入库手续简便。同时依据“先进先出”原则做好商品储存期间的周转工作。

（3）贯彻节约。降低储存费用原则。商品储存期间，在保证商品质量完好、商品安全储存的前提下，要合理利用库房空间，有效利用设备设施，最大限度地提高资源利用率，减少人力、物力和财力的消耗，努力降低储存费用，提高商品储存的经济效益。

4. 现代仓储的发展

现代仓储业的发展趋势是仓库由储藏型向流通型转变，在现代物流中，仓储的作用已由储存、保管商品的使用价值，转变为商品流转中心，向着集散商品，分送商品，加速商品的流转速度的方向发展。这也是商品经济发展的需要。现在，一些仓库已开始向配送中心发展。通过配送，可以加速我国仓储业的改革，并使之发生以下变化：

第一，商品由静态储存变为动态储存。一般的仓储业是以储存、保管为宗旨，可称之为静态储存。而现代的仓储业则向流转中心发展，可集保管储存、流通加工、分类、拣选、商品输送等为一体，则称之为动态储存。

第二，仓储业由储备型转为流通型。一般的仓储业是以储存商品为中心的经营机构，而现代的仓储业的经营活动由原来的储备型转变为流通型。现代的仓储业不仅可以做到使商品的使用价值完好无损，而且还可以做到保证货源充足，品种齐全，供应及时，送货上门等业务。

第三，仓储业从被动服务转向主动服务。一般的仓储业是以商品的数量、质量为中心开展的，其经营方式是等客上门。存货单位对仓库的要求是保质、保量、保安全。这时仓储业为社会提供的服务是被动的服务。现代仓储业向配送中心发展后，可以做到“门对门”的服务。现代仓储业要主动地了解用户的需求状况，以满足用户的各种要求。

第四，仓储业工作者知识结构由低层向高层次转变。一般的仓储业的以保管、储存为中心的经营方式，对管理者知识层次的要求总体不高。现代的仓储业要求管理者在知识层次上实现低层次向高层次的转变，这样才能适应仓库动态管理的客观要求。

二、商品储存期间的质量变化

商品储存期间，发生质量变化的内因是商品的成分、结构及性质发生变化。

外因是大气的温度、湿度、日光、氧气、微生物、虫鼠等。商品通常发生的质量变化有霉变、虫蛀、锈蚀、溶化、干燥、褪色、挥发、呼吸、后熟、僵直、成熟和自熔等。其中霉变、虫蛀、鼠咬，锈蚀、老化、呼吸和后熟是商品储存中最易发生的质量变化。

1. 霉变

商品霉变是由于霉菌在商品上生长繁殖而导致的商品变质现象。霉菌是一种低等植物，无叶绿素。菌体为丝状，主要靠孢子进行无性繁殖。商品在生产、储运过程中，空气中含有的很多肉眼看不到的霉菌孢子会附着在商品表面，一旦外界温度、湿度适合其生长，商品上又有霉菌孢子需要的营养物质时，就会滋生菌丝。其中一部分伏在商品表面或深入商品内部，有吸取营养物质排泄代谢产物的功能，称为营养菌丝；另一部分菌丝竖立于商品表面，在顶端形成子实体或产生孢子，称之为全生菌丝。菌丝集合体的形成过程就是商品出现“长毛”或有霉味的变质过程。

霉菌大约有三万多种，对商品危害较大的主要有毛霉、根霉、曲霉和毒菌。霉菌在生长和繁殖中所需的营养物质有水分、碳源、氮源和无机盐等。水分是霉菌机体的重要组成成分，是其吸收其他营养物质的载体，水分占霉菌体重的75%～85%。碳源即含碳物质，如糖类、有机酸、纤维素、醇类和酯类等，它是构成霉菌细胞和代谢产物中碳素来源的营养物质，也是霉菌能量的主要来源。氮源指含氮物质，如蛋白质、氨基酸、铵盐、硝酸等，它是构成霉菌细胞和代谢产物中氮素来源的营养物质，也是合成霉菌原生质和细胞结构的原件。无机盐是霉菌所需的灰分营养，即为霉菌提供其生命活力所必需的硫、磷、钾、镁、钙、铁等元素。

霉菌能在商品体上生长、繁殖。除与商品上营养物质有关以外，还与水分、温度、日照、酸碱度有关。多数霉菌是中湿性的，最适合生长的温度是20℃～30℃，属好氧性微生物，适宜在酸性环境中生长。光对霉菌的影响也很大。霉菌在日光下暴晒数小时，大多会死亡。

商品霉变的实质是霉菌在商品上吸取营养物质与排泄物的结果，不但会导致商品变糟、发脆或强度下降等，还会产生霉斑、霉味及毒素。一旦发生霉变会对商品质量产生不同程度的影响，从而降低了商品的使用价值和价值，给企业带来损失。

2. 虫蛀

仓库害虫和鼠类对于商品的储存具有很大危害性，而且还可能污染商品，甚至传播病菌。它不仅是某些商品损耗的直接原因。

仓虫大部分属于昆虫，也包括螨类微小动物。由于仓虫种类很多，食性杂，传播途径广，所以在一般仓库中都可能有仓虫存在。对商品危害较大的仓虫主要有甲虫类、蛾类、蜂类、蟑螂类和螨类。仓虫与其他动物不同，一般都具有较强的适应性，在恶劣环境下仍能生存，并且繁殖性强，繁殖期长，对温度、光线、化学药剂等外界环境的刺激有一定的趋向性，因此对商品储存造成了极大的危害。

3. 鼠咬

鼠类属于啮齿动物。在库房中常见的是小家鼠、黄胸鼠和褐家鼠三种。鼠类繁殖能力强，一年可生产5～6次，每次可产仔8～9只，一般寿命1～3年。鼠类食性杂且具有咬啮特性，记忆力强，视觉、嗅觉和听觉都很灵敏，一般在夜间活动。

4. 锈蚀

金属商品与周围环境（主要是空气）发生化学反应或电化反应所引起的破坏现象即为金属锈蚀。由于金属所处环境的差异，引起的化学反应也不相同，主要有化学锈蚀和电化学锈蚀。

在干燥的环境中或无电解质存在的条件下，金属制品遇到空气中的氧而引起的氧化反应，叫化学锈蚀。化学锈蚀的结果是在其表面形成一层薄薄的氧化膜，它可使金属表面变暗。有些金属氧化膜，对金属还能起保护作用，如铝制品表面的氧化膜。化学锈蚀占腐蚀总量的10%～20%。

在潮湿的环境中，水蒸气可在金属制品表面通过表面吸附毛细管凝聚，特别是结露作用，形成水膜，水膜溶解金属制品表面的水溶性黏附物或沉淀物（多为盐类）和空气中的二氧化碳、二氧化硫等可溶性气体，最终成为一种具有导电性的电解液。金属制品接触这种电解液后，电位较低的金属成分成为阳极，电位较高的杂质或其他金属成分成为阴极，从而引起电化学反应。反应中金属以离子形式不断进入电解液而被溶解，这种锈蚀称为电化学锈蚀。电化学锈蚀的结果是使金属制品表面出现凹陷、斑点等。随后被破坏掉的金属转变成金属氧化物或氢氧化物而附于金属表面，随着或快或慢地深入，最终成片往下脱落。锈蚀严重的使商品内部结构松弛，机械强度降低，甚至完全失去使用价值。所以电化学锈蚀是破坏金属商品的主要形式。电化学锈蚀取决于金属电位的高低，电位越低的金属越容易发生锈蚀。另外还受环境中的温度、湿度和氧气影响，

同时还与金属表面附着的尘埃、污物和空气中的二氧化碳、二氧化硫等气体有关。

5. 老化

老化是某些以高分子化合物为主要成分的商品，如橡胶制品、塑料制品及纤维织物等，受日光、热和空气中的氧等环境因素作用而失去原有优良性能，以致最后丧失其使用价值的化学变化。商品老化变质主要是高分子化合物在光、热等因素作用下，引起大分子链断裂，高聚物分子量下降；或者引起分子链相互连接，形成网状或梯形结构。前者称为降解反应，使高分子材料变软、发黏，机械强度降低；后者称为交联反应，使高分子材料变硬、发脆、丧失弹性。

6. 呼吸作用

呼吸作用是指生物体小的能源物质在氧化还原酶的作用下逐步降解为简单物质并释放出能量的过程。呼吸作用是生物有机体最普遍的生理现象，也是鲜活食品最基本的生理活动。

呼吸作用有两种类型：一种是有氧呼吸，是指鲜活食品在储运中，为了维持生命需要，在体内氧化还原酶作用下，使其体内葡萄糖和其他简单有机物与吸入的氧发生氧化反应；另一种是缺氧呼吸，是指在无氧或缺氧情况下的呼吸。

这两种呼吸本质是一样的，最终都是消耗了有机体内的营养成分（葡萄糖和其他简单有机物等）并产生热量。有氧呼吸产生的热量部分成为鲜活食品生理活动的能量，部分释放到外界环境中。被释放出去的部分可使储存环境的温度升高，加速鲜活食品的腐烂变质，同时还会促使霉腐微生物生长繁衍。这对保证储运的鲜活食品如粮、水果、蔬菜等的质量是相当不利的。缺氧呼吸实质上是酒精发酵，其最终产物是酒精和中间产物乙醛等。这些物质会破坏鲜活食品的组织，使其腐烂，如积累过多，还会引起鲜活食品中毒，其后果比有氧呼吸更为严重。但正常的有氧呼吸，不仅可使鲜活食品获得必要的能量，维持生命活动，而且也是一种自卫手段，有利于抵抗微生物的侵害，防止生理病害的发生。若呼吸过于旺盛，也会很快消耗食品的营养成分。因此，储存鲜活食品时，要防止缺氧呼吸，保持最低程度的有氧呼吸。

鲜活食品的呼吸强度与其种类、品种、成熟度、组织器官以及不同的发育时期等生物学特性有关。如蔬菜的呼吸强度以叶菜最高，果实次之，块根菜和块茎菜最低。果实呼吸强度以浆果最大，仁果次之，核果再次之，柑橘类较小。影响鲜活食品呼吸强度的外界因素，主要是温度和空气中的气体组成。一般而言，环境温度升高时呼吸强度也随之加强，当环境温度低于0℃时，酶的活性受到抑制，呼吸强度急剧下降。鲜活食品进行呼吸作用的最适温度为25℃～35℃，因此，降低环境温度是储存鲜活食品的重要措施，空气中的氧含量降低和二氧化碳含量升高，也会明显抑制呼吸作用。目前采用的气调储存法，就是利用改变空气成分，达到抑制鲜活食品呼吸强度的一种较适宜的储存方法。

7. 后熟作用

后熟是植物类鲜活食品采收以后其成熟过程的继续。主要发生在果品、瓜类及果菜类商品的储存中。因这些食品成熟后再采摘，储运时容易腐败变质，所以必须在成熟前采摘。它们脱离母体后，物质的积累被迫停止，但食品中的有机成分的合成——水解平衡更趋向于水解作用方向，呼吸作用更趋向于缺氧呼吸类型，从而使商品质量和生理特性发生一系列变化，而后逐渐达到使用成熟度。后熟对这类食品在色泽、香气、口味及口感等方面有明显的提高，食用质量也得以改进。例如，香蕉、柿子、西瓜和甜瓜等，只有达到后熟时，才具有良好的食用价值。

促进食品后熟的因素主要是高温、氧气和某些刺激性气体，如乙烯、酒精等。如苹果组织中产生的乙烯，虽然数量极微，却能大大加快苹果后熟和衰老的进程，所以苹果在储运中，为延长或推迟后熟和衰老过程，除采用适当的低温和适量的通风外，还可采取放置活性炭、焦炭分子筛等吸收剂排除苹果库房中的乙烯成分。有时为了及早上市，对某些菜果如番茄、香蕉、柿子等，可利用人工催熟的方法加速其后熟过程，以适应市场消费需要。

三、商品储存管理

商品储存管理包括商品的入库管理、在库商品的保管与养护和商品的出库与盘点等，是对商品货物进行验收、堆存、保管、保养、维护等的一系列活动。

（一）商品的入库管理

商品入库管理包括入库前准备、检验和入库三项内容。

商品入库时首先要对商品进行检查验收，弄清楚商品的品名、规格、数量等是否与货单上记载的一致。检查商品的内外包装是否完好，标签标识是否清楚无误。如发现包装有损伤破碎、玷污、受潮和包装内商品质量、数量达不到规定的要求时，应及时处理。例如发现商品有受潮、锈蚀以及已经发生某些质

量变化或质量不合格的部分，应及时加工恢复或剔除，与合格品不相混杂；对于已经无法正常销售的商品，应按照规定进行处理或销毁，并追查其原因和责任。另外，为便于机械化操作，金属材料等应该打捆，机电产品和仪器仪表等可集中装箱的应装入合用的包装箱；要根据天气变化和商品品类、数量的不同，有计划地提前安排好装卸货物用具和做好防雨防冻等苫盖工作。

（二）商品的在库管理

1. 储存场所选择

商品储存场所包括货场、货棚和库房。库房又可分为普通库、保温库、冷库、气调库、自动化立体仓库5种，要根据商品的储藏性能和保管要求选择适宜的储存场所。如怕潮、易霉变和锈蚀的商品应选择地势较高、排水条件好和干燥通风的仓库；怕热的商品应选择比较阴凉和通风良好的仓库；怕冻的商品应选择保温性较好的仓库和备有保温的设施；鲜活食品和易腐蚀食品应冷藏或冻藏；危险品应专库存放。总之，储存的商品对储存场所的选择十分重要，需根据实际情况认真对待。

2. 商品堆码管理

商品的堆码不但要根据商品特点采取不同堆码的形式，而且还要求有效地使用仓库面积和容积；注意安全；方便商品进出、盘点和核对。

堆码的基本要求：

（1）合理。垛形必须适合商品的性能特点，不同品种、型号、规格、牌号、等级、批次、产地、单价的商品，均应分开堆垛。要合理地确定堆垛之间的距离和走道宽度，便于装卸、搬运和检查。垛距一般为0.5～0.8米，主要通道为2.5～4米。

（2）牢固。货垛必须不偏不斜，不歪不倒，不压坏底层的商品和地坪，与屋顶、梁柱墙壁保持一定距离，确保堆垛牢固安全。

（3）定量。每行每层的数量力求成整数、过秤商品不成整数时，每层应该明显分隔，标明重量，以便于出库时清点发货。

（4）整齐。垛形有一定的规格，各个垛排列整齐有序。

（5）节约。堆垛时要考虑节省货位，提高仓库利用率。

商品在库保管的基本原则：

（1）方便。既严格遵守各项规章制度，又做到手续简便。

（2）准确。做到账账相符、账货相符、货卡相符。

（3）经济。合理使用仓库面积，提高仓库利用率。

（4）安全。商品保管员负有确保商品安全的责任。

商品的合理堆码是储存商品的一项重要技术工作，在仓库中，货物主要有两种堆存方式。

（1）地面堆存方式。地面堆存是使用地板支撑的储存，有将物品直接或者放在托盘着地存放。堆叠的稳定性可借助墙壁的倚靠来提升，即使袋装物也能简易存放，但除非以人工或较传统的机械来作业，否则不易提取。

另外，无论是地面直接堆存还是托盘堆垛，都适用于存放有外包装的商品，如箱、包、桶、袋等，不需要包装的大宗商品，如钢材、箱包商品等。由于商品的性质、规格不同，包装各异，外形多样，货垛堆码的形式较多。常用的货垛形式有：重叠式、纵横交错式、压缝式、载柱式、宝塔式、通风式等，如图7－1所示。

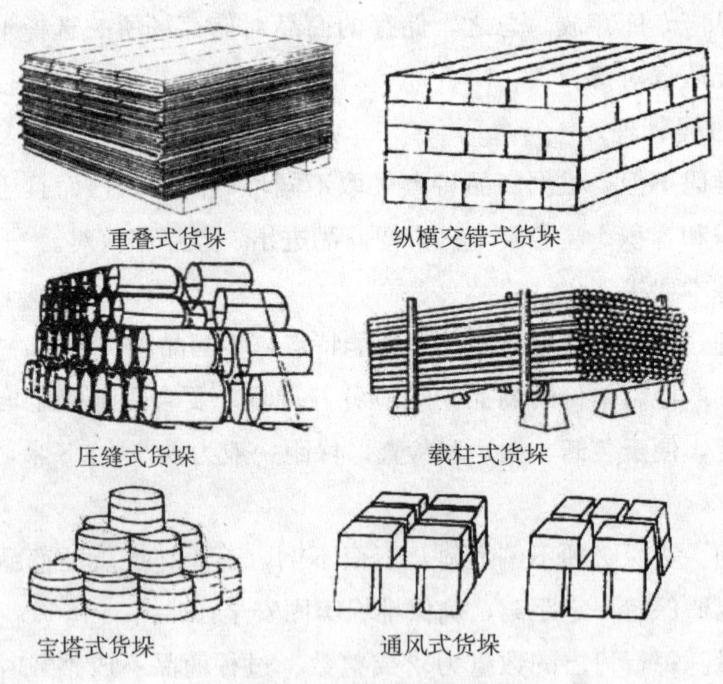

图7－1　各种形式的货垛

通常情况下，怕热怕潮的商品适宜采用通风垛，有利于通风降湿；商品比重较大（如食盐、食糖、原粮等），为了增加仓容的利用率，可以采用实心垛，但包装的堆码应采取纵横交叉式，以防止出现离心而倒塌。堆码液体商品时需顺面而上，避免倒置倒放；露天堆放商品，应尽量减少地面潮湿的影响，需要用较高的苫垫和铺有防潮的材料，货垛可用“载柱式”，防止积水，并用防潮材料覆盖、捆扎牢固。为了增加仓容的利用率而增加垛高，但是垛高必须考虑到安全以及商品包装受压的承受能力，如图 7-1 所示。

另外，商品堆垛时应该坚持合理、牢固、定量、整齐、节省和方便的原则。在一些仓库和物流配送中心中，地面堆存适合于那些流通型（中转型）的商品。

（2）货架储存方式。货架储存是目前物流配送中心仓库主要采用的存储方式。根据仓库的类型不同，有普通仓库和自动化立体仓库。普通仓库采用普通货架，如图 7-2 所示。自动化立体仓库采用自动化的立体货架系统，如图 7-3 所示。货架储存系统一般由许多个货架组成。通常我们把货架纵向数称为“排”，每排货架水平方向的货格数称为“列”，每列货架垂直方向的货格数称为“层”。一个货架系统的规模可用“排数×列数×层数”，即货格总数来表示。例如，10 排×6 列×5 层，其货格总数为 300 个。在一个货架系统中，某个货格的位置也可以用其所在排、列、层的序数来表示，称之为货格的位址（LOCATION），例如“08—05—01”即表示第 8 排、第 5 列、第 1 层的位址。用位址作为货格的编号，简单明了。

图 7-2　普通货架

图 7-3　自动化立体货架系统

货架储存系统具有以下优点：

第一，充分利用仓间库房的高度，消灭或降低蜂窝率，提高仓容利用率；

第二，每一货格都可以任意存取，商品品类的可拣选率达到 100%；

第三，商品不受上层堆叠的重压，特别适宜于异型货物和怕压易碎的商品；

第四，便于机械化和自动化操作；

第五，便于实行“定位储存”和计算机管理。

（三）储存策略

储存作业要最大限度地利用空间，最有效地利用劳动力和设备，最安全和经济地搬运货物，对货物进行良好的保护和管理。良好的储存策略可以减少出入库移动距离，缩短作业时间，充分利用储存空间。一般常见的储存方法有以下几种：

1. 定位储放

在这种储存方法下，每一项储存的货物都有固定储位，不同货物不能互用储位，因此每一项货物的储位容量不得小于其可能的最大在库量。选用定位储放的原因在于：

第一，储区安排需要考虑货物的尺寸及重量。

第二，储存条件对货物储存非常重要，例如，有些品项必须控制温度。

第三，易燃易爆等危险品，必须限制储放于特定的区位，如一定高度，以满足保险标准及防火法规。

第四，产品的特性及管理的要求，比如饼干和肥皂、化学原料和药品，必须分开储放。

第五，保护重要物品。

定位储放具有以下优缺点：

优点：每项货物都有固定的储放位置，拣货人员容易熟悉货品储位。货物的储位可按周转率大小（畅销程度）安排，以缩短出入库搬运距离。此外，可针对各种货物的特性作储位的安排调整，将不同货物特性间的相互影响减至最小。

缺点：储位划分必须按各项货品的最大在库量设计，因此储区空间平时的使用效率较低。

总之，定位储放容易管理，所使用的总搬运时间较少，但却占用较多的储存空间。此方法较适用于库房空间大和储放的商品量少而品种多的情况。

2. 随机储放

在这种储放方法下，货物的储存位置是随机指定的，而且可经常改变。也就是说，任何货物可以被存放在任何可利用的位置。货物一般是由储存人员按习惯来储放的，且通常可按货物入库的时间顺序储放于靠近出入口的储位。随机储放具有以下优缺点：

优点：由于储位可共用，因此库容只需按所有库存货物最大在库量设计即可，储区空间的使用效率较高。

缺点：第一，货物的出入库管理及盘点工作的困难程度较高；第二，周转率高的货品可能被储放在离出入口较远的位置，增加了出入库的搬运距离；第三，具有相互影响特性的货品可能相邻储放，造成对货品的伤害或发生危险。

一个良好的储位系统中，采用随机储存能使货架空间得到最有效的利用，因此储位数目得以减少。有模拟研究显示出，随机储放与定位储放比较，可节省35%的移动储存时间，增加30%的储存空间，但较不利于货品的分拣作业。因此随机储放较适用于库房空间有限和储存物资种类少或体积较大的情况。

3. 分类储放

在这种储存方法下，所有的储存货品按照一定特性加以分类，每一类货物都有固定存放的位置，而同属一类的不同货物又按一定的规则来指派储位。分类储放通常按产品相关性、流动性、产品尺寸、重量、产品特性来分类。分类储放的优缺点如下：

优点：第一，便于周转率大的货物的存取，具有定位储放的各项优点；第二，各分类的储存区域可根据货品特性再做设计，有助于货品的储存管理。

缺点：储位必须按各项货物最大在库量设计，因此储区空间的平均使用效率低。

分类储放较定位储放具有弹性，但也有与定位储放同样的缺点，因而较适用于以下货物：

一是产品相关性大，经常被同时订购。

二是货物周转率差别大。

三是产品尺寸相差大。

4. 分类随机储放

每一类货物有固定存放的储区，但在各类储区内，每个储位的指派是随机的。分类随机储放的优缺点如下：

优点：具有分类储放的部分优点，又可节省储位数量，有利于提高储区利用率。

缺点：货物出入库管理及盘点工作的困难程度较高。

分类随机储放兼具分类储放及随机储放的特色，需要的储存空间量介于两者之间。

5. 共同储放

在确定知道各货物的进出仓库时刻，不同的货物可共用相同储位的方式称为共同储放。共同储放在管理上虽然较复杂，但所占用的储存空间及搬运时间却更经济。

(四) 商品出库管理

商品的出库应坚持做到手续完备、货单同行、质量无损、数量无缺，出库时间顺序应按照先进先出、易坏先出和接近失效期先出的原则。仓库工作人员应仔细核对出库单、逐一核对出库实物等。

商品在储存过程中，因其本身性质、自然条件的影响、计量工具的合理误差，或人为的原因等发生一定的损耗是正常的。商品的自然损耗表现为商品的干燥、风化、挥发、黏结、散失、破碎等；商品的人为因素或自然灾害造成的损失有因工作失职、保管不善或水灾、地震而造成的，也有因包装破损而造成的；商品经装卸、搬运、中转到分库验收、过磅、上垛、入库时都可能发生损耗。

任务二　掌握商品养护的常用方法

一、商品养护概述

商品在储存期间，为了保护商品的质量和尽量减少数量的损耗，根据各类商品不同的特点，采取科学的和符合国情的养护技术与方法，这是商品流通中十分重要的任务之一。

商品养护是指商品在储存过程中所进行的保养和维护。从广义上说，商品从离开生产领域而未进入消费领域之前这段时间的保养与维护工作，都称为商品养护。

商品只能在一定的时间内一定的条件下保持其质量的稳定性；商品经过一定的时间会发生质量变化，这种情况在运输和储存中都会出现。而且商品不同，其质量变化的快慢程度也不同。出于商品本身和储运条件决定商品质量的变化程度，同时也决定了商品流通的时间界限。商品越容易发生质变，它对储运条

件要求的就越严格，它的流通空间就越狭窄，它的销售市场就越带有地方性。因此，易发生变质的商品，对它的流动时间限制就越大，就越需要商品养护。

商品养护是流通领域各部门不可缺少的重要环节之一，应在此过程中贯彻“以防为主、防重于治、防治结合”的方针，达到最大限度地保护商品质量、减少商品损失的目的，“防”是指不使商品发生质量上的降低和数量上的减损。“治”是指商品出现问题后采取救治的方法。“防”和“治”是商品养护不可缺少的两个方面。

要做好商品养护工作，首先必须研究商品储存期间导致其质量变化的两个因素，第一个因素是商品本身的自然属性，即商品的结构、成分和性质，是内因；第二个因素是商品的储存环境，包括空气的温度、湿度及氧气、阳光微生物等，是外因。

二、商品养护措施

不论是什么商品在储存养护期间都要经过卫生安全管理、在库检查以及库内温湿度的管理等环节。

（一）卫生安全管理

搞好库内外的环境卫生，减少害虫、老鼠、微生物滋生潜伏的场所和条件，是商品养护工作执行“安全第一，预防为主”的具体内容。各项规章制度要严格执行，不断提高防火、防盗、防破坏、强化安全意识，保证仓储商品的安全。特别是储存易燃、易爆的危险商品，要求格外严格。需要备有防震、防火的专用设备和用具；对照明要有安全措施、严禁烟火，工作人员要严格遵守仓库安全操作制度。对这类危险商品的包装容量不宜过大、过重，以便于安全搬运，包装必须坚固，要控制仓内温度不宜过高，要防止雷电的触击，在库的工作人员在操作时必须穿戴防护用品。

（二）在库商品的检查

对库存的商品进行定期或不定期的质量检查，是储存期间保证商品质量和避免损失的一项不容忽视的工作，商品入库后并不是完全处于稳定状态，受到商品各自的特点和环境条件的影响，特别是季节、气候和仓库条件的差别，商品都会出现不同程度的质量变化。因此需要根据商品的性能及其变化特点、储存时间、包装情况，对库存商品进行质量检查。一旦发现质量开始变化，应及时调节储存条件，以防止商品质量进一步发生变化，如果质量变化较大时，需及时报请主管部门。经过复查后，按有关规定的条例进行妥善处理。

(三) 温湿度管理

影响商品储存期间质量变化的因素很多，但影响最主要的而且最广的是温度和湿度两种因素，几乎所有的商品质量变化无不与温湿度有关，因此，控制和调节仓库中的温度和湿度，加强温湿度管理，是商品养护中很重要的工作。

仓库温、湿度的变化，往往与季节、气候的变化有直接联系，同时某些商品在氧化过程中产生的热量也有一定影响，同时温度与湿度之间也有相互的影响，作为商品养护工作人员，不仅要了解季节、气候对仓库温、湿度的影响，而且还要了解商品本身能否产生热量以及温、湿度之间存在的关系。

1. 温度

一般是指库内的温度，有时还要掌握商品本身的温度即“品温”。对于能产生热量的商品，往往需要了解商品品温的变化，不论是库内空气温度还是商品的品温，绝大多数都是用摄氏度（℃）表示，即在规定的大气压下，水的冰点为0℃，沸点为100℃。有时也用华氏度（℉）表示，即一个大气压下，水的冰点以华氏度表示为32 ℉，沸点为212 ℉，两者可以相互换算：

℉＝32＋℃×1.8；　　　　℃＝（℉－32）÷1.8

2. 湿度

湿度一般指空气中水蒸气的含量。空气中水蒸气含量越多，湿度越大。空气湿度大小常见的表示方法有绝对湿度、饱和湿度和相对湿度。

在某温度下，空气中水蒸气的实际含量，叫作绝对湿度。在某温度下，空气中所能容纳的水蒸气的最大值（超过这个量，就发生结露现象，在墙壁上就会有水珠出现），叫作饱和湿度。饱和湿度、绝对湿度的大小和取样多少有关，通常没什么实际意义，因此引入相对湿度。相对湿度是指在某温度下空气的绝对湿度与该温度下的饱和湿度的比值（和样品多少无关，能够客观衡量湿度的大小）。

相对湿度％＝（绝对湿度/相对湿度）×100％

由于单用绝对湿度并不能反映库内是干还是湿，而相对湿度能说明在同一温度下，空气中的绝对湿度距离饱和湿度的程度大小。因此在实际中，表示库

内湿度大小，均以相对湿度的多少来反映。相对湿度大，空气中绝对湿度越接近饱和湿度，商品会吸湿受潮；相反，相对湿度小，商品蒸发水分而干燥；当相对湿度=0时，空气完全干燥，不含水；当相对湿度=100%，空气呈饱和状态。

库内的温湿度随季节、气候条件的变化而变化，需及时进行调节和控制。作为较长期储存的工业品（包括加工的食品）均在一般性仓库中储存，对这种类型的仓库温湿度调节和控制，实践证明，降低库内湿度是主要的任务，常用的方法有密封、通风、吸湿、提温、降湿等方法，这些方法都是行之有效的。

（1）密封。利用密封材料，如塑料薄膜、油毡、牛皮纸、空气幕等，对库房、整垛、整箱、整件进行密封，以隔离外界环境不利因素（主要是湿度）的影响。密封不但能防潮、防热、防干裂、防溶化等变化，而且对防霉、防虫蛀、防老化等变化也有良好的效果。密封是仓库温湿度管理的基础，没有密封条件，就无法运用通风、吸湿、提温降湿等调节控制温湿度的方法。

（2）通风。根据空气自然流动的规律，在库内外存在的温湿度差，使库内外的空气进行自由交换，以达到调节库内的温湿度的要求。但是也不能随意开启门窗通风，必须考虑所采取通风后确能达到有利于商品的储存。如库内温度为25℃，相对湿度为75%；库外的温度为30℃，相对湿度为65%。从现象看，由于库外相对湿度低于库内10%，似乎通风后可以降低库内的湿度。但是由于库内温度低于库外，通风后库内外空气的温湿度均进行自由交换，库内的相对湿度可能暂时有所降低，但是随着库内温度逐渐降低，而绝对湿度却比原来增加了，这样库内的相对湿度随着温度的降低而上升，比原来的相对湿度还可能有所增加，所以这种情况进行通风，反会造成不利于商品储存。

（3）吸湿。在梅雨季节，库外湿度大，不宜进行通风，而由于库房密封不严，库外湿度浸入，使库内相对湿度增加，并超过储存商品的条件要求。这时采取吸湿方法，把库内空气中的水蒸气吸掉一部分（也就是减少绝对湿度），在温度不变化的情况下，库内的相对湿度即可降低、常用的吸湿剂是一些无毒无臭的氯化钙、生石灰、干燥的木炭等。为了加快吸湿速度，可以采用电扇吹风，短时间内即可达到降低相对湿度的结果。现在广泛采用的吸湿机就是根据这个原理设计的。

（4）提温降湿。根据空气温度与湿度之间的关系，在库内绝对湿度变化不大的情况下，适当提高库内温度，以扩大空气饱和湿度量，从而达到降低相对湿度的目的。此方法简便易行，显效快，特别是在梅雨季节，不适宜采用通风除湿。用吸湿的方法，需要大量的吸湿剂，效果也不太理想。这时如果采用提温降湿的方法，则会取得较好的效果。提高库内温度可以通过用红外灯泡、生暖气、火炉、火道等。使用火炉、火道要防止发生火灾，此法同样要求库房密封，在库房上方留小孔作为排湿孔即可，降湿后将它关闭，如库内温度为28℃，相对湿度为80%，这样的温湿度霉菌最容易繁殖，如果把库内温度升高4℃，库内的相对湿度即可由80%降低到62.9%（按相对湿度的计算公式求得）。由于相对湿度低于65%，霉菌的繁殖即可得到抑制。

(四) 防止串味

在储存某些经过加工的食品，如茶叶、干菜、卷烟以及各种粉状食品，由于它们的结构具有毛细管吸附的特点，容易吸收其他外来的异味，不但影响感官质量，严重时可以失去使用价值。所以在储运这些食品时，应采用专库或专门车厢、船舱存放，切不能与其他有异味的商品混合存放。

葡萄的储藏方法

葡萄又称蒲桃、蒲萄或草龙珠，是夏末秋初人们生津止渴、补气养血的最佳水果。现代化的葡萄储藏多用设备较为复杂的气调冷藏，而广大葡萄种植及经销者主要采用简易储藏方法，如窖藏、缸藏等方法。

缸藏法。把缸洗净倒置，使缸内壁的水滴完，然后用干净的布蘸70%的酒精擦拭内壁，把经过处理的葡萄一层一层放入缸内，每层15～20厘米厚，每层放好后，放上竹帘状支架，以防果粒破裂腐烂。装满后用聚乙烯塑料薄膜密封扎口，置于阴凉处。在背阴处挖坑，将缸置于坑内，随气温降低逐渐增加覆盖物。此法可将葡萄储藏到元旦、春节。

沟藏法。挖南北走向的沟、深80厘米、上宽30米、下宽1米，长度视储藏量和场地而定，在沟底铺10厘米厚的干沙，并用6%的可湿性666粉拌适量湿沙撒入沟内，杀虫防鼠。将处理过的葡萄逐串排放在沟底细沙上，一层湿沙一层葡萄，堆放3～4层即可，最后覆盖20～30厘米厚的湿沙。初期用草席覆盖，白天覆盖，夜间打开。白天气温降到1～2℃时，夜间开始覆盖草席。随气

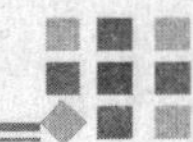

温降低逐渐增加覆盖物。

棚窖储藏。将经过处理的葡萄装筐或箱，置于预冷场所，下垫砖块或树木以利于通风，上盖苇席遮阴，直至小雪后入窖。窖内用木板搭成离地成60～70厘米的垫架，果箱放在垫架上。在筐或箱上搁木条或秫秸把，上面再放筐或箱，依次摆放三层，呈花朵形，中间留人行道两边摆筐或箱。入窖后采用通风、洒水、密封等办法保持储藏的温度和湿度。在储藏过程中不宜翻动并严防鼠害。

平房储藏。选择通风良好的房间后进行消毒处理。将处理好的果穗果柄向上放入筐中，且每个果穗错开放置，以每筐20～25千克为宜。在室内架板，离地面60～70厘米，第一层果筐放好后，筐上搁木板，再放第二层，依次进行。中间留人行道以利于通风。室内尽可能地保持湿度80%～90%、温度0～1℃，温度低时要生火，干燥时可在地上泼水增湿。

冷库储藏。将经过处理的葡萄装入用0.04毫米厚的聚乙烯薄膜制成的可装4～5千克的袋中，扎口密封。维持库温－1.5～0℃，相对湿度为90%左右。

思考与练习

第一部分　案例讨论

货车载一级危险品欲冒充香料过三峡被查获

10月8日，一川籍货车载312桶危险品，冒充香料乘载滚装船欲经水路从四川运至江西，在三峡大坝上游处被长航公安局宜昌分局民警查获。

当日，长航公安局宜昌分局民警在三峡大坝上游靖江溪码头进行安检时，发现“××666号”滚装船搭载的四川籍货车司机程某在面对民警询问时神色可疑，程某一边解释一边将一沓现金往民警口袋里塞，被民警当场拒绝。

警方查实，货单注明的“香料”实为总重达7.07吨共计312桶一级危险品，包括易燃液体乳酸乙酯170桶、乙酸乙酯125桶、乙缩醛7桶，酸性腐蚀品丁酸10桶，按规定这些货物均不得从水上运输，民警遂扣留该车。

资料来源：货车载一级危险品欲冒充香料过三峡被查获．四川在线，http：//www.scol.com.cn，2009.10.10。

思考题：

普通商品运输车辆能装载危险品货物吗？为什么？

第二部分　理论测试

一、选择题（可多选）

1. 具有挥发性的商品挥发的速度与（　　）因素有关。

A. 气温的高低　　B. 空气流动速度的快慢

C. 液体表面接触空气面积的大小　　D. 液面上其他气体的密度

2. 下列商品储存在一起不会串味的是（　　）。

A. 大米、腊肉　　B. 茶叶、肥皂

C. 煤油、桐油　　D. 卷烟、樟脑丸

3. 下列现象中属于商品霉腐的是（　　）。

A. 糕点上有绿色斑点　　B. 古钟上的绿色斑迹

C. 肉类有臭味　　D. 书箱受潮产生绿色斑点

4. 常用来表示空气潮湿程度的是（　　）。

A. 绝对湿度　　B. 相对湿度　　C. 蒸汽压　　D. 饱和湿度

二、判断题

1. 货位是指仓库中实际可以堆货的面积。（　　）

2. 在商品储藏期间，只要发生商品质量变化，就会导致商品质量下降。（　　）

3. 立体仓库经常用来存储粮食、水泥和化肥等。（　　）

4. 一般情况下，温度越低，持续时间越长，霉腐微生物的死亡率越高。（　　）

5. 水果采摘下来以后，最好的储存方法是将其密封并隔绝氧气。（　　）

三、简答题

1. 商品储存有哪些功能？

2. 解释：商品储存、商品养护、绝对湿度、饱和度

3. 仓库的种类？

4. 如何做好商品的入库管理？

5. 谈谈商品储存和商品养护在商品流通中的重要意义。

6. 如何控制库房的温湿度？

7. 试分析商品在储存期间发生质量变化的原因。

实战演练——仓库管理员

一、实训目标

(1) 检查学生对商品储运与养护知识的理解情况；

(2) 培养学生收集信息与整理材料的能力；

(3) 激发学生的学习兴趣；

(4) 培养学生了解、适应社会以及理论联系实际的能力。

二、实训内容

(1) 学生搜集以下10种商品的包装形式，结合商品特点及所学知识，给出储存特征等；

(2) 各小组成员之间分工协作，讨论最合理保管措施，并预计保存期限；

(3) 请填写表7-1中的其他内容；

(4) 学生根据所分析内容，谈一谈自已对商品养护的认识和对商品储运管理的想法等，并写成书面材料上交。

仓库保管商品

序号	产品名称	包装形式	储存特点	保管措施	特殊防护	保管期限
例子	羊肉片	塑料密封包装盒	易霉腐、变质、易干耗	冷藏、通风、保持恒温、相对湿度90%～95%	防霉腐处理	3个月
1	大米					
2	鸡蛋					
3	巧克力					
4	橡胶轮胎					
5	丝绸					
6	塑料玩具					
7	轴承					
8	皮鞋					
9	图书					
10	手机					

参考文献

[1] 张晓焱．商品学概论 [M]．北京：航空工业出版社，2011.

[2] 曹汝英．商品学概论——理论、实务、案例、实训 [M]．北京：高等教育出版社，2010.

[3] 汪永太．商品学 [M]．2 版．北京：电子工业出版社，2011.

[4] 汪永太．商品学概论（高职第三版） [M]．北京：电子工业出版社，2007.

[5] 万融．商品学概论 [M]．北京：中国财经出版社，2000.

[6] 万融．商品学概论 [M]．4 版．北京：中国人民大学出版社，2010.

[7] 袁长明．商品学 [M]．北京：化学工业出版社，2006.

[8] 谈留芳．商品学 [M]．北京：科学出版社，2004.

[9] 汪永太．物流中的商品包装条码 [J]．中国包装，2007 (3)．

[10] 汪永太．商品质量新发展的研究与思考 [N]．安徽商贸职业技术学院学报，2009 (3)．

[11] 陈明华．商品学 [M]．北京：北京理工大学出版社，2006.

[12] 陈天荣．商品学概论 [M]．2 版．重庆：重庆大学出版社，2007.

[13] 张智清．商品知识．[M] 北京：高等教育出版社，2011.

[14] 张烨．现代商品学概论 [M]．2 版．北京：科学出版社，2011.

[15] 甘友清．医药商品学 [M]．北京：中国医药科技出版社，2011.

[16] 汤云，翟玉强．商品学实务 [M]．大连：大连理工大学出版社，2007.

[17] 郑金花．商品学知识与实践教程 [M]．北京：人民邮电出版社，2011.

[18] 中国标准化研究院．GB/T 7635—2002　全国主要产品分类与代码 [S]．北京：中国标准出版社，2004.

[19] 李云伟等．浅议医药营销专业医药商品学课程的教学方法 [J]．卫生软科学，2008.

［20］廖丽达．浅谈高职院校《商品学基础》实践教学环节改革［J］．致富时代，2011.

［21］中华人民共和国国家标准 GB/T 7635.1—2002，GB/T 7635.2—2002.

［22］中华人民共和国国家标准 GB 12904—2003.

［23］中华人民共和国国家标准 GB/T 1.1—2000.

［24］中华人民共和国国家标准 GB/T 1335—1997.

［25］中华人民共和国国家标准 GB 5296.4—1998.

［26］中华人民共和国国家标准 GB 8685—1988.